Aggressives Verhalten

Mythen und Möglichkeiten

von

Michael Borg-Laufs

dgvt Verlag

Tübingen
1997

Dr. Michael Borg-Laufs
Erziehungsberatungsstelle Essen-Frillendorf
Elisenstraße 64

45139 Essen

Die Deutsche Bibliothek - CIP-Einheitsaufnahme

Borg-Laufs, Michael:
Aggressives Verhalten: Mythen und Möglichkeiten / Michael Borg-Laufs.
- Tübingen : Dgvt-Verl., 1997
ISBN 3-87159-017-7

Deutsche Gesellschaft für Verhaltenstherapie (DGVT)
Postfach 13 43
72003 Tübingen

Umschlaggestaltung: Cathrin Steppuhn, Tübingen, unter Verwendung der Bronzefigur „Alter Mann, der Jungen schlägt" von Gustav Vigeland, Aufnahme des Autors aus dem Vigeland-Park, Oslo.
Satz: VMR Monika Rohde, Bonn
Druck: Offsetdruck Niethammer GmbH, Reutlingen
Bindung: Buchbinderei Seisser, Jettingen

ISBN 3-87159-017-7

Michael Borg-Laufs

Aggressives Verhalten: Mythen und Möglichkeiten

dgvt
Verlag

Inhalt

Teil III: Lösungsmöglichkeiten: Maßnahmen gegen aggressives Verhalten

Teil IV:
Von der Gewalt des Zusammenhanges:
Gewaltanwendung in und durch Gesellschaft

Einführung

Aktuelle politische Ereignisse und Geschehnisse (rechtsradikale Gewalt, Kriege und Kriegsverbrechen) und persönliche Erfahrungen im Alltag (aggressives Verhalten in Kindergärten, Schulen und Familien) sowie öffentliche Ereignisse (Gewaltkriminalität) zwingen immer wieder zur Auseinandersetzung mit aggressivem Verhalten. Leider ist diese Auseinandersetzung immer noch geprägt von langlebigen Mythen über die Ursachen und die Möglichkeiten der Verringerung aggressiven Verhaltens. Dies ist deswegen besonders ärgerlich, weil wissenschaftliche Erkenntnisse zu aggressivem Verhalten vorliegen, die sinnvolle Handlungsmöglichkeiten eröffnen würden.

Damit ist nichts über den Wahrheitsgehalt dieser modernen Erkenntnisse ausgesagt. Wir können niemals wissen, welche Theorien und Befunde wissenschaftlicher Forschung der „Wirklichkeit" entsprechen, aber aus der wissenschaftlichen Befundlage lassen sich nachgewiesenermaßen im jeweiligen Einzelfall mit hoher Wahrscheinlichkeit wirkungsvolle Handlungsmöglichkeiten ableiten. Möglicherweise wird sich also das in dem vorliegenden Buch dargestellte „Wissen" irgendwann als falsch erweisen – aber zur Zeit ist es das Wissen, daß die erfolgreichste Verringerung aggressiven und gewalttätigen Verhaltens ermöglicht.

Ziel dieses Buches ist es daher, den aktuellen Erkenntnisstand der psychologischen Aggressionsforschung vorzustellen und die immer noch geläufigen Mythen über aggressives Verhalten ein weiteres Mal zu erschüttern, auf daß irgendwann einmal niemand mehr auf die Idee kommt, dampfkesselartige Analogien zur Beschreibung aggressiven Verhaltens vorzutragen. Denn solche Analogien bieten – folgt mensch dem wissenschaftlichen Diskussionsstand und den empirischen Ergebnissen – keine angemessenen Handlungsmöglichkeiten an und sind daher unnützer und hinderlicher Ballast. Vielmehr sollten die Theorien und Befunde, die sich bislang bewähren konnten, verstärkt verbreitet und angewandt werden, damit ein rationalerer Umgang mit Aggressivität auch zur Abnahme aggressiven Verhaltens führen kann.

Die Einnahme einer ausschließlich psychologischen Sichtweise würde den Gegenstand unangemessen verkürzen, denn auch z. B. die Wissenschaften Soziologie oder Anthropologie haben Erkenntnisse vorzuweisen, die zu einer differenzierteren Betrachtung aggressiven Verhaltens führen können. Diese Perspektiven werden an geeigneter Stelle auch immer wieder dargestellt und in die Betrachtungen einbezogen, aber der inhaltliche Hauptstrang des Buches verläuft entlang empirisch-psychologischer Argumentationslinien. Allein die psychologische Literatur zum Thema ist so umfangreich, daß es unmöglich war, die gesamte aktuelle psychologische Literatur zum Thema einzuarbeiten. Die in den Jahren 1989 – 1994 in wissenschaftlichen Fachzeitschriften zum Thema Aggression veröffentlichten Artikel wurden – soweit sie in den „Psychological Abstracts" erwähnt wurden – von mir gesichtet und ausgehend von den Literaturlisten dieser Artikel wurden noch weitere Arbeiten gesichtet und – ebenso wie wichtige Beiträge aus den Jahren 1995 und 1996 – in den Text integriert. Aus der umfangreichen Literaturliste am Ende des Buches kann das Bemühen um eine Verwertung möglichst vieler wissenschaftlicher Beiträge zum Thema erkannt werden. Damit sollte sichergestellt werden, daß alle wichtigen aktuellen Erkenntnisse der Aggressionsforschung in die Diskussion einfließen. Ich hoffe, daß dies gelungen ist, wenngleich der Versuch einer vollständigen Erfassung aller möglicherweise wichtigen Arbeiten aufgrund der Fülle des vorhandenen Materials von vorneherein zum

Scheitern verurteilt ist. Zur Illustration der jeweils erläuterten wissenschaftlichen Erkenntnisse werden immer wieder kurze Beispiele aus der therapeutischen Arbeit des Autors mit aggressiven Kindern, Jugendlichen und jungen Erwachsenen eingestreut.

Auch erfolgt in diesem Buch nicht ein vollständiger Überblick über alle Erscheinungsformen aggressiven Verhaltens, einige wichtige Themen wurden ausgeklammert, obwohl auch sie einer näheren Betrachtung würdig wären, etwa Gewalt gegen alte Menschen oder gewalttätige Übergriffe von Polizisten. Stattdessen konzentriert sich die Darstellung hier schwerpunktmäßig auf aggressives Verhalten von Kindern und Jugendlichen, Gewalt in Familien und an Schulen und auf Gewaltkriminalität. Die Grundlagenerkenntnisse zu aggressivem Verhalten, die hier dargestellt werden sollen, sind allerdings auch auf andere Bereiche zu übertragen. Einige Abschnitte des vorliegenden Buches sind Überarbeitungen und Erweiterungen der Grundlagenkapitel einer von mir durchgeführten und an anderer Stelle veröffentlichten Untersuchung zur Therapie aggressiver Kinder (Borg-Laufs, 1996).

Im folgenden Teil I des Buches wird zunächst der Gegenstand der Betrachtung eingekreist, indem verschiedene Definitionen aggressiven Verhaltens und damit verbundene Herangehensweisen an das Thema diskutiert werden. Eine solche genauere Betrachtung erscheint einleitend angebracht, da die sprachliche Erfassung eines Gegenstandes auch die Wahrnehmung und den Umgang mit dem Gegenstand entscheidend prägt. Danach folgt eine Einschätzung der Verbreitung aggressiven Verhaltens und der Stabilität dieser Verhaltensgewohnheit. Diese grundlegenden Informationen sollen die medial hergestellte Wirklichkeit der uns überflutenden Gewaltwelle relativieren und die Diskussion über Gewalt auf eine solidere Grundlage stellen.

Im zweiten Teil wird dann – nach einer kritischen Diskussion älterer psychologischer Theorien, die das Alltagswissen über Aggression noch häufig prägen – aufbauend auf lerntheoretischen Grundlagen der aktuellste psychologische Erkenntnisstand zu aggressivem Verhalten dargestellt.

Daran anschließend erfolgt dann in Teil III der Übertrag des psychologischen Erkenntnisstandes auf die Anwendung in verschiedenen Problemfeldern. Dabei werden verschiedene Erscheinungsformen von Aggression und unterschiedliche Handlungsmöglichkeiten zur Verringerung des aggressiven Verhaltens – etwa Möglichkeiten der Aggressionsminderung durch Erziehung, durch schulische Maßnahmen und durch therapeutische Interventionen bei Kindern und bei erwachsenen Gewalttätern betrachtet.

Schließlich werden im vierten Teil die gesellschaftlichen Bedingungen von Gewalt diskutiert und einige aus psychologischer Sicht gesellschaftlich sinnvoll erscheinende Veränderungen angeregt.

Nicht vergessen möchte ich an dieser Stelle, meiner Frau Birgit Laufs und Prof. Dr. Hans-Peter Michels für die Mühen des Korrekturlesens und für die daraus resultierenden sprachlichen und inhaltlichen Veränderungen des Textes zu danken.

Essen, im Januar 1997

Teil I

Über die Lage der Dinge: Definition, Prävalenz & Stabilität aggressiven Verhaltens

1 Zur Definition: Was ist eigentlich „aggressives Verhalten“?

Psychologische Begriffsbestimmung

Obwohl im Alltag niemand nachfragt, was die jeweiligen Gesprächspartner mit dem Begriff „Aggression“ oder „Gewalt“ eigentlich meinen, ist der Gebrauch dieser Worte durch verschiedene Sprecher höchst unterschiedlich. So werden mir in der Beratungsstelle höchst unterschiedliche Kinder und Jugendliche vorgestellt, die von anderen als „aggressiv“ beschrieben werden. Die Rede ist dann manchmal von kleinen Jungen, die an der Supermarktkasse Wutanfälle bekommen, wenn sie nicht die geforderten Süßigkeiten bekommen und manchmal von halb verwahrlosten Jugendlichen, die niemand mehr zu kontrollieren weiß und die zusammen mit anderen in ihren Cliquen ihren Stadtteil unsicher machen. Andere Fälle betreffen Jungs, die zwar niemanden körperlich angreifen, aber ständig Regeln z. B. in der Schule verletzen oder jugendliche Mädchen oder Jungen, die ihre Eltern beschimpfen, bedrohen oder deren Wohnung zertrümmern. Schließlich kann es sich auch um Kinder handeln, die in wilder Angst um sich schlagen, weil sie eigentlich die Prügelknaben in ihrer Klasse sind und die mit ihren Schlägen den MitschülerInnen zuvor kommen wollen. All diese Kinder und Jugendlichen und noch andere mit anderen Auffälligkeiten werden mit dem gleichen Adjektiv „aggressiv“ belegt.

Die nun folgende Diskussion der wissenschaftlichen Definitionsversuche zeigt, welche unterschiedlichen Implikationen mitschwingen können, wenn von „Aggression“ die Rede ist. Solche unterschiedlichen Implikationen bei der Verwendung des Begriffs bleiben natürlich nicht folgenlos, denn Definitionen haben wirklichkeitserzeugende Macht: „Wir haben über längere Zeit beobachten können, daß psychologische Probleme – so scheint es – auftauchen, ihre Erscheinungsform verändern und wieder verschwinden, wenn sich unsere Begriffe und Beschreibungen dafür verändern.“ (Goolishian & Anderson, 1988, S.193)

Oder, wie Gergen (1984, S. 51) es noch prägnanter ausdrückt: „To speak is simultaneously to engage in world construction.“ Es gibt keine direkte Entsprechung zwischen einem bestimmten Verhalten und der Bezeichnung, die dieses Verhalten erhält. Vielmehr legt der Kontext, in dem der Begriff gebraucht wird, die Bedeutung des Begriffes fest. Dies trifft auch auf den Begriff „aggressiv“ zu.

Die Implikationen der Bezeichnung „aggressiv“ führen dazu, daß die Klassifikation eines Verhaltens als „aggressiv“ nicht folgenlos ist: Dieses Label bewirkt, daß diejenigen, die ein Verhalten eines anderen „aggressiv“ nennen, entsprechende Vergeltung üben können (vgl. Tedeschi, Smith & Brown, 1974). Daher ist es auch nicht weiter verwunderlich, daß wir unser eigenes Verhalten fast nie als „aggressiv“ bezeichnen. Komischerweise sind es immer die anderen, die aggressiv sind (vgl. Mummendey, Bornewasser, Löschper & Linneweber, 1982; Löschper, 1992). Dies ist besonders deswegen so, weil im Alltagssprachgebrauch „Aggression" stets ein wertender, normativer Begriff ist: Aggressives Verhalten ist „böses" Verhalten. Von mir als Therapeuten bzw. Erziehungsberater wird erwartet, daß ich diesem unerwünschten Verhalten, das „aggressiv" genannt wird, ein Ende bereite. In diesem Zusammenhang greifen besonders schön die Erkenntnisse von Jones und Nisbett (1971), wonach das Verhalten anderer eher als Ausdruck der Persönlichkeit, das eigene Verhalten hingegen vor allem situationsabhängig gesehen wird: Die Anderen (mit dem schlechten Charakter) sind aggressiv, wir selbst hingegen müssen uns höchstens einmal in angemessener Form verteidigen, weil die Situation es erfordert.

Kunstreich (1993, S. 287) weist im Kontext rechtsradikaler Gewalt darauf hin, daß die Beschreibung eines Verhaltens als „gewalttätig" (und somit also auch die Wertung dieses Verhaltens) im Wesentlichen eine Machtfrage ist: „Ob eine Situation als gewalttätig interpretiert wird, hängt davon ab, in welchen Diskursen sie von denen, die in der Situation handeln oder darüber reden, eingebettet werden. Und spätestens hier stellt sich die Frage nach der Definitionsmacht über den Diskurs."

Diese Aussage verdeutlicht die zentrale Schwierigkeit bei der Wahl einer angemessenen Definition von „Aggression". Wissenschaftliche Definitionen sollen nach gängiger wissenschaftlicher Lehrmeinung wertfrei und natürlich rein beschreibend sein. Nun ist spätestens seit Maturana und Varela (1987) bekannt, daß ein solcher Anspruch nicht verwirklichbar ist („Alles Gesagte ist von *jemandem* gesagt", S. 32). Im besonderen Fall des Begriffes „Aggression" stellt sich diese Frage nach der Angemessenheit des Wunsches nach Objektivität und Wertfreiheit in besonders augenfälliger Weise.

Die Definition von Selg (1974, S. 22) – „Aggression besteht in einem gegen einen Organismus oder ein Organismussurrogat gerichteten Austeilen schädigender Reize" – besticht zwar zunächst einmal durch das offensichtliche Bemühen, sich streng an beobachtbarem Verhalten zu orientieren, auf den zweiten Blick aber läßt sich schon erahnen, daß diese Beschreibung den Kern des Verhaltens nicht recht trifft – es fehlt der Hinweis auf die Intention des Akteurs oder der Akteurin. Oder würden Sie Sven, der täglich voller Übermut im Kindergarten ankommt, etwas ungeschickt durch die Gruppe stolpert und das eine oder andere Kind halb umrennt, während er vom Bauteppich zu der Ecke mit den Stofftieren und wieder zurück rennt, weil er sich nicht entscheiden kann, sondern am liebsten mit allem gleichzeitig spielen würde ernsthaft „aggressiv" nennen, obwohl er niemandem etwas tun will?

Tatsächlich läßt sich die schädigende Absicht auch nicht beobachten, sondern sie muß immer erschlossen werden, aber ohne die Berücksichtigung der Intention erfährt der Begriff „Aggression" eine nicht hinnehmbare Überfrachtung, die eine sinnvolle Nutzung dieser Bezeichnung z. B. im klinisch-psychologischen Bereich nicht mehr ermöglicht. So ist etwa eine Unterscheidung zwischen aggressivem und hyperaktivem Verhalten (wie Sven aus dem o.a. Beispiel es zeigt) ohne die Berücksichtigung der angenommenen Intention nicht möglich (vgl. zur differentialdiagnostischen Abgrenzung Dilling, Mombour & Schmidt, 1991, S. 276f.; Döpfner, 1993; Mayr, 1992; Rothenberger, 1988). Eine solche Unterscheidung ist allerdings in hohem Maße wünschenswert, da es unterschiedliche Behandlungskonzepte für diese Probleme gibt (vgl. z.B. Eisert, 1988; Döpfner, 1995), die betroffene Familien mit hoher Wahrscheinlichkeit bei der Überwindung ihrer Probleme unterstützen können. Ein bei der Therapie aggressiver Kinder recht erfolgreiches sozial-kognitives Aggressionstraining (vgl. Kap. III.2) würde dem hyperaktiven Sven nämlich kaum helfen, der eher eine Behandlung braucht, bei der er langsam lernt, planvoll an Dinge heranzugehen. Damit sollen die Probleme der diagnostischen Kategorie „Hyperaktivität“ nicht geleugnet werden, denn auch die Pathologisierung unruhigen Verhaltens durch das Erfinden einer klinisch-diagnostischen Kategorie verändert den Blick, so daß durch die Diagnose „Hyperaktivität“ auf einmal ein „krankes“, zu therapierendes Kind da ist, wo vorher vielleicht eher überlegt werden konnte, welche Umgebungsbedingungen das Kind unruhig machen (vgl. Hellerich, 1984; Ludewig, 1991). Wie viele andere Begriffe auch, kann allerdings ebenfalls „Hyperaktivität“ sinnvoll angewendet werden, wenn die Unterscheidung, die mit Hilfe dieses Begriffes getroffen wird, zur Anwendung effizienterer Strategien zur Lösung des Problemes beiträgt.

Eine solche Unterscheidung zwischen Aggressivität und Hyperaktivität wird vor allen Dingen durch tiefenpsychologische Definitionen nicht ermöglicht. So schreibt Mitscherlich (1969, S. 12): „Als Aggressivität gilt ... alles, was durch Aktivität ... eine innere Spannung aufzulösen sucht“ – abgesehen von der mangelnden Operationalisierung der „inneren Spannung“, die Spekulationen über die intrapsychischen Gegebenheiten Tür und Tor öffnet, dürfte hier keine Trennung zwischen Hyperaktivität und Aggression möglich sein, vielmehr würden viele Beobachter gerade hyperaktive Kinder als angespannt beschreiben. Hacker (1971, S. 80) beschreibt Aggression als „... jene dem Menschen innewohnende Disposition und Energie, die sich ursprünglich in Aktivität und später in den verschiedensten ... Formen von Selbstbehauptung bis zur Grausamkeit ausdrückt.“ Nach dieser Definition muß annähernd jede Lebensäußerung als „Aggression“ betrachtet werden, denn eine „Disposition“ oder „Energie“ die sich durch „Aktivität“ offenbart könnte nun hinter wahrlich hinter jedem Verhalten vermutet werden.

Die Definition von Verres und Sobez (1980, S. 49), die eine Definition von Schmidt-Mummendey (1972) modifiziert haben, ist hingegen komplexer und angemessener:

> „Aggressionen sind jene Verhaltensweisen, die
> 1. gegen einen Gegenstand oder einen anderen Menschen gerichtet sind, und die 2. für den, der sich gerade aggressiv verhält, eine subjektive Wahrscheinlichkeit aufweisen, diesen Gegenstand oder Menschen auch zu erreichen und damit entweder jene aus seinem Weg zu räumen oder ihnen unangenehme oder schädliche Reize zuzufügen oder beides.“

Bei dieser Definition ist die Schädigungs-Absicht operationalisiert worden. Aber auch Verres und Sobez stellen eine möglichst wertneutrale Definition vor und definieren aggressives Verhalten nur über den Aggressor und nicht aus der Sicht des Opfers. Aus dieser Perspektive, allerdings ohne die Schädigungs-Absicht zu berücksichtigen, legt Fürntratt (1974, S. 282) eine Definition vor, die „Aggression“ als Bezeichnung für Verhaltensweisen vorschlägt, „... die einem, wenn man selbst betroffen ist oder sich betroffen zu sein vorstellt, negative Affekte, namentlich Angst machen.“ Dazu paßt die Ansicht von Olweus (1995), daß ein Ungleichgewicht der Kräfte vorliegen muß, wenn mensch von „Gewalt“ sprechen will.

Die bis hierher vorgestellten Definitionsvorschläge stellen verschiedene Aspekte des Verhaltens bzw. der Rezeption des Verhaltens in den Vordergrund, gleichen sich aber in einem Punkt: Sie versuchen, wertfrei zu bleiben. Diese wertfreie Beschreibung des Aggressionsbegriffes führt allerdings zu Schwierigkeiten, da das Konstrukt „Aggression“ stets kontextabhängig benutzt wird. Das gleiche Verhalten kann in verschiedenen Situationen höchst unterschiedlich bewertet werden. Ein Schubser oder eine Rangelei, wie sie unter Kindern an der Tagesordnung sind, würde bei einem Erwachsenen, der sich seinen Kollegen im Büro gegenüber genauso verhält wie Kinder auf dem Schulhof, ohne Zweifel viel eher „aggressiv“ genannt werden. Auch gelten auf dem Fußballfeld andere Sitten als in der Kirche und dort wieder andere als bei einer Parteiversammlung. Somit fließen eindeutig gesellschaftliche Normen und – im Falle wissenschaftlicher Betrachtung – die Normen der Wissenschaftlerinnen und Wissenschaftler stets in die Definition mit ein (vgl. Birnbacher, 1984; Bandura, 1979). Jüttemann (1978) formuliert, „... daß das eigentliche Spezifikum des Aggressionsbegriffs für die meisten Menschen in einem negativen moralischen Vorzeichen besteht“ (S. 303) und kommt zu folgendem Schluß: „Der Aggressionsbegriff ist seiner Kernbedeutung nach zu normativ, als daß man ihn auf einen reinen Beschreibungsbegriff verkürzen könnte.“ (S. 309)

Wenn wir also davon ausgehen, daß aggressives Verhalten immer nur im Kontext gesellschaftlicher Normen als „aggressives Verhalten“ bezeichnet wird, dann sollten wir auch die Definition so wählen, daß diese normative Komponente sich in ihr wiederspiegelt, um mit ihr angemessen arbeiten zu können. Innerhofer und Gottwald (1977, S.4 72) empfehlen, den Begriff „... Aggression ... hier als eine Art ‚Werkzeug‘ zu verstehen und Werkzeuge ‚finden‘ wir nicht, sondern wir konstruieren sie zu einem bestimmten Zweck.“

Für unseren Zweck scheint eine Definition von Jüttemann (1980) besonders geeignet zu sein. Er geht von einer feindseligen, opferzentrierten und verantwortlichen Handlung aus (vgl. auch Jüttemann, 1978), die er folgendermaßen umschreibt:

> „Der Begriff ‚menschliche Aggression‘ oder ‚Aggression‘ bezeichnet eine Denkweise und darüber hinaus jede Handlungsweise, welche auf einer Denkweise beruht, die unter dem Gesichtspunkt allgemeiner oder besonderer menschlicher Verantwortung als erwartungswidrig beurteilt wird; für eine derartige Denkweise ist ein bewußtes Negieren und Ignorieren menschlicher Verantwortung charakteristisch.“

Bei dieser Definition wird die konkrete aggressive Verhaltensweise ebensowenig genannt wie das spezifische Motiv der Akteurin oder des Akteurs. Somit fließen nicht nur direkt schädigende Handlungen, sondern auch z. B. „Unterlassungsaggressionen“, die durch Passivität gekennzeichnet sind (z.B. lachen statt zu helfen, wenn sich jemand verletzt hat), oder hinterhältig-intrigante Aktionen (z.B. jemanden zu Unrecht verpetzen und sich an seiner Strafe erfreuen) mit in die Definition ein. Der Hauptaspekt liegt in der fehlenden Verantwortung z.B. für andere Menschen. Daher sind viele unterschiedliche mögliche konkrete Erscheinungsformen aggressiven Verhaltens durch diese Definition erfaßbar, möglicherweise z.B. bestimmte Erziehungspraktiken, auch wenn sie ohne physische Gewalt auskommen (vgl. Buskotte, 1992). Besonders wichtig ist auch, daß die Einschätzung der Handlung durch andere Menschen (z.B. die Opfer) für die Klassifikation „aggressiv" zentral ist, was durch die Bewertung des Verhaltens als „erwartungswidrig" deutlich wird. Dazu paßt auch die Einschätzung von Heitmeyer (1993, S. 35), der es für angemessen hält, „... Gewalt nicht als Eigenschaft von Personen zu begreifen, sondern als Ergebnis eines interaktiven, also auf Gegenseitigkeit ablaufenden Prozesses". Wenn im folgenden der Begriff „Aggression" gebraucht wird, geschieht dies im Sinne der Definition von Jüttemann. Allerdings wird in den Untersuchungen, die noch vorgestellt werden, oftmals von einem anderen Aggressionsbegriff ausgegangen (z.B. dem klinischen Aggressionsbegriff, s.u.). Eine gewisse Begriffsverwirrung wird also bei einem so lange schon so unterschiedlich benutzten Begriff nicht zu vermeiden sein.

Ein Exkurs: Was ist denn „Gewalt"?

Im letzten Abschnitt tauchte bereits zum zweiten Mal der Begriff „Gewalt" auf, dessen Abgrenzung von Begriff „Aggression" hier noch erfolgen muß, um auch diesbezüglich zu klären, was darunter verstanden werden soll. Nolting (1987) schlägt vor, „Gewalt" als engeren Begriff zu verstehen, der schwerere Formen von Aggression bezeichnet. Dem Alltagssprachverständnis folgend könnte dies auch Sinn machen, wird „Gewalt" doch oft mit „physischer Gewalt" synonym benutzt, also könnten physisch-aggressive Handlungen als gewalttätige Handlungen bezeichnet werden. Eine solche Definition würde allerdings den Gewaltbegriff sehr stark einschränken, wenn man etwa wieder eine opferzentrierte Sichtweise einnehmen würde, wie Hofmann (1985, S. 262) es tut: „Gewalt liegt vor, wenn es Opfer und Verletzungen gibt, mit welchen Mitteln und von welchen Akteuren dies bewirkt wird, ist zweitrangig." Es ist nicht zu übersehen, daß die Definition von Gewalt und somit die Wirklichkeitskonstruktion von Gewalt auch politische Implikationen hat. Schließlich könnte ein Gewaltbegriff, der von einem (physischen) Aggressor ausgeht, ausschließlich solche Taten und Verhältnisse beschreiben, die von Individuen oder Kollektiven, jedoch stets eindeutig bestimmbaren Akteuren ausgeht. Vollkommen unberücksichtigt blieben hingegen solche Verhältnisse, die Galtung (1972) als „strukturelle Gewalt" bezeichnet hat. Daher plädiert Galtung (1972, S. 57) für einen ganz anderen Gewaltbegriff: „Gewalt liegt dann vor, wenn Menschen so beeinflußt werden, daß ihre aktuelle somatische und geistige Verwirklichung geringer ist, als ihre potentielle Verwirklichung."

Aus dieser Sicht heraus ist es erstmals möglich auch den Staat oder die Gesellschaft – einen stets anonymen Akteur – in soziologische Gewalt-Analysen einzubinden. Beispielsweise die Existenz von Slums, die mit politisch-gesellschaftlichen Entscheidungsprozessen zusammenhängt, die dann von einzelnen Menschen ausgeführt werden, kann aus dieser Perspektive heraus als eine Form von Gewalt diskutiert werden. Da auch der Gewaltbegriff normativ verstanden wird und Gewalttäter stets im Unrecht zu sein scheinen, eröffnet die Perspektive von Galtung die Möglichkeit, auch die Gesellschaft als im Unrecht stehend anzusehen, zumal der sprachliche Umgang mit staatlicher Gewalt oft dazu führt, daß staatliche Gewalt als eine Art Naturereignis repräsentiert wird (vgl. dazu Schöler & Schöler, 1988).

Galtung (1993) geht noch weiter und führt als weitere Dimension die „kulturelle Gewalt" ein, die er folgendermaßen definiert (S. 52): „Unter kultureller Gewalt verstehen wir jene Aspekte von Kultur, die dazu benutzt werden können, direkte oder strukturelle Gewalt zu rechtfertigen oder zu legitimieren. Sternenbanner, Kreuze und Sicheln, Flaggen, Hymnen und Militärparaden sowie das allgegenwärtige Porträt des Führers und Hetzreden und Plakate – all dies fällt einem dazu ein." Dieser neue Begriff ermöglicht also eine differenzierte Betrachtung von Kulturen, die nicht insgesamt als gewalttätig beschrieben werden müssen, sondern deren einzelne Aspekte als „kulturelle Gewalt" bezeichnet werden können.

Galtung (op. cit., S. 58, Hervorhebungen im Original) postuliert ein „Gewaltschichtenmodell": „Auf dem Grund befindet sich die immerfort gegebene *kulturelle* Gewalt, die den Nährboden darstellt, von dem die zwei anderen zehren. In der nächsten Schicht sind die Rhythmen *struktureller* Gewalt lokalisiert. Unter dem Schutz der Penetration und der Segmentierung, die die Bewußtseinsbildung verhindern, sowie der Fragmentierung und Marginalisierung, die die Organisation der *underdogs* gegen Ausbeutung und Unterdrückung verhindern, werden *Ausbeutungsmechanismen* aufgebaut, abgetragen oder niedergerissen. Und ganz oben, für das bloße Auge und den blanken Empirizismus sichtbar, befindet sich die Schicht der *direkten* Gewalt, in der die ganze Palette von Grausamkeiten angesiedelt ist, die von den Menschen aneinander und an anderem Leben und der Natur im allgemeinen begangen werden." Aus dieser Perspektive bieten sich eine Fülle von soziologischen Analysen über Gewalt in der Gesellschaft an, die die beobachtbaren Gewaltphänomene in einen größeren Zusammenhang gesellschaftlicher Bedingtheiten einordnen. Dennoch gibt es nicht wenige Kritiker dieser Ausweitung des Gewaltbegriffes, etwa Neidhardt (1986, S. 129): „Gewalt wird zum Oberbegriff für alles menschliche Leid, von dem man sich vorstellen kann, daß es nicht so sein müßte, wie es ist." Nardin (1973, S. 107) hält einen so erweiterten Gewaltbegriff ebenfalls für unangemessen, da es ihn für nützliche Analysen unbrauchbar sein läßt.

Kontrastierend dazu neige ich allerdings zu der Ansicht, daß die Herangehensweise von Galtung einige Analysen erst ermöglicht, die ein enger Gewaltbegriff nicht ermöglichen würde, etwa zum Zusammenhang staatlicher Repression oder gesellschaftlich geduldeter Verarmung mit aggressiven Tendenzen in der Bevölkerung. Schwind, Baumann et al. (1990) haben in ihrem „Gewaltgutachten" für die Bundesregierung ein ganz anderes, eher eingeschränktes Gewaltverständnis offenbart (S. 28): „Dabei soll es primär um Formen physischen Zwanges als nötigender Gewalt sowie Gewalttätigkeiten gegen Personen und/oder Sachen unabhängig von Nötigungsintentionen gehen. Ausgeklammert werden sollen die psychisch vermittelte Gewalt im Straßenverkehr und die strukturelle Gewalt." Gewalt wird hier eindeutig als Verletzung des staatlichen Gewaltmonopols definiert und somit kann bei dieser Betrachtungsweise staatliche oder gesellschaftliche Gewalt gar nicht ins Blickfeld der Analyse gelangen und Gewalt ist immer das, was der Staat nicht möchte – z. B. Sitzblockaden vor Atomraketenlagern – und niemals das, was der Staat tut – z. B. politische Flüchtlinge direkt am Flughafen dorthin zurückschicken, wo ihnen weitere Folter droht (vgl. zur Kritik am „Gewaltgutachten“ und dem dort verwendeten Gewaltbegriff auch Hey, 1993 oder Ramsthaler, Siggelkow & Plewig, 1993).

Es erscheint mir offensichtlich, daß ein Gewaltbegriff, wie ihn Galtung fordert, für gesellschaftlich-soziologische Analysen äußerst wichtig ist. Dennoch wird in dem vorliegenden Buch der Gewaltbegriff so nicht durchgängig verwendet werden, da es hier vorrangig um psychologische Analysen geht und diese Betrachtungsebene profitiert von möglichst engen Definitionen, wie weiter oben schon beim Aggressionsbegriff erläutert wurde. Im psychologischen Kontext soll daher Gewalt im Sinne Noltings und angelehnt an das Alltagsverständnis des Begriffes als schwere, i.d.R. physische Form aggressiven Verhaltens verstanden werden, im eher gesellschaftlichen Kontext (v.a. Kapitel IV) wird der Gewaltbegriff hingegen eher im Sinne Galtungs verwendet.

Die klinisch-diagnostische Definition von „Aggression“

Viele Studien, die auch im weiteren Verlauf des Textes noch aufgeführt werden, beziehen sich auf klar operationalisierte klinische Definitionen aggressiven Verhaltens. Daher soll hier auch noch der klinische Blickwinkel beschrieben werden. Die psychiatrische Klassifikation menschlichen Verhaltens erfolgt mittels standardisierter Diagnosesysteme und wird vielfach kritisch betrachtet. Gerade in der Verhaltenstherapie wurde klassifikatorische Diagnostik lange Zeit als überflüssig betrachtet. Allerdings kann klassifikatorische Diagnostik mit den modernen Klassifikationssystemen, die weitgehend auf ätiologische Mutmaßungen verzichten und stattdessen klare operational definierte Klassifikationskriterien aufweisen, hilfreiche Hinweise für die Therapieplanung und die Kommunikation der Kliniker untereinander bieten (vgl. dazu Schulte, 1996; Tuschen, 1996).

Neben der ICD-10, Kapitel V (F) (International Classification of Deseases, deutsch von Dilling, Mombour & Schmidt, 1991) wird zur Klassifikation psychischer Störungen vielfach auch das DSM-III-R (Diagnostisches und Statistisches Manual psychischer Störungen, deutch von Wittchen, Sass, Zaudig & Köhler, 1991) bzw. seit neuestem das DSM-IV (APA, 1994) benutzt. Glücklicherweise weisen die beiden „großen“ Klassifikationssysteme DSM und ICD immer größere Gemeinsamkeit auf (vgl. Petermann, Lehmkuhl, Petermann & Döpfner, 1995). Nach Meinung des Autors sollte allerdings zur Vereinfachung der Kommunikation im wissenschaftlich-therapeutischen Diskurs schnellstmöglich die Konzentration auf nur ein diagnostisches Manual erfolgen – und zwar auf die von der Weltgesundheitsorganisation herausgegebene ICD-10. Aus diesem Grund wird an dieser Stelle auf die Darstellung der DSM-Kriterien verzichtet.

Aggressives Verhalten von Kindern oder Jugendlichen und auch Erwachsenen wird in der ICD-10 unter den Rubriken „Störungen des Sozialverhaltens“ (F91) sowie „kombinierte Störungen des Sozialverhaltens und der Emotionen“ (F92) aufgezählt und den „Verhaltens- und emotionalen Störungen mit Beginn in der Kindheit und Jugend“ (F9) zugeordnet. Bei näherer Betrachtung der Kriterien fällt auf, daß diese diagnostischen Kategorien sehr stark auf Kinder und Jugendliche zugeschnitten sind und einige diagnostische Kategorien nur auf diese anwendbar sind.

„Störungen des Sozialverhaltens sind durch ein sich wiederholendes und andauerndes Muster dissozialen, aggressiven oder aufsässigen Verhaltens charakterisiert. ... Es soll schwerwiegender sein als gewöhnlicher kindlicher Unfug oder jugendliche Aufmüpfigkeit. (...) Beispiele für Verhaltensweisen, welche die Diagnose begründen, sind ein extremes Maß an Streiten oder Tyrannisieren, Grausamkeit gegenüber anderen Menschen oder gegenüber Tieren, erhebliche Destruktivität gegen Eigentum, Feuerlegen, Stehlen, häufiges Lügen, Schulschwänzen und Weglaufen von zu Hause, ungewöhnlich häufige oder schwere Wutausbrüche und Ungehorsam. Jedes dieser Beispiele ist bei erheblicher Ausprägung ausreichend für die Diagnose; isolierte dissoziale Handlungen genügen dagegen nicht." (Dilling, Mombour & Schmidt, S. 279f.).

Im Einzelnen werden in der ICD-10 folgende „Störungen des Sozialverhaltens" unterschieden:

➢ „Auf den familiären Rahmen beschränkte Störung des Sozialverhaltens" (F91.0) (op. cit., S. 280f.): Bei dieser Störung sind die sozialen Beziehungen außerhalb der Familie intakt, während es innerfamiliär zu erheblichen Problemen kommt. Der neunjährige Bernd zum Beispiel ist ein überaus beliebter Junge, hat viele Freunde und ist auch bei den Eltern seiner Freunde sowie bei seinen Verwandten beliebt. Bei den Terminen in der Beratungsstelle zeigt er sich freundlich und angepaßt. Die Mutter, deren Nerven vollkommen blank liegen, weil Bernd jedesmal mit wüsten Beschimpfungen, knallrotem Kopf und Tritten und Schlägen gegen das Mobiliar reagiert, wenn sie ihm einen Wunsch – etwa nach einer Süßigkeit – nicht erfüllt oder wenn sie Anforderungen an ihn stellt – z. B. soll er sein Zimmer aufräumen –, muß sich oft von Verwandten und Bekannten anhören, was für ein liebes Kind sie doch hat.
➢ „Störung des Sozialverhaltens bei fehlenden sozialen Bindungen" (F91.1) (op. cit., S. 281f.). Mit dieser Klassifikation bedachte Kinder begehen die aggressiven Handlungen typischerweise allein, ihnen fehlen gute soziale Beziehungen zu anderen Personen: Thomas, ein dreizehnjähriger Junge, ist überhaupt nur bereit, zur Therapie zu kommen, weil er gerne mehr Freunde haben möchte – er hat nämlich keine. Sein starrsinniges und massiv aggressives Verhalten sowohl in der Schule als auch zu Hause hat dazu geführt, daß er vollkommen isoliert ist. Seine KlassenkameradInnen halten ihn für „bescheuert", weil er nur seine eigene Meinung gelten läßt und sofort wütend wird, wenn sie ihm mal widersprechen und behandeln ihn mit einer Mischung aus Verachtung und Gegen-Aggression. Seine Familie reagiert auf sein auch physich massiv gewalttätiges Verhalten wütend und ängstlich.
➢ „Störung des Sozialverhaltens bei vorhandenen sozialen Bindungen" (F91.2) (op. cit., S. 282f.). Es bestehen gute soziale Beziehungen und das auffällige Verhalten wird häufig mit anderen gemeinsam ausgeführt: Der elfjährige Chris ist äußerst charmant und witzig, recht intelligent und gutaussehend. Er hat viele Freunde und füllt in seiner Klasse eine Art Anführerrolle aus, auch viele seiner Lehrer mögen ihn sehr – dennoch fliegt er von der Schule, da er sich einfach nicht an die aufgestellten Regeln hält. Der Klassenlehrer verzweifelt: „Wissen Sie, wenn ich das beim Chris

durchgehen lasse, dann machen das morgen alle. Die anderen sehen so zu ihm auf, daß die das sofort nachmachen.“ Chris ruft ständig in den Unterricht, macht Witze, über die alle lachen und albert in der Klasse herum, reagiert mit frechen Bemerkungen auf Arbeitsanweisungen der Lehrer. In den Pausen geht er mit andern Jungs irgendwohin, wo keine Aufsicht ist: Dort zündet er zusammen mit seinen Freunden die Abfalltonne an und läßt sie dann auf den Schulhof rollen. Er sprayt im und am Schulgebäude die Wände voll und wenn er sich angegriffen fühlt, kann er auch schnell wütend werden und fackelt dann auch nicht lange, sondern prügelt sich dann.

➢ „Störung des Sozialverhaltens mit oppositionellem, aufsässigem Verhalten“ (F91.3) (op. cit., S. 283f.). Bei dieser Störung fehlen die schwerwiegenden Verletzungen der Rechte anderer. Charakteristischerweise tritt sie bei Kindern unter neun bis zehn Jahren auf: Monique ist gerade sechs Jahre alt, sie wird häufig abrupt wütend, rastet etwa zwei bis dreimal in der Woche aus, wenn sie z. B. ihr Zimmer aufräumen soll oder im Garten irgendetwas nicht machen darf usw. Die meisten Mahlzeiten mit ihr sind schwierig, weil es immer wegen irgendetwas Streit gibt. Wenn sie ins Bett soll, gibt es Stress und ebenso wenn sie sich morgens anziehen soll. Im Kindergarten geht es so ähnlich: Sie stört die Gruppe oft und ist nach Meinung der Erzieherin „trotzig“ und „babyhaft“. Immer wieder rennt sie scheinbar grundlos aus der Gruppe ’raus und in eine andere Gruppe ’rein, obwohl sie das nicht darf.

Schließlich kennt die ICD-10 noch sogenannte Restkategorien („Andere Störungen des Sozialverhaltens“, F91.8; „Nicht näher bezeichnete Störungen des Sozialverhaltens“, F91.9), die nur dann angewendet werden sollen, wenn zwar die allgemeinen Bedingungen für eine Störung des Sozialverhaltens vorliegen, wie sie oben beschrieben wurden („ein sich wiederholendes und andauerndes Muster dissozialen, aggressiven oder aufsässigen Verhaltens“, s.o.), aber die spezifischeren soeben beschriebenen Kategorien nicht zu passen scheinen. In aller Regel sollen diese Kategorien nicht benutzt werden.

Darüber hinaus ist es nach ICD-10 möglich, „kombinierte Störungen des Sozialverhaltens und der Emotionen“ (F92) (op. cit., S. 285f.) zu klassifizieren. Dafür sind folgende Unterkategorien vorgesehen:

➢ „Störung des Sozialverhaltens mit depressiver Störung“ (F92.0) (op.cit., S. 285): Die zehnjährige Jenny wirkt in der Beratungsstelle eher freudlos und ohne Schwung. Sie kann kaum Dinge nennen, die ihr Spaß machen. Häufig ist ihr langweilig und sie weiß nichts mit sich anzufangen. Zu Hause kann sie sich mit ihrer Mutter lautstark und schrill fetzen, dabei beschimpft sie sie auch hemmungslos und wirft ihr ständig vor, daß sie ihr Leben versauen würde usw. In der Schule genießt sie es, andere Kinder lächerlich zu machen oder ihnen Angst zu machen oder gezielte Lügen zu verbreiten, so daß andere Kinder untereinander Streit bekommen.

Auch bei der kombinierten aggressiv-depressiven Störung sind in der ICD-10 Restkategorien vorgesehen, die nur in Ausnahmefällen benutzt werden sollen („Andere kombinierte Störung des Sozialverhaltens und der Emotionen“ ,F92.8); „Nicht näher bezeichnete kombinierte Störung des Sozialverhaltens und der Emotionen“ ,F92.9).

Bei Erwachsenen werden – je nach Ausprägung der Symptomatik – eher andere Diagnosen verwendet. So ist zum Beispiel unter bestimmten Bedingungen, die an dieser Stelle nicht diskutiert werden sollen, die Diagnose einer Persönlichkeitsstörung möglich. „Diese Störungen umfassen tief verwurzelte, anhaltende Verhaltensmuster, die sich in starren Reaktionen auf unterschiedliche persönliche und soziale Lebenslagen zeigen. Dabei findet man gegenüber der Mehrheit der betreffenden Bevölkerung deutliche Abweichungen im Wahrnehmen, Denken, Fühlen und in Beziehungen zu anderen." (op. cit., S. 211). Bei übermäßig aggressivem und normmißachtendem Verhalten wäre dann die Diagnose einer „dissozialen Persönlichkeitsstörung" (F60.2) angemessen. Die Betroffenen gelten als unfähig, aus ihren Fehlern zu lernen und zeigen ein außergewöhnlich stabil-aggressives Verhaltensmuster. Alte Bezeichnungen für dieses Störungsbild lauten „soziopathische Persönlichkeitsstörung" oder „psychopathische Persönlichkeitsstörung".

Übermäßig aggressives Verhalten kann auch häufig auch als Symptom einer „emotional instabilen Persönlichkeitsstörung" (F60.3) auftreten. Durch die besonders ausgeprägte emotionale Labilität kann es zu häufigen Wutausbrüchen mit massiven Bedrohungen anderer kommen. Denkbar ist schließlich auch noch die Diagnose einer „anderen abnormen Gewohnheit oder Störung der Impulskontrolle" (F63.8). Unter dieser Diagnose kann auch impulsives aggressives Verhalten gefaßt werden, wenn die aggressive Handlung von einem Spannungsabbau begleitet wird und wenn die Grundlage des Verhaltens nicht in einer anderen psychischen Störung liegt.

Ergänzend sei noch darauf hingewiesen, daß zusätzlich noch andere Einteilungsschemata für aggressives Verhalten sinnvoll sein können, die sich an anderen Dimensionen orientieren und Hinweise für konkrete Interventionsmaßnahmen liefern können. So unterscheiden beispielsweise Petermann und Petermann (1994a) konkret verhaltensorientiert anhand fünf verschiedener Dimensionen:

- offen-gezeigtes vs. verdeckt-hinterhältiges aggressives Verhalten;
- körperliches vs. verbales aggressives Verhalten;
- aktives vs. passiv-erfahrendes aggressives Verhalten;
- direktes vs. indirektes aggressives Verhalten;
- nach außen gewandtes vs. nach innen gewandtes aggressives Verhalten.

Ebenfalls verhaltensorientiert unterscheiden Bjrkvist, Lagerspetz und Kaukiainen (1992) direkte physische Aggression, direkte verbale Aggression, indirekte Aggression (z. B. Gerüchte verbreiten) und Rückzugs-Aggression (z. B. schmollen).

Quay (1987a) unterscheidet vier Subgruppen aggressiver Kinder und Jugendlicher, wobei die Unterscheidungen zum Teil anhand der Ätiologie des Verhaltens getroffen werden. Quay unterscheidet:

- „Undersocialized Aggression Group" (aggressives und provokatives Verhalten gegenüber Personen);
- „Socialized Aggression Group" (Norm- und Regelverstöße im Verband einer Clique);
- „Attention Deficit Group" (zugrundeliegende Hyperaktivität);
- „Anxiety Withdrawal Dysphoria Group" (angstmotivierte Aggression).

Zusammenfassung

Die Begriffe „Aggression“ und „Gewalt“ werden höchst unterschiedlich benutzt. Sowohl im Alltagssprachgebrauch als auch bei den unterschiedlichen wissenschaftlichen Definitionen scheinen mit den gleichen Begriffen zum Teil deutlich unterschiedliche Verhaltensweisen bezeichnet zu werden. Während tiefenpsychologische Definitionen in die Richtung tendieren, jede Aktivität als „Aggression“ zu bezeichnen, versuchen operationale Definitionen sich an einem bestimmten, stark eingegrenzten Verhalten zu orientieren, das die Schädigung anderer Personen beinhaltet.

Da aber „Aggression“ und „Gewalt“ eher negativ besetzte Begriffe sind, wird mit der Bezeichnung auch eine Wertung ausgesprochen und es macht Sinn, diese Wertung mit in die Definition einzubeziehen. Konkrete Verhaltensweisen (etwa schlagen, anschreien, etc.) vorauszusetzen, damit von „Aggressivität“ gesprochen werden kann ist eher nicht angebracht, denn die entscheidende Variablen sind die schädigende Absicht des Akteurs und/oder die negative moralische Bewertung des oder der Handelnden durch Beobachter. Eine Definition von „Aggression“, die die Verantwortungslosigkeit des Handelns gegenüber anderen in den Mittelpunkt stellt, scheint den Alltagssprachgebrauch am ehesten widerzugeben und läßt offen, mit welchen konkreten Mitteln diese Verantwortungslosigkeit gegenüber anderen durchgesetzt wird.

Der Begriff „Gewalt“ bezeichnet im Alltag oft eine massive körperliche Aggression. Im sozialwissenschaftlichen Diskurs wird der Begriff allerdings zum Teil viel weiter gefaßt und umfaßt dann auch gesellschaftliche Rahmenbedingungen, die Menschen an der Verwirklichung ihrer Möglichkeiten hindern. Diese Sichtweise kann helfen, gesellschaftliche Zusammenhänge zu analysieren und ermöglicht es erst, z. B. auch staatliches Handeln als „Gewalt“ zu bezeichnen.

Im klinisch-psychologischen Bereich gibt es keine Diagnose „Aggressivität“. Bei Kindern und Jugendlichen wird eine „Störung des Sozialverhaltens“ in verschiedenen Variationen diagnostiziert. Bei Erwachsenen wird übermäßige Aggressivität als mögliches Symptom verschiedener psychischer Probleme betrachtet.

2 Prävalenz aggressiven Verhaltens: Wie häufig tritt aggressives Verhalten auf?

Gewalt und Gewaltkriminalität sind für viele Menschen vorrangig medial vermittelte Wirklichkeiten. Gerade Gewaltkriminalität wird medial „als etwas Unerhörtes, Unverständliches, Unheimliches, Außergewöhnliches und Rätselhaftes" (H.J. Schneider, 1994, S. 60) konstruiert. „Gewalt als Teil unserer gesellschaftlichen Wirklichkeit zu begreifen, ist ein (mittlerweile schon ziemlich aufdringliches) Angebot der politischen und medialen Diskussion." schreiben dazu Funk und Stehr (1992, S. 3; vgl. auch Cremer-Schäfer, 1992). In der Tat legt die Medienberichterstattung, ob in Printmedien oder Fernsehen, den Gedanken nahe, daß aggressives Verhalten in unerhörtem Ausmaß gesellschaftliche Wirklichkeit prägt und darüber hinaus aggressives Verhalten ständig brutaler wird und daß die Rate gewalttätigen Verhaltens unaufhörlich steigt. Art und Ausmaß der medialen Wirklichkeitskonstruktion scheinen allerdings nicht der tatsächlichen Datenlage – also dem empirisch beobachtbarem Ausmaß gewalttätigen Verhaltens – zu folgen. Vielmehr scheinen solche Themen geeignet zu sein, von anderen komplexen gesellschaftspolitischen Problemen abzulenken. „Die Massenmedien richten häufig – aus Mangel an klaren wirtschaftlichen und soziologischen Analysen – die diffusen Zukunftsängste auf spektakuläre Gewaltphänomene oder angebliche Gewalterscheinungen." (H.J. Schneider, 1994, S. 31). Daß auch psychosoziale Praktikerinnen und Praktiker von einer Steigerung aggressiven Verhaltens ausgehen, führen Jarczyk und Rosenthal (1994) ebenfalls auf das veränderte gesellschaftliche Bewußtsein zurück, das sich auch in Wahrnehmen und Empfinden der psychotherapeutisch Tätigen niedergeschlagen hat.

Im folgenden soll anhand von Prävalenzzahlen dargestellt werden, inwieweit die mediale Wirklichkeitskonstruktion durch die Empirie bestätigt werden kann. Bei der Lektüre des vorangegangenen Abschnittes war möglicherweise nicht zu übersehen, daß der Autor den Katastrophenmeldungen eher kritisch gegenübersteht. Bevor nun eine Reihe von Zahlen aus Prävalenzuntersuchungen dargestellt werden, muß darauf hingewiesen werden, daß unterschiedliche Beobachter aggressives Verhalten oft sehr unterschiedlich einschätzen. Offord, Boyle und Racine (1991) berichten, daß Lehrer Kinder häufiger als aggressiv einschätzen, als deren Eltern das tun und daß Jugendliche sich selbst ebenfalls eher als aggressiv einschätzen als ihre Eltern dies tun. Döpfner, Berner, Fleischmann und Schmidt (1993) konnten nur schwache Übereinstimmung zwischen Eltern- und Erzieherurteil bei der Einschätzung der Aggressivität beobachten (Korrelationen von .28 in einer klinischen Stichprobe und von .33 in einer Repräsentativ-Stichprobe) und Achenbach, McConaughty und Towell (1987) kamen bei einer Metaanalyse zur Erzieher- bzw. Lehrer- und Elterneinschätzung aggressiven Verhaltens von Kindern auf einen niedrigen Korrelationswert von .27. Darüber hinaus ist zu beobachten, daß Eltern über das aggressive Verhalten ihrer Kinder oder auch über die Gewalt, die ihre Kinder erfahren, recht schlecht informiert sind (Olweus, 1995).

H.J. Schneider (1993, Überblick S. 14ff.) berichtet von höchst unterschiedlichen Prävalenzzahlen aggressiver Schülerinnen und Schüler im internationalen Vergleich. Von einer besonders hohen Quote in nordamerikanischen Städten (Toby, 1983) bis zu für unseren Kulturkreis vergleichsweise geringen Prävalenzzahlen in den skandinavischen Ländern Schweden und Norwegen (Olweus, 1991; vgl. Olweus, 1995) reicht das Spektrum. In anderen Kulturkreisen ist die Gewaltproblematik z.T. offensichtlich ebenfalls sehr gering, z.B. in Asien oder Afrika (Weisz, Sigman, Weiss & Mosk, 1993; Lepowski, 1994). Fromm (1971) berichtet im Überblick von verschiedenen sogenannten primitiven Stämmen, bei denen es zu keinem massiv-aggressivem Verhalten kommt. Diese Stämme kennen in der Regel kein Privateigentum, keine Führer und keine Ausbeutung – und scheinen somit mit unserer Kultur nun überhaupt nicht vergleichbar zu sein.

Auch bezüglich der Häufigkeiten von Gewalttaten an deutschen Schulen gibt es verschiedene neuere Untersuchungen. Hurrelmann und Freitag (1993) führten eine Untersuchung mit Schülern der Sekundarstufe in Essen und Osnabrück durch, bei der 28% der Schüler angaben, noch nie als Täter (andere Schüler schlagen, hänseln, etc.) in Erscheinung getreten zu sein. 66% gaben an, gelegentlich solche Handlungen begangen zu haben und nur 6% bekannten sich zu regelmäßiger Täterschaft. Harnischmacher (1994) untersuchte an Kölner Schulen, wie häufig Kinder dort Opfer von Aggressionen wurden. Insgesamt äußerten 44,7% der SchülerInnen, daß sie an der Schule bereits Gewalt erfahren haben, knapp die Hälfte davon häufiger. Allerdings gaben immerhin 55,3% an, in der Schule noch nie Gewalt erfahren zu haben.

In einer Untersuchung von Vieluf (1993) wurden nicht die SchülerInnen, sondern die SchulleiterInnen von 176 Hamburger Schulen aller Schularten schriftlich und anonym nach ihren Eindrücken befragt. 56% der Schulleiter berichteten von erheblichen Aggressionen. 15% gaben an, „... daß das Schulleben durch gewalttätiges Verhalten erheblich belastet worden war“ (S. 29). Die Gewalt ging nach den Beobachtungen der SchulleiterInnen in der Regel von Einzeltätern (70,5%) und fast ausschließlich von Jungen (90%) aus. Die Antworten der Schulleiter zur Entwicklung von aggressivem Verhalten in den letzten drei Jahren waren in bezug auf Waffengebrauch und sexuellen Belästigungen uneinheitlich, allerdings glaubten 62% eine Zunahme verbaler Gewalt und 45% eine gesteigerte Brutalität in diesem Zeitraum beobachtet zu haben. Bezüglich dieser subjektiven Eindrücke muß allerdings nochmals darauf hingewiesen werden, daß auch die hier befragten SchulleiterInnen durch das eindeutige gesellschaftliche Angebot zur vermehrten Wahrnehmung aggressiven Verhaltens in ihren Urteilen möglicherweise massiv beeinflußt wurden.

Dettenborn (1993) schließlich befragte in Berlin SchülerInnen der 7. bis 10. Klassen. Er ließ sie mit „Ja“ oder „Nein“ zu Feststellungen wie „Ich bin der Meinung, daß es jetzt im Vergleich zu den vergangenen zwei bis drei Jahren eine feindseligere Stimmung unter den Schülern gibt“ (S. 32) Stellung beziehen. 52% der Befragten bejahten die Frage nach der Zunahme feindseliger Stimmung und 56% erlebten eine Steigerung gewalttätigen Verhaltens in diesem Zeitraum. Da die Art der Fragestellung bei der Frage durch die einseitige Vorgabe der erwarteten Antworten offensichtlich deutlich beeinflussend ist, sind die Ergebnisse allerdings nur vorsichtig zu bewerten.

Es gibt auch einige andere Zahlen, die eine erhöhte Gewaltbereitschaft bzw. ein vermehrtes Auftreten gewalttätigen Verhaltens nahelegen. So berichtet z.B. *Wenger (1991) von einem Anstieg jugend-und gruppentypischer Gewalttaten im Raum München um 19%.* Und Faas (1991, S. 23) führt aus, daß im Raum Augsburg im Jahr 1986 die Gewalttaten noch einen Anteil von 7,67% an der Gesamtkriminalität ausmachten, während es im Jahr 1991 schon 19,70% waren. Und weiter schreibt Faas (op.cit.):

> „Während es früher ‚normale' Schulhofkeilereien waren, wird heute mit brutaler Gewalt aufeinander eingeschlagen. Es genügt nicht mehr, wenn der Gegner am Boden liegt, sondern er wird dann noch mit Tritten drangsaliert. Bei einer Körperverletzung ist heute die Anwendung eines Schlagringes oder eines Messers (und da muß es ein Butterfly sein) obligatorisch. Bei Überfällen auf einen Spielsalon genügt es nicht mehr, die zu großen Teilen Rentner, die sich ihre Rente aufbessern wollen, durch körperliche Überlegenheit einzuschüchtern; hier wird sofort mit einem gezielten Fußkickstoß gegen die Brust der Forderung nach Geld Nachdruck verliehen."

Ähnliche Beobachtungen teilen auch Bründel und Hurrelmann (1994) mit:

> „Die brutalen und lebensgefährlichen Formen, mit denen sich die Neigung zur Gewalt austobt, stehen in einem auffallenden Mißverhältnis zu ihrem nichtigen Anlaß. ... Es scheint so, als brauche Gewalt weder Anlaß noch Ziel, als genüge und rechtfertige sie sich selbst. Willkür und Sinnlosigkeit kennzeichnen viele Gewalthandlungen der letzten Zeit, Gleichgültigkeit zeigt sich gegenüber dem Objekt und Mitleidlosigkeit in bezug auf das Opfer, das die Jugendlichen nicht einmal kennen. ... Kinder und Jugendliche schlagen heute schon bei nichtigen Anlässen schneller und mitleidloser als früher zu. Besonders beunruhigend sind die schleichend wachsende ganz alltägliche Gewaltbereitschaft unter Schülern, ihr fehlendes Mitgefühl und ihre sinkende Hemmschwelle." (op.cit., S. 27)

Für den klinischen Bereich liegen keine Zahlen zur Entwicklung der Prävalenz aggressiven Verhaltens vor. Nach Eisert (1987) schwanken Prävalenzangaben verschiedener AutorInnen zur psychiatrischen Klassifikation „Störungen des Sozialverhaltens" zwischen 4% und 7%. In psychiatrischen Kliniken werden etwa 20% bis 50% der behandelten Kinder diagnostisch entsprechend eingeordnet. Ausgehend von ausländischen Studien schließt Petermann (1987a) auf etwa 10-20% verhaltensgestörte Kinder. Petermann und Petermann (1994a) schätzen, daß es bei 2% der Mädchen und 10% der Jungen vor dem achtzehnten Lebensjahr zu massiven aggressiven Auffälligkeiten kommt.

Laucht, Esser und Schmidt (1993) fanden bei einer Längsschnittuntersuchung, daß bereits bei viereinhalbjährigen Kindern bezüglich einer „Störung des Sozialverhaltens" eine Prävalenzrate von 8,3% zu beobachten ist (vgl. Tab. 1).

Tab. 1: Häufigkeit psychischer Auffälligkeiten nach laucht et al. (1993)

	2;0 Jahre	4;6 Jahre
deutlich auffälig	17,8 %	24,2 %
ausgeprägt auffällig	1,7 %	4,0 %
somit insgesamt auffällig	19,5 %	28,2 %
Hyperkinetische Störungen (ICD-10: F90)	6,8 %	9,4 %
Störungen des Sozialverhaltens (F91; F92)	2,8 %	8,3 %

Essau, Petermann und Ernst-Goergens (1995) haben die Häufigkeit einzelner Symptome einer Störung des Sozialverhaltens bei 215 Schülerinnen und Schülern eines Bremer Gymnasiums im Alter von 11 bis 18 Jahren untersucht. Dabei zeigten sich sowohl deutliche Alters- als auch Geschlechtsunterschiede. Fast alle Symptome – vor allem aber die Symptome, die sich auf aggressive Gewaltanwendung gegen Personen oder Sachen beziehen – sind bei männlichen Jugendlichen seltener zu beobachten, je älter sie werden. Bei den Mädchen hingegen zeigt sich eine gegenläufige Entwicklung: Die Aggressivität scheint sich mit zunehmendem Lebensalter zu erhöhen, bleibt aber stets unter dem entsprechenden Wert der Jungen (vgl. Abb. 1).

Abb. 1: Entwicklung aggressiven Verhaltens bei Jugendlichen nach Essau et al. (1995)

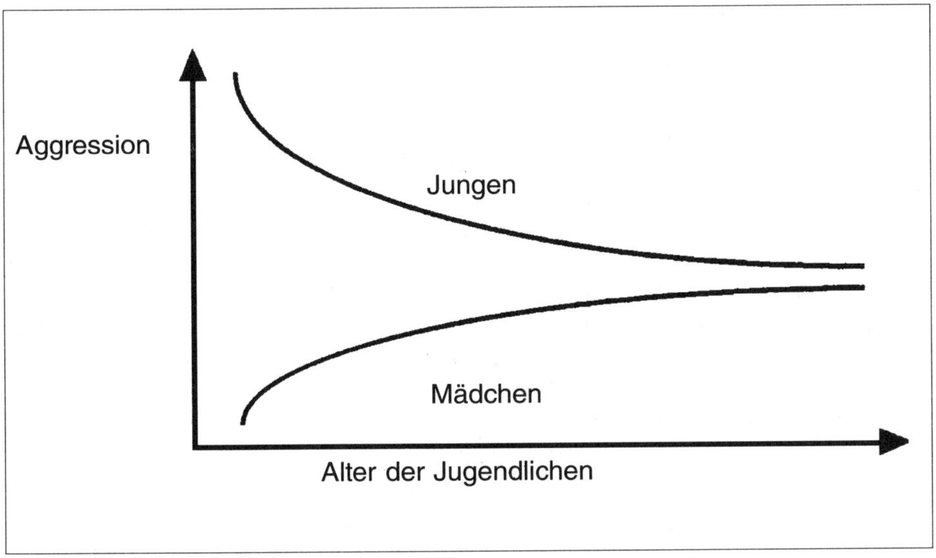

Die Quantität und die Qualität kindlicher und jugendlicher Gewaltanwendung (nach Möller 1991a, S. 283 für einige Jugendliche das einzig „erfolgversprechende Kommunikationsmedium") haben sich in den letzten Jahren also – folgt man allen bisherigen Angaben – erheblich verändert.

Eine wichtige Erscheinungsform der Gewalt, die – wie dem zweiten Teil dieses Buches entnommen werden kann – erheblichen Einfluß auf eine weitere Steigerung aggressiven Verhaltens insgesamt nimmt, ist die Gewalt in Familien, sowohl als Erziehungsinstrument als auch in Form von Gewalt zwischen den erwachsenen Familienmitgliedern. Leider ist die Anzahl der Gewalttätigkeiten in Familien in Deutschland erschreckend hoch. Bründel und Hurrelmann (1994, S. 65) beschreiben die Ergebnisse einer Umfrage der Zeitschrift „Eltern", bei der 30 % der befragten Eltern angaben, ihr Kind in den letzten vier Wochen geschlagen zu haben, während nur 40 % der Väter und 30% der Mütter angaben, ihr Kind noch nie geschlagen zu haben. Eine neue Studie des Kriminologischen Forschungsinstitutes Niedersachsen (1995) förderte unschöne Ergebnisse zutage. 16% der Befragten waren innnerhalb der letzten fünf Jahre Opfer körperlicher Gewalt in nahen sozialen Beziehungen, 70 % der UntersuchungsteilnehmerInnen erfuhren in ihrer Kindheit körperliche Züchtigungen und 10 % waren in ihrer Kindheit mindestens einmal massiv mißhandelt worden, etwa mit Faustschlägen oder mit Tritten. Frehsee, Bussmann und Horn (1995) zeigen die deutliche Schere zwischen den Einstellungen und dem Verhalten von Eltern: Während nach ihrer Befragung eine überwältigende Mehrheit eine gewaltfreie Erziehung für angemessen und sinnvoll hält, sieht das konkrete Handeln in deutschen Familien auch heute noch ganz anders aus: Nur 18,5 % der Erziehenden verzichten nämlich nach der gleichen Untersuchung „weitgehend auf Körperstrafen" (op. cit., S. 4), während 61,2 % ihre Kinder häufig leicht züchtigen (z.B. Ohrfeigen) und 20,6 % „zeichnen sich durch einen vergleichsweise häufigen und vor allem auch schweren Einsatz von Gewalt in der Erziehung aus" (op. cit.). Auch im Gewaltgutachten von Schwind, Baumann et al. (1990) wird eine entsprechende Schlußfolgerung gezogen: „Gewalt zwischen Familienmitgliedern erscheint nicht nur als die verbreitetste Form von Gewalt, die ein Mensch im Verlaufe seines Lebens erfährt. Sie ist auch gleichzeitig die am wenigsten kontrollierte und sowohl in ihrer Häufigkeit als auch in ihrer Schwere am stärksten unterschätzte Form der Gewalt."

Daß Gewalt in der Familie auch den psychotherapeutischen PraktikerInnen, die mit betroffenen Familien arbeiten, zunächst nicht immer auffallen muß, verdeutlichen Klann und Hahlweg (1992). Sie berichten, daß nur 1% der Klienten, die Ehe-, Familien- und Lebensberatungsstellen aufsuchen, als Beratungsanlaß gewalttätiges Verhalten in der Beziehung angeben, während den Ergebnissen einer Untersuchung zufolge im Verlauf der Betreuung bei 13 % der behandelten Paare Tätlichkeiten in der Beziehung offenbar wurden. Auch in der Erziehungsberatung geschieht es oft nach mehreren Gesprächen, daß erhebliche Ehekonflikte, die auch gewalttätig ausgetragen werden, von einem Elternteil berichtet werden – während vorher die Partnerbeziehung von den Eltern als unproblematisch geschildert wurde. Um solche intimen Dinge besprechen zu wollen, muß der Berater (Therapeut) oder die Beraterin (Therapeutin) zunächst als vertrauenswürdig erlebt worden sein, denn zuzugeben, daß der eigene Partner oder (seltener) die eigene Partnerin gegenüber einem selber gewalttätig ist, bedeutet, Demütigungen und Niederlagen in einem wichtigen Lebensbereich einzugestehen, die eigene Verletzlichkeit offenzulegen. Und das in einem Bereich, der den z.B. in der Werbung transprotierten gängigen Idealbildern von heilem Familienleben (Margarine, Fertigsuppen, Waschmittel, ...) zufolge eigentlich wie selbstverständlich funktionieren müßte – umso schwerwiegender erscheint das eigene Unvermögen, ein „normales“ Familienleben führen zu können.

Eine weitere vielbeachtete Erscheinungsform aggressiven Verhaltens ist die Gewaltkriminalität. Auch hier muß festgehalten werden, daß es für einige Erscheinungsformen der Gewaltkriminalität, wie z.B. der Gewalt in Fußballstadien oder für Vandalismus, entgegen dem in der Öffentlichkeit vorherrschenden Bild, keine empirisch gesicherten Daten über die tatsächliche Steigerungsrate gibt (vgl. Möller, 1991b). Auch bezüglich extremer Gewalttaten, namentlich Mord und Totschlag, gibt es über die letzten Jahre keine in der Kriminalstatistik ablesbare Veränderung (Simons, 1988). Entgegen dem in der Öffentlichkeit vorherrschenden Bild ist die Anzahl vollendeter Tötungsdelikte bezogen auf die Gesamtbevölkerung Deutschlands ausgesprochen gering (z.B. 1985: 886 Fälle). Die Rate der Gewaltkriminalität an der Gesamtkriminalität (Mord, Totschlag, Körperverletzung, Raub, Vergewaltigung, usw.) liegt in Deutschland relativ stabil bei 2,4 %.

Lediglich im Bereich der Gewalttaten mit erwiesenem oder vermutetem rechtsextremen Hintergrund ist eine deutliche Steigerung in den letzten Jahren zu erkennen: 1990 waren dies noch 270 Fälle, 1992 hingegen 2285 Fälle (Bundesamt für Verfassungsschutz, 1993).

Eine andere im Rahmen von Kriminalitätsängsten häufig auftauchende „Gefahr“ ist die der Kriminalität ausländischer Mitbürger. Zwar zeigt die polizeiliche Kriminalstatistik z.B. für 1992 in der Tat, daß 32,9% der in Deutschland registrierten Gewalttäter Nicht-Deutsche sind, obwohl ihr Bevölkerungsanteil nur 7,6 % beträgt. Aber diese scheinbare Überrepräsentation läßt sich schnell erklären, ohne Angst oder Abneigung gegen Ausländern weitere Nahrung zu geben (vgl. H.J. Schneider, 1994, S. 38f.): Erstens sind viele ausländische Täter Durchreisende, Touristen, Angehörige der Stationierungsstreitkräfte oder Menschen ohne Aufenthaltsgenehmigung: All diese Täter werden von der Bevölkerungsstatistik nicht erfaßt, tauchen aber in der Kriminalstatistik auf, daher können die beiden oben genannten Zahlen seriöserweise nicht ohne Erklärung in Verbindung gesetzt werden. Zweites sind viele hier lebende Ausländer jung und männlich: Da die Eigenschaften „jung“ und vor allem „männlich“ und ganz besonders deren Kombination herausragende Merkmale von Gewalttätern insgesamt sind, kann es nicht verwundern, daß eine Bevölkerungsgruppe (Ausländer), deren Zusammensetzung in dieser Hinsicht erheblich von der deutschen Bevölkerung abweicht, dementsprechend mehr gewalttätige Auffälligkeiten zeigt. Entscheidend ist dafür aber eben nicht das Merkmal „Ausländer“, sondern das Merkmal „jung und männlich“. Drittens schließlich trifft Ausländer ein höheres Risiko, auch wegen kleinerer Delikte angezeigt zu werden, was sich darin zeigt, daß ein großer Teil der angeklagten Ausländer nicht verurteilt wird.

Die einfache Gegenüberstellung von zwei nicht recht zusammenpassenden statistischen Zahlen schafft also in diesem Bereich eine insgesamt nicht gerechtfertigte Stimmung – wiewohl die besonderen Probleme eines Kulturwechsels hier nicht geleugnet werden sollen, die auch zu Desintegrationserfahrungen und somit auch zu aggressiven Auffälligkeiten führen können.

Hurrelmann (1992) faßt die ihm vorliegenden Erkenntnisse zu aggressivem Verhalten umsichtig zusammen. Er warnt davor, Kriminalstatistiken überzuinterpretieren, „... da Veränderungen der polizeilich registrierten Kriminalität nicht unbedingt auf Veränderungen im sozialen Geschehen zurückzuführen sein müssen. Vielmehr können verändertes Anzeigeverhalten oder veränderte Verhaltensdefinitionen entscheidende Einflüsse sein." (op.cit., S. 42)

Ähnliche Schwierigkeiten gibt es mit Versicherungsstatistiken, die auch ohne „objektive" Veränderungen erheblichen Schwankungen unterliegen können. Hurrelmann (op.cit.) warnt davor, entwicklungsentsprechend normales Tobe- und Übermutverhalten bei Kindern (vgl. Brusten & Hurrelmann, 1973; siehe auch Scherr, 1994) nun als abweichend zu stigmatisieren und kommt dann insgesamt zu dem Schluß,

> „... daß sich tatsächlich die Verbreitung von aggressiven und gewalthaltigen Handlungen im Bereich der Schule über die letzten zehn Jahre verstärkt hat. Wegen der ausgesprochen vielen Verzerrungsfaktoren dürfte der Anstieg aber bei weitem nicht so stark sein, wie ihn die amtlichen Aggregatsstatistiken abbilden, sondern er dürfte moderate Ausmaße haben. Es erscheint aber wahrscheinlich, daß der – insgesamt sehr kleine – Anteil von besonders starken und heftigen Aggressions- und Gewalthandlungen überdurchschnittlich stark zugenommen hat." (op.cit. S. 44).

Zusammenfassung

In einer von ständigen medial vermittelten Besonderheiten und Höhepunkten, die kaum noch Interesse zu wecken vermögen, geprägten Postmoderne (vgl. dazu Bochumer Arbeitsgruppe, 1996) verbreiten Medien vorzugsweise vermeintlich besonders aufregende oder ängstigende Inhalte, damit das Publikum überhaupt noch zu berühren und zu interessieren ist. Ausufernde Gewalt – besonders auch aggressives Verhalten von Kindern und Jugendlichen, die dem Idealbild des wohlerzogenen Kindes widerspricht – stellt ein solches interessierendes Thema dar und wird deshalb in möglichst greller Art und Weise und möglichst häufig thematisiert. So wird das neue Wissen, daß Aggressivität ständig zunimmt und immer schlimmer wird, zum medial konstruierten Allgemeinplatz. Diese neue Wirklichkeitskonstruktion beeinflußt die Wahrnehmung jedes und jeder Einzelnen, so daß sich jede Gewalttat, von der mensch erfährt, in das Gesamtbild der aggressiven Gesellschaft einpaßt und dieses erneut verstärkt.

Es liegen eine Menge Studien aus verschiedenen Kontexten (Pädagogik, klinische Prävalenzzahlen, Kriminologie) vor, die belegen, daß Aggressivität tatsächlich quantitativ und qualitativ ein beachtenswertes Ausmaß hat. Allerdings scheint mir, daß die vorliegende sozialwissenschaftliche, klinisch-psychologische und kriminologische Datenlage insgesamt keine Grundlage für die Annahme einer tatsächlichen Steigerung der Quantität aggressiven Verhaltens bietet.

Letztendlich ist die Frage nach der Steigerung der Auftretenshäufigkeit aggressiven Verhaltens auch müßig. In jedem Fall ist die verstärkte Wichtigkeit des Themas

„Gewalt“ für die Bevölkerung eine gesellschaftliche Realität, unabhängig davon, ob die Anzahl der Gewalthandlungen nun gestiegen ist oder nicht. Die Prävalenzzahlen sind sicherlich auch hoch genug, um eine weitere Beschäftigung mit dem Thema zu gebieten, denn zu jeder Gewalttat gehören auch Opfer, deren Leid zu vermindern ein ernstzunehmendes Anliegen ist. Insbesondere die unwidersprochen hohe Rate von Gewalttätigkeiten in nahen sozialen Beziehungen, die wiederum genau dazu führen, daß die betroffenen Kinder aggressives Verhalten zeigen und dieses Verhalten auch mit hoher Wahrscheinlichkeit als Erwachsene – z.B. bei der Erziehung der eigenen Kinder – weiterhin zeigen, macht den Handlungsbedarf deutlich.

3 Stabilität aggressiven Verhaltens: Einmal aggressiv – immer aggressiv?

Die hohe Prävalenz aggressiven Verhaltens bei Kindern und Jugendlichen ist dramatisch, da Aggressivität eine besonders stabile Verhaltensdisposition darstellt. Aggressives Verhalten wird – da es häufig kurzfristige Erfolge bringt – zu einer festen Gewohnheit, die sich in der Regel nicht von selber wieder legt. Es gibt eine Fülle von Studien, die auf das Überdauern aggressiver Verhaltensstörungen hinweisen, deren Ergebnisse im folgenden kurz dargestellt werden sollen.

Laucht, Esser und Schmidt (1993) fanden in ihrer bereits erwähnten Studie heraus, daß die expansiven Störungen Aggressivität und Hyperaktivität bei 50 % derjenigen Kinder, die mit zwei Jahren entsprechend diagnostiziert wurden, auch mit viereinhalb Jahren noch die gleiche Diagnose erhielten (vgl. auch Rose, Feldman, Rose, Wallace und McCarton, 1992, die zu ähnlichen Ergebnissen gelangen; vgl. Döpfner, 1993; Olson & Brodfeld, 1991). Gleichzeitig lag die Stabilitätsrate introversiver Störungen (Ängste, Phobien) im gleichen Zeitraum nur bei 14,8 %. Allerdings zeigt diese Erhebung auch, daß auf das Verschwinden einer Auffälligkeit nicht unbedingt Problemfreiheit folgen muß, da die Kinder zum Teil auch im Anschluß an die eine Störungsart eine andere Störungsart entwickelten: 29,6 % derjenigen Kinder, die mit 2 Jahren an einer introversiven Störung litten, zeigten mit 4;6 Jahren expansive Verhaltensauffälligkeiten und 14,7 % der zunächst expansiv auffälligen Kinder zeigten später introversive Probleme: Aus ängstlichen Kindern können also aggressive Kinder werden und aus aggressiven Kindern ängstliche Kinder.

Auch bei Kindern im Schulalter ist die hohe Stabilität aggressiven Verhaltens zu beobachten (Esser, Schmidt, Blanz, Fätkenheuer, Fritz, Koppe, Laucht, Rensch & Rothenberger, 1992; Cairns, Cairns, Neckerman, Ferguson & Gariepy, 1989). Baikker-McKee (1990) konnte in ihrer Langzeituntersuchung mit Kindern von acht bis achtzehn Jahren verschiedene Entwicklungsverläufe aggressiven Verhaltens beobachten. Bei einigen Kindern kann von andauernder Dissozialität von der Kindheit bis ins Jugendalter ausgegangen werden, während andere einen Ausstieg (mit Rückfällen) aus der Dissozialität schaffen oder auch schwankend-dissoziales Verhalten zeigen. Nach McConaughty, Stanger und Achenbach (1992) bleibt aggressives Verhalten vom vierten bis zum sechzehnten Lebensjahr in etwa 50 % der Fälle bestehen. Moffit (1990) fand in einer Langzeitstudie heraus, daß diejenigen Kinder, bei denen im Alter von drei Jahren der höchste Aggressionswert zu beobachten war, auch mit dreizehn Jahren den höchsten Aggressionswert aufwiesen.

Viele AutorInnen sehen aufgrund ihrer Studien kindliche Aggression bzw. die damit zusammenhängende Zurückweisung durch andere als die besten Prädiktoren für späteres delinquentes Verhalten (vgl. Huesmann, Eron, Lefkowitz & Walder, 1984; Stattin & Magnusson, 1989). Die Art der Aggression kann sich dabei allerdings ändern. So berichtet Loeber (1982) etwa, daß die Zahl der physisch gewalttätig ausgetragenen Kämpfe zwar mit dem Lebensalter sinkt, daß allerdings versteckt antisoziales Verhalten immer mehr zunimmt.

Farrington (1991) führte eine Langzeituntersuchung über 25 Jahre durch, bei der er bei seinen Untersuchungspersonen über ein Vierteljahrhundert hinweg die Kontinuität aggressiven Verhaltens von der Kindheit bis ins Erwachsenenalter beobachten konnte. Aggressive Kinder und Jugendliche wurden mit höherer Wahrscheinlichkeit deviante Erwachsene. Sie lebten als Erwachsene auch insgesamt in schlechteren Verhältnissen und hatten mehr Konflikte mit ihren LebenspartnerInnen. Die Männer wurden häufiger gewalttätig gegenüber ihren Frauen, die Arbeitslosenrate war höher, sie waren stärkere Trinker und Raucher, konsumierten mehr Drogen, fuhren häufiger unter Alkoholeinfluß und verstießen insgesamt häufiger gegen Gesetze. Olweus (1995) beobachtete, daß 60% der Jungen, die in den Klassen sechs bis neun als Gewalttäter galten, vor Erreichen des 25ten Lebensjahres mindestens einmal straffällig geworden waren.

Roff und Wirt (1984) konstatierten bei Mädchen einen Zusammenhang zwischen aggressivem Verhalten in der Kindheit und späterer Abhängigkeit von Sozialhilfe. Serbin, Peters, McAffer und Schwarzmann (1991) stellten darüber hinaus fest, daß kindliche Aggression bei Mädchen ein guter Prädiktor für eine frühe Schwangerschaft und Ehekonflikte ist, womit gute Bedingungen dafür geschaffen werden, daß sich die Probleme in der nächsten Generation fortsetzen können (vgl. dazu auch Silver, Abott & Couper, 1969).

Natürlich sind mit den bisherigen Beschreibungen zur Chronizität aggressiven Verhaltens keine Aussagen darüber verbunden, woran es liegt, daß diese Verhaltensgewohnheit so überdauernd ist. Denkbar ist, daß begleitende dritte Variablen dafür verantwortlich sind. Wie weiter unten noch beschrieben wird, führt aggressives Verhalten z.B. zur sozialen Rückweisung durch andere. Dodge (1980) beschreibt, daß aggressive Kinder sich deswegen in einer sich steigernden Spirale befinden, die aus aggressivem Verhalten und Zurückweisung durch andere besteht, wobei beide Komponenten sich gegenseitig bedingen. Bei dem siebenjährigen Björn z.B., einem meiner Klienten, zeigt sich dieses Problem nach der Einschulung deutlich in der Schule: Dort verängstigte er die anderen Kinder durch seine unkontrollierten Wutanfälle, bei denen er ihre Bastelarbeiten durch die Gegend warf, schrie und mit Gegenständen nach den KlassenkameradInnen schmiß. Anfangs nahmen die Kinder ihn noch an und sprachen und spielten mit ihm, da die Abstände zwischen den Wutanfällen groß waren und er zwischendurch ein eher lieber und zurückhaltender Junge war. Wenn allerdings in der Klasse gelegentlich Unruhe herrschte, konnte es leicht passieren, daß Björn wieder einen Wutanfall bekam, den auch die Lehrerin sich nicht zu unterbrechen traute. Als die Kinder immer ängstlicher wurden, wandten sie sich ihm überhaupt nicht mehr zu, was seine Unsicherheit verstärkte und schon bei kleineren Anlässen für Wutanfälle sorgte. Im Hort hingegen, wo er nachmittags nach der Schule war, konnten die Erzieherinnen die Probleme der Schule gar nicht nachvollziehen. Hier war Björn beliebter und hatte Freunde, gelegentlich aufkommende Wutanfälle hatten auch nicht die gleiche Wirkung wie in der Schule, da die Erzieherinnen in solchen Situationen beherzt eingriffen und Björn einfach festhielten. Solche Situationen waren allerdings auch im weiteren Verlauf im Hort, wo Björn nicht zurückgewiesen wurde, selten. In der Schule eskalierte hingegen die von Ablehnung gekennzeichnete Situation (vgl. Kap. II.6).

Patterson (1992) zeigt diesen Kreislauf auch für Eltern-Kind-Interaktionen auf. Je antisozialer das Verhalten des Kindes ist, desto weniger werden die Eltern in Zukunft auf das Kind acht geben und dies führt wiederum zu einer Steigerung des aggressiven Verhaltens und so weiter ad infinitum. Je nach Empfindlichkeit der Eltern und Ausmaß des aggressiven Verhaltens des Kindes registrieren die Eltern häufig nur noch die Probleme, die es mit ihrem Kind gibt. Viele Eltern sind auf Nachfrage im Erstgespräch kaum in der Lage, irgendwelche positiven Dinge über ihr Kind zu sagen. In solchen Situationen wird die Beschäftigung mit dem Kind für die Eltern so unangenehm, daß sie ständig versuchen werden, ihm oder ihr aus dem Weg zu gehen, keine Zeit mit ihm oder ihr zu verbringen. In der Beratung fallen dann häufig Sätze wie: „Ich will im Moment nur noch meine Ruhe haben!“ oder „Es ist schlimm, so etwas über das eigene Kind sagen zu müssen, aber: Ich kann sie nicht mehr ertragen, ich will nichts von ihr hören und sehen!“ Die Bemühungen der Eltern, Ruhe vor ihrem Kind zu haben, führen dazu, daß auch angemessenes Verhalten des Kindes unbeachtet bleibt und dem Kind nichts anderes übrigbleibt, als sich noch aggressiver als bisher zu verhalten, denn damit erzwingt es sich die Aufmerksamkeit, die es sonst nicht mehr erfahren kann (vgl. Kap. II.3 und II.6).

Dumas (1992) unterscheidet „frühe Starter“ (Vorschulalter) und Kinder, die erst in späterem Alter aggressiv werden: Die „frühen Starter“ zeigen mehr, schwerere und überdauerndere Auffälligkeiten und viele werden später straffällig. Bei „späten Startern“ hingegen handelt es sich häufig um ein vorübergehendes Problem, bei dem der modellhafte Einfluß von Gleichaltrigen für die Aufrechterhaltung des aggressiven Verhaltens zentral ist (vgl. auch Prior, Smart, Sanson, Pedlow und Oberklaid, 1992). Patterson, Capaldi und Blank (1991) stellten dazu fest, daß sowohl ein früher Beginn als auch extreme Aggressionswerte die Wahrscheinlichkeit früher Erfahrungen mit der Polizei erhöhen.

Aus entwicklungspsychopathologischer Sicht ist die klinische „Störung des Sozialverhaltens“, die vorrangig bei Kindern im Schulalter diagnostiziert wird, nur eine Phase einer chronischen psychiatrischen Störung, die mit prä- und perinatalen Problemen beginnt und mit Erwachsenendelinquenz endet. Loeber (1990) hat dazu ein Verlaufsmodell entwickelt (vgl. Abb. 2), welches die verschiedenen auffeinanderfolgenden bzw. sich überlappenden Bestandteile dieser Störung darstellt. Nach diesem Modell können die Probleme möglicherweise noch vor der Geburt in Form von neuropsychologischen Auffälligkeiten beginnen. Die betroffenen Kinder werden dann „schwierige Kinder“, d.h. Kinder, die viel schreien, wenig oder unregelmäßig schlafen und die sehr unruhig sind. Diese Kinder entwickeln dann im Vorschulalter möglicherweise eine hyperaktive Störung und ein ausgeprägtes Trotzverhalten, dem die Eltern oft machtlos gegenüberstehen. Häufig reagieren dann die Eltern darauf, indem sie selbst mit aggressivem Erziehungsverhalten einen Machtkampf gegen ihre Kinder ausfechten.

Wenn die Probleme des Kindes im Vorschulalter nicht gelöst werden, kommt es häufig mit dem Eintritt in die Schule zu offen aggressivem Verhalten. Dieses Verhalten führt wiederum zu Schwierigkeiten mit SchulfreundInnen, was das aggressive Verhalten weiter verstärkt. Das Kind fühlt sich oft angegriffen und in die Enge getrieben und nimmt auf Grund inzwischen entwickelter ungünstiger Wahrnehmungsfehler das Verhalten der anderen Kinder als bedrohlich wahr. Diese Wahrnehmung bedingt nun wiederum erneutes aggressives Verhalten. Die anderen Kinder werden sich nun von dem Kind abwenden, womit dem betroffenen Kind fast keine andere Chance bleibt, als sich in Cliquen mit anderen Kindern mit ähnlichen Problemen darin zu üben, das aggressive Verhalten zu kultivieren.

Abb. 2: Modell von Loeber (1990), übernommen aus Petermann & Warschburger (1995)

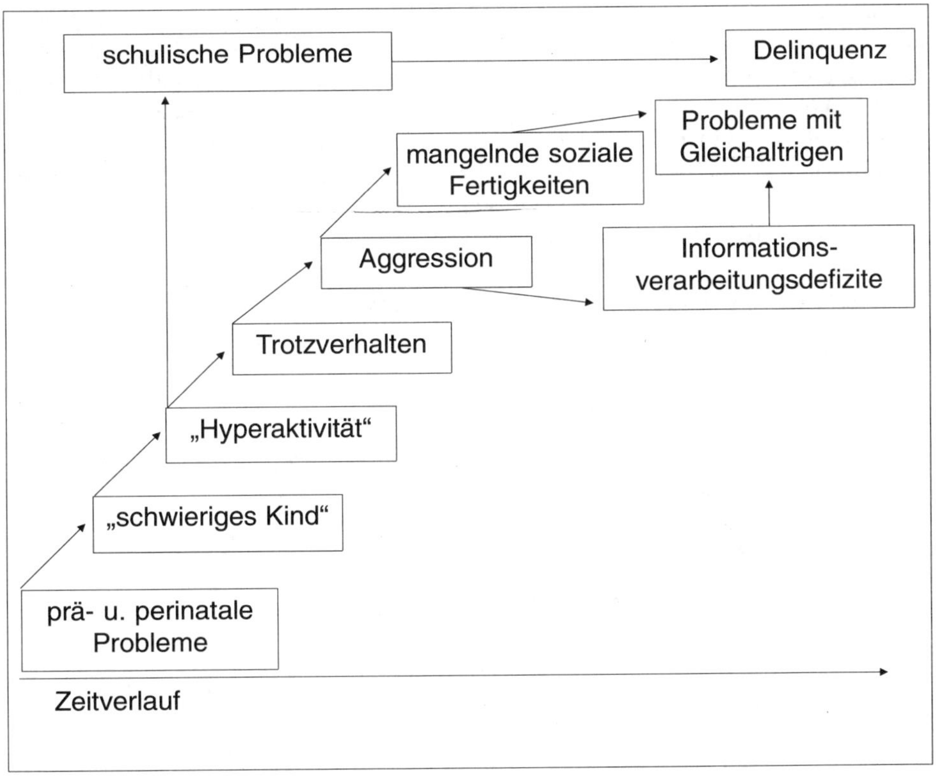

Die Anzahl der gleichzeitig auftretenden Probleme ist umso geringer, je jünger das jeweilige Kind ist. Je älter das Kind wird, je mehr Entwicklungsaufgaben dementsprechend auf es zukommen und je größer sein Aktionsradius wird, desto breiter gestreut und desto schwerwiegender werden die Probleme des Kindes bzw. Jugendlichen und später Erwachsenen und seiner Umgebung.

Der Übergang von einer Phase zur nächsten in diesem Modell ist natürlich nicht zwingend und die entwicklungspsychopathologisch relevante Frage lautet somit: Welches sind die Risikofaktoren, die bei – wenn man einigen oben genannten Studien glauben will – etwa 50% der Betroffenen dazu führt, daß die skizzierte negative Entwicklung über viele Jahre hinweg ihren Lauf nimmt (vgl. Kusch, 1993).

Zusammenfassung

Insgesamt handelt es sich bei aggressivem Verhalten um eine oft über Jahre hinweg zu beobachtende stabile Gewohnheit. Aus verschiedenen Studien läßt sich ableiten, daß auch nach vielen Jahren noch bis zu 50% der betroffenen Kinder, Jugendlichen oder Erwachsenen aggressives Verhalten zeigen, dessen konkrete Ausdrucksform sich aber im Verlauf der Zeit von kindlichem Wutverhalten über aggressives Verhalten in der Schule bis hin zu gewalttätiger Jugenddelinquenz und späterer Gewaltanwendung in der selbst gegründeten Familie entwickelt. Diese Stabilität läßt sich ganz plausibel dadurch erklären, daß ein Kreislauf entsteht, dessen eine Komponente das aggressive Verhalten einer Person und dessen andere Komponente das darauffolgende Verhalten der Umwelt ist. Die Umwelt neigt dazu, den Aggressor oder die Aggressorin zurückzuweisen und gerade deshalb wird diese bzw. dieser noch aggressiver: Entweder aufgrund der wahrgenommenen erhöhten Bedrohung und Verunsicherung durch die Zurückweisung oder, um überhaupt noch beachtet zu werden (vgl. Abb. 3).

Abb. 3: Kreislauf von Zurückweisung und Aggression

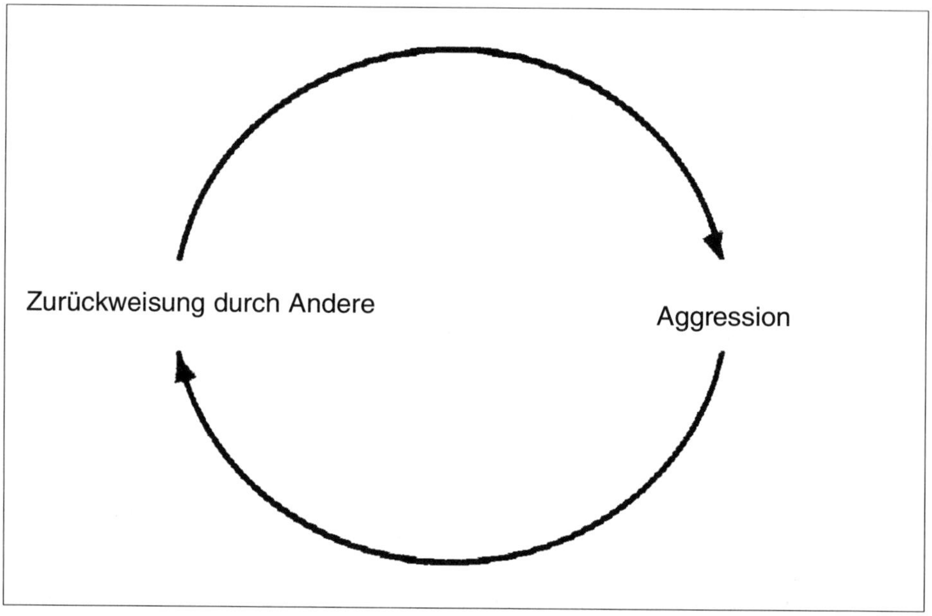

Wenn allerdings bis zu 50% der Betroffenen ihr Verhalten auch langfristig über Jahre hinweg beibehalten, dann gibt es auch mindestens 50% ehemals aggressive Kinder, die im Verlauf der Kindheit, in der Jugend oder im Erwachsenenalter ihre aggressiven Gewohnheiten abgelegt haben. Entscheidend sind also die Bedingungen, die diese Gewohnheit weiter fördern oder aber für den Abbau aggressiven Verhaltens sorgen. Die diesbezüglichen Zusammenhänge, die sich aus dem aktuellen psychologischen Forschungsstand schließen lassen, sollen im folgenden Teil II vorgestellt werden.

Teil II

Mythen und Erkenntnisse: Die Ursachen aggressiven Verhaltens

1 Ansatzpunkte zur Betrachtung aggressiven Verhaltens

Die Forschung im Bereich „Aggression" ist – wie bereits in der Einführung geschildert – nahezu unübersehbar. Im Mittelpunkt des Forschungsinteresses stehen dabei oftmals die verschiedenen Teilaspekte des komplexen Gesamtverhaltens. Es ist sicherlich keine überraschende Erkenntnis, daß diese Teilaspekte vielfältig miteinander vernetzt sind. Aggressives Verhalten wird insgesamt unter Berücksichtigung bio-psychosozialer Wechselwirkungen zu erklären sein (vgl. dazu Susman, 1993; Greenberg, Speltz & Deklyen, 1993; Quay, 1993).

Im vorliegenden Teil II des Buches sollen nun die Einzelergebnisse der verschiedenen psychologischen Studien zusammengefaßt werden, bevor im anschließenden Teil III verschiedene Interventionsmöglichkeiten dargestellt werden. Eine solche isolierte Darstellung einzelner Sachverhalte ist sicherlich problematisch, wenn von vorneherein klar ist, daß alle diese einzelnen Aspekte nicht für sich stehen können, sondern immer in ein komplexes Netz eingebunden sind. Dies ist jedoch ein in diesem Rahmen unlösbares Problem, denn „die Sprache zwingt uns unerbittlich, alles als ein Nacheinander zu präsentieren" (von Glasersfeld, 1984, S. 35). Somit muß auch eine Struktur für dieses Kapitel gefunden werden, die verschiedene rückbezüglich miteinander verbundene Dinge in eine bestimmte Reihenfolge stellt.

Eine Aufteilung der vorhandenen Daten auf verschiedene Teilgebiete, denen sie zuzuordnen sind, wird die Übersichtlichkeit der Daten erhöhen. Daher wird nun folgende, zwar auf den ersten Blick plausible, aber trotzdem erheblich vereinfachende Einteilung vorgenommen: Im folgenden beschäftigen wir uns zunächst mit der 1. Umwelt, welche ein Individuum prägt und für dessen 2. Wahrnehmungs- und Verhaltensdispositionen sie in großem Maße Verantwortung trägt. Mit diesen Dispositionen trifft ein Individuum auf eine mit bestimmten Merkmalen behaftete 3. Situation, in der es vermeintlich aggressive 4. Handlungen ausführt, die wiederum 5. auf die Umwelt zurückwirken (vgl. Abb. 3). Alle Verbindungen können allerdings auch andersherum verstanden werden: Zum Beispiel sorgen die individuellen Dispositionen für eine bestimmte Wahrnehmung der Umwelt, die aggressiven Handlungen beeinflussen die Umwelt genauso wie die Umwelt die Handlungen beeinflußt usw.

Abb. 4: Vereinfachendes Strukturierungsmodell aggressiven Verhaltens

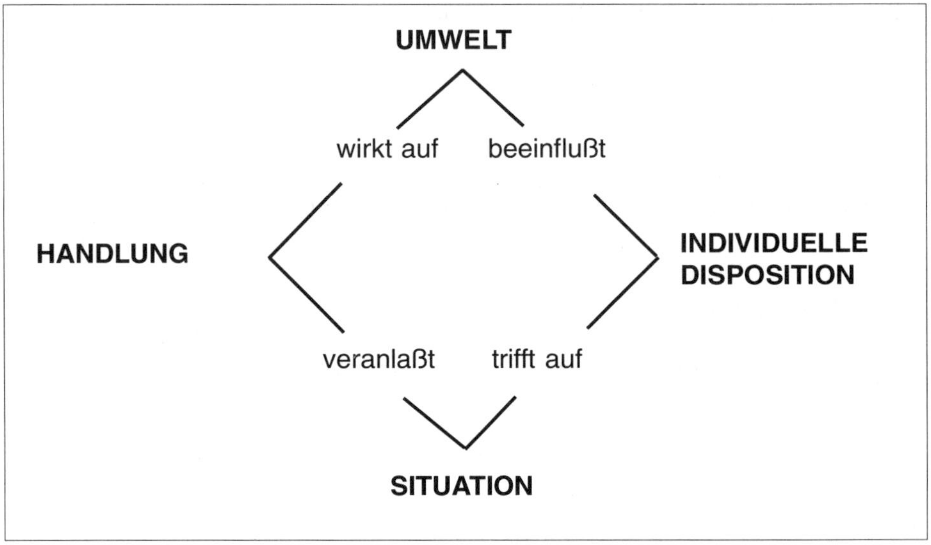

Der aufmerksamen Leserschaft wird mehr oder weniger verwundert aufgefallen sein, daß in diesem die nachfolgenden Daten strukturierenden Modell zwar von der Wirkung der Umwelt auf die Wahrnehmungs- und Verhaltensdispositionen des Individuums die Rede ist, nicht aber von den Genen, Trieben oder Instinkten, die der Person innewohnen. Dies ist nun tatsächlich kein Zufall. Angesichts der erdrückenden Fülle plausibler Argumente und empirischer Evidenzen gegen psychoanalytisch oder ethologisch begründete Triebmodelle wäre eine nochmalige Auseinandersetzung mit diesen Theorien eigentlich überflüssig, wenn nicht diese von Freud (1930/1972; 1938/1972) bzw. Lorenz (1963) entwickelten und von vielen – z.T. auch kritischen – Nachfolgern fortentwickelten Theorien (etwa Mitscherlich (1969), Bach & Goldberg (1981) oder Hacker (1971) für die Psychoanalyse und z.B. Eibl-Eibesfeld (1970) und von Cube (1993) für die Ethologie) sich so großer Bekanntheit und Beliebtheit erfreuen würden.

Da dies aber nunmal der Fall ist, und da diese Arbeit auch einen Teil dazu beitragen möchte, dysfunktionale Ansichten und Mythen durch funktionale zu ersetzen, wird als erstes ein Abschnitt folgen, der sich mit den Triebtheorien beschäftigt.

In den darauf folgenden Abschnitten werden die sozial-kognitiven Lerntheorien erläutert, die für das psychologische Verständnis aggressiven Verhaltens unerläßtlich sind. Die dann anschließend darzustellenden umfangreichen empirischen Ergebnisse psychologischer Forschung können vor diesem allgemeineren theoretischen Hintergrund als Konkretisierungen verstanden werden. Eine weitere im psychologischen Aggressions-Diskurs und in der öffentlichen Meinung bedeutsame Hypothese, die Frustrations-Aggressions-Hypothese, wird ebenfalls an entsprechender Stelle eingeführt (nämlich bei der näheren Betrachtung der situativen Auslöser) und auf ihre Brauchbarkeit hin untersucht.

2 Von den bösen Trieben: Kritische Würdigung psychoanalytischer und ethologischer Modelle

Die Prominenz triebtheoretischer Vorstellungen im öffentlichen Diskurs

Freud (1905) konzipierte „Aggression“ zunächst einfach als einen Bestandteil des Sexualtriebes. Erst später (Freud, 1930; 1938) entschloß er sich, der Aggression eigenständiges Leben einzuhauchen, indem er den Aggressions- bzw. Todestrieb als Antagonisten dem Eros gegenüberstellte. Sein wahres Ziel – die Selbstvernichtung – erreicht der Todestrieb in der Regel nicht, da sich seine Energien mit den Energien des lebensbejahenden Eros mischen und erst aus dieser Mischung die Handlungen eines Menschen erwachsen, die dann auch nicht mehr in ihrer reinen Form dem einen oder anderen Trieb zugesprochen werden können. In der Folgezeit war dieses Triebkonzept auch unter Psychoanalytikern sehr umstritten und es gab eine große Anzahl unter ihnen, die die Annahme eines selbständigen Aggressionstriebes (oder gar Todestriebes) ablehnten (vgl. im Überblick Nolting, 1987, S. 46ff. oder Verres & Sobez, 1980, S. 63ff.). Die öffentliche Diskussion wurde aber weitgehend von Autoren bestimmt, die dem Triebkonzept – wenn auch in modifizierter Form – nach wie vor anhingen, wie z.B. Mitscherlich (1969).

Neuen Schwung bekamen die populären Triebkonzepte insbesondere durch den Bestseller „Das sogenannte Böse“ von Lorenz (1963). Durch fragwürdige Analogieschlüsse von tierischem Verhalten auf menschliches Verhalten und unsystematische und z.T. falsche Beobachtungen tierischen und menschlichen Verhaltens (vgl. unten) kam Lorenz zu dem Schluß, daß Aggressionen nicht die Folge bestimmter äußerer Anlässe, sondern endogen entstandene Entladungen kumulierter Triebe sind. Er konstruierte somit das Dampfkesselmodell in Reinkultur.

Dampfkesselartige Vorstellungen des psychischen Geschehens erfreuen sich (ganz besonders in der „Psycho-Szene“) sehr großer Bekannt- und Beliebtheit. Gefühle können sich „anstauen“, d.h. irgendwo in uns drin werden sie gesammelt und aufeinandergeschichtet, dann erzeugen sie Druck, da der Behälter langsam zu klein wird und müssen „'rausgelassen“ werden, weil sie sonst in uns drinnen großes Unheil anrichten. Sie sind nun mal in uns drinnen und drängen auf Entfaltung und wenn wir sie ihnen draußen nicht gewähren, dann richten sie sich nach innen und entfalten sich dort, was uns gar nicht bekommt und neben psychischen Deformationen auch zu körperlichen Krankheiten führt. Da „Aggression“ ja ein besonders heftiges und starkes, möglicherweise zerstörerisches Gefühl ist, ist es kein Wunder, daß insbesondere bei diesem Gefühl die Schäden beim verklemmten, unechten und somit seine wahren (!) Gefühle unterdrückenden Individuum besonders stark sind, denn wenn es nicht draußen zerstört, zerstört es halt drinnen.

Daß den Gefühlen in dieser Vorstellung ein dinghaft-energetischer Status zugeschrieben wird, ist aus dem Entstehungszusammenhang der zugrun-deliegenden Theorie verständlich, wie Watzlawick (1990, S. 12) überzeugend darlegt: „Wie andere wissenschaftliche Auffassungen wurzeln auch die psychiatrischen Theorien im Zeitgeist, d.h. der Epistemologie, die bei ihrer Postulierung das wissenschaftliche Weltbild beherrschte. So hat z.B. die Psychoanalyse, mit ihrer fast ausschließlichen Betonung der mit der Erhaltung und Umwandlung von Energie zusammenhängenden Phänomene, die unverkennbaren Merkmale einer auf dem Ersten Hauptsatz der Wärmelehre beruhenden Theorie."

Als Ausdruck ihrer Zeit ist eine solche Theorie somit durchaus verständlich und könnte beruhigt zu den wissenschaftshistorischen Akten gelegt werden, wenn nicht die Psychoanalyse immer noch einen Großteil wenn schon nicht des universitär-wissenschaftlichen Diskurses, so doch mindestens des populärwissenschaftlichen Diskurses bestimmen würde. Nolting (1987, S. 30ff.) konnte bei einer z.T. aus Lehrern besetzten Stichprobe feststellen, daß bei vielen Menschen in bezug auf Annahmen zur Entstehung und zu Vermeidungsmöglichkeiten von Aggressionen eine breite Mischung unterschiedlichster Annahmen vorherrscht, die sowohl auf den Lerntheorien und der Frustrations-Aggressions-Hypothese als auch auf triebtheoretischen Vorstellungen fußen. Das Dampfkessel-Bild unterstützende Aussagen fanden sehr breite Zustimmung, etwa „Wenn man Aggressionen zurückhält, äußern sie sich später an anderer Stelle" (92% Zustimmung) oder „Aggressionen kann man durch Sport, Holzhacken usw. abreagieren" (78% Zustimmung).

Auch in der Beratungsarbeit mit Eltern, ErzieherInnen und LehrerInnen spielen Vorstellungen von einem „Druck", der sich ein „Ventil" suchen muß, immer wieder eine prominente Rolle. Häufig werden mir Vorschläge gemacht, die beinhalten, daß Gelegenheit geschaffen werden soll, das „aggressive Potential" an anderer, unschädlicher Stelle „abzubauen". Dies wird sowohl präventiv versucht, indem z.B. Punching-Bälle in Schulen installiert werden, an denen die SchülerInnen „Dampf ablassen" können, als auch einzelfallbezogen, wenn das aggressive Verhalten eines Schülers oder einer Schülerin durch die Anmeldung in einem Sportverein umgeleitet werden soll. „Druck", „Ventil" und „Dampf ablassen" sind Metaphern, die genau auf das Dampfkesselmodell von Lorenz zurückzuführen sind.

An dieser Stelle soll nun das Dampfkesselprinzip in abgewandelter Form auch einmal vom Autor selbst verwendet werden: Die Zahl der kritischen Publikationen zu triebtheoretischen Konzepten der Aggression scheint noch nicht hoch genug zu sein, da sie bei vielen Menschen noch nicht dazu geführt haben, daß das Ventil des Behälters, in dem sie gesammelt werden, dem Druck nachgeben und die alten Konzepte hinwegfegen würde. Hier sollen also nochmal – in gebotener Kürze aber auch Eindringlichkeit – alte und neue Argumente gegen die Triebkonzepte dargestellt werden – auf daß der Kessel endlich platze!

(Hoffentlich) abschließende Bemerkungen zum Triebmodell

Die Kritik an den Triebmodellen hat nun mehrere hervorragende Ansatzpunkte: Neben den inhaltlich-theoretischen Problemen, die sich aus den Implikationen der Modelle ergeben und neben der Fülle vernichtender empirischer Arbeiten sind die unzulänglichen Beobachtungen und unzulässigen Schlüsse von Lorenz der einfachste Angriffspunkt. Diesem soll sich nun also als erstem gewidmet werden.

Bevor wir zu den Tierbeobachtungen und den darauf aufbauenden Schlüssen kommen, werfen wir einen Blick auf die Beispiele, die Lorenz bei Menschen als Beleg eines Aggressionstriebes anführt. Als erster Beleg dient eine Tante, die etwa alle 8–10 Monate ihre Dienstmädchen mit einem fürchterlichen Krach entließ (S. 38), was von ihm als Beleg für ihren Aggressionstrieb gewertet wurde. Zum zweiten interpretiert Lorenz den sogenannten Expeditionskoller, d.h. die Tatsache, daß die Mitglieder kleiner, von der Außenwelt abgeschlossener und eng zusammenlebender Gruppen (etwa bei einer Expedition) im Laufe der Zeit so gereizt werden, daß schon Kleinigkeiten große Aggressionen hervorrufen können, als Beleg für einen Aggressionsstau. Diese Interpretation erscheint recht willkürlich und auch mit geringer psychologischer Vorbildung lassen sich an-dere Interpretationsmöglichkeiten schnell erschließen. Die Annahme, daß eine solch strapaziöse Angelegenheit eine Menge Frustrationen mit sich bringt (Frustrations-Aggressions-Hypothese) klingt ebenso plausibel, wie die noch differenziertere Betrachtung aus einer behavioristischen Perspektive, die solches Verhalten im Einzelfall gut durch mangelnde Vermeidungs- und Fluchtmöglichkeiten bezüglich aversiver Stimuli oder einer generellen Einschränkung von Verhaltensalternativen infolge der deprivierten Situation erklären könnte.

Schließlich führt Lorenz (op.cit., S. 364) auch eine wissenschaftliche Untersuchung an, die Margulin an Ute-Indianern durchgeführt haben soll. Diese Untersuchung habe „... gezeigt, daß diese Menschen schwer an einem Übermaß aggressiver Triebe leiden, die sie unter den geregelten Lebensbedingungen der heutigen nordamerikanischen Indianerreservate nicht abzureagieren vermögen".

Daher komme es bei den Ute zu vielen Neurosen, vielen Gewalttaten gegen andere Stämme (bei gleichzeitigem Verbot gewalttätiger Handlungen gegen Stammesmitglieder) und zu vielen Unfällen. Leider gibt es auch bei dieser Untersuchung zwei kleine Haken: Erstens ist die Quelle nicht näher benannt und es bleibt auch bei Nachforschungen unklar, woher sie stammt, denn Margulin hat eine solche Untersuchung nie veröffentlicht (vgl. Stewart, 1974, S. 136). Zweitens halten die Ergebnisse dieser Studie einer Überprüfung nicht stand (Stewart, 1974; Beatty, 1974). Die Gewalttaten gegenüber anderen Stämmen sind keinesfalls auffällig hoch und viele andere Einzelheiten, die Lorenz über die Ute schrieb, scheinen vollkommen aus der Luft gegriffen bzw. sind offenkundig falsch (siehe Nolting, 1987, S.53). Nolting (op.cit., S. 54) kommt zu dem schön formulierten Schluß: „Insgesamt ist somit bei Lorenz nicht ein einziger stichhaltiger Beleg dafür zu finden, daß das aggressive Verhalten von Menschen nach dem Modell des Buntbarsches zu erklären ist."

Somit dürfte klar geworden sein, daß Lorenz seine Einsichten nicht bei der Betrachtung menschlichen Verhaltens gewonnen haben kann. Der andere Strang seiner Erklärungsansätze besteht aus Analogieschlüssen aus dem Tierreich. Zunächst einmal kann davon ausgegangen werden, daß es äußerst fragwürdig ist, in solch extremer Form von Tieren auf Menschen zu schließen, ohne inhaltlich plausibel erklären zu können, warum Menschen sich in entsprechender Weise verhalten sollten.

Wie Bandura (1979) schlüssig und ausführlich darlegt, sind Menschen ungleich formbarer und lernfähiger als biologisch einfachere Organismen. Soziale und kognitive Faktoren spielen selbst da eine herausragende Rolle, wo biologische Faktoren sicherlich zunächst einmal äußerst bedeutsam erscheinen, nämlich beim Sexualverhalten. Auf Arbeiten von Beach (1969) sowie Ford und Beach (1951) zurückgreifend, stellt Bandura (op.cit., S. 35) fest, daß „... die hormonale Kontrolle des Sexualverhaltens mit ansteigender Stellung in der Evolutionsreihe kleiner ...“ wird. Um bei einem Mäuserich z.B. die sexuelle Erregung zu steigern, wird man ihm Testosteron verabreichen. Dieses Verfahren verspricht großen Erfolg, während „... der Versuch, ihm aufreizende Bilder von gut entwickelten Mäuseweibchen zu zeigen, keine stimulierenden Effekte hat“. Bei Menschen ist das – wie wir alle wissen – doch recht anders. Bei einer interkulturellen Betrachtung sexueller Hinweisreize, Vorlieben und Praktiken ist schnell zu erkennen, daß ein im Tierreich z.T. außerordentlich stark hormonell bestimmtes und gleichförmiges Verhalten beim Menschen in aufregendster Art und Weise divergieren kann. Warum also sollte ausgerechnet im Bereich des aggressiven Verhaltens kein Unterschied zwischen Mensch und Tier bestehen?

In diesem Zusammenhang sind auch Untersuchungen von Kuo (1930) interessant, der Katzenjunge verschiedenen sozialen Umgebungen aussetzte: Sie wuchsen entweder mit rattenfressenden Katzenmüttern oder allein oder zusammen mit Ratten auf. Geprägt durch ihre Sozialisation wurden sie nun auch entweder zu Rattenfressern oder aber zu Vegetariern. Selbst Modellierungsversuche durch rattenfressende Katzen brachten nur 7% derjenigen Katzen, die mit Ratten zusammen aufgewachsen waren, dazu, Ratten zu fressen. Hier wird noch einmal deutlich, daß selbst auf der evolutionären Stufe von Katzen schon soziale Umgebungsbedingungen eine entscheidende Rolle bei der Ausbildung aggressiven Verhaltens spielen können.

Darüber hinaus muß nun zu dem Thema Tier-Analogien ein weiterer Punkt festgehalten werden. Die Beobachtungen von Lorenz sind z.T. falsch oder nicht replizierbar. Bandura (op.cit.) liefert hierzu einen guten Überblick, aus dem nur das prominenteste Beispiel herausgestellt werden soll: Lorenz behauptet, Tiere hätten angeborene Hemmungsmechanismen, die dafür sorgen, daß sie Angehörige der gleichen Rasse nicht töten und belegt dies mit dem allseits bekannten Beispiel des besiegten Wolfes, der dem überlegenen Wolf seine Halsschlagader darbietet, woraufhin der Sieger abzieht, weil seine Hemmung ihn daran hindert, den Gegner nun zu töten. Nach Schenkel (1967) handelt es sich dabei allerdings keineswegs um eine Demutsgeste eines vermeintlich besiegten Tieres, sondern geradezu um das Gegenteil, nämlich eine einen gefährlichen Angriff vorbereitende Körperhaltung.

Fromm (1971, S. 58) weist darauf hin, daß die Aggressivität und Grausamkeit des Menschen oftmals höher ist als die von Tieren und spricht von einem logischen Paradox, das Instinkt-Theoretiker nicht vermeiden können.

> „Sie versuchen nämlich, die größere Aggressivität des Menschen aus der kleineren Aggressivität des Tieres zu erklären. Wie sollte denn das sein? Man kann doch

nicht annehmen, daß das, was der Mensch vom Tier ererbt hat, dazu führt, daß er viel aggressiver und destruktiver ist als das Tier. Man muß doch logischerweise annehmen, daß das, worin er sich verschieden verhält vom Tier, nämlich in der größeren Grausamkeit, etwas ist, was er nicht vom Tier hat, sondern was in den Bedingungen der menschlichen Existenz begründet liegt."

Noch weitergehender und existentiell den Kern der Lorenzschen Theorie berührend ist allerdings die aufwendige Arbeit von Zippelius (1992). Sie beschäftigte sich mit denjenigen empirischen Arbeiten zur Lornezschen Theorie, „die von der scientific community stets als Bestätigung der Annahmen der Theorie angesehen werden" (Zippelius, op. cit., S. 87). Während offensichtlich in der Regel z.B. in Lehrbüchern die Ergebnisinterpretationen der veröffentlichenden Wissenschaftler übernommen wurden, hat Zippelius die Ergebnisse und die angewandten Methoden kritisch überprüft und kommt dabei zu vernichtenden Ergebnissen:

> „Es liegt meines Wissens bisher keine experimentelle Arbeit vor, die die Voraussetzungen für den Nachweis einer Schwellenwertänderung erfüllt, d.h. eine Arbeit, in der gezeigt werden konnte, daß nach einer bestimmten Stauungszeit eine vorhersagbare, auf einer Reizwertskala ablesbare Schwellenverschiebung eintrat." (S. 169) ... „Die empirischen Untersuchungen, die zum Thema Schwellenerniedrigung vielfach zitiert werden, sind in ihren Angaben hinsichtlich der Reizwertbestimmung, der Zeitbestimmung seit der letztmaligen Auslösung der betreffenden Erbkoordination, wie hinsichtlich der allgemeinen Versuchsbedingungen so ungenau und unvollständig, daß keine von ihnen als eine Bestätigung der Schwellenerniedrigung angesehen werden kann." (S. 172) ... „Es stimmt einen nachdenklich, wenn man feststellen muß, daß die von mir zitierten Arbeiten von Franck und Wilhelmi (1973, 1975) und auch die von Rasa (1969, 1971) die Untersuchungen sind, die als wesentliche empirische Stütze für einen Aggressionstrieb im Sinne von Lorenz angesehen werden oder wurden. Man fragt sich, wie über Jahre hinweg eine so erbitterte und kontroverse Diskussion über einen Aggressionstrieb bei einer so schwachen empirischen Basis geführt werden konnte." (S. 185).

An anderer Stelle hat Zippelius versucht, selbst Postulate von Lorenz empirisch nachzuweisen:

> „Die Erfahrung zeigte dann aber, daß selbst von Lorenz postulierte Phänomene wie die Leerlaufhandlung oder Schwellenwertänderungen, die aufgrund der Annahmen der Theorie durch den Entzug der auslösenden Schlüsselreize oder durch Verhinderung der Ausführung einer Erbkoordination experimentell leicht hervorrufbar sein sollten, sich auf nachprüfbare Weise nicht auslösen lassen." (op. cit., S. 221).

Betrachten wir also die ethologischen Argumente für ein Triebmodell als erledigt und wenden wir uns dem Triebmodell als solchem zu. Leider ist „Aggression" ein in diesem theoretischen Rahmen so breit angelegtes Konstrukt mit so verschwommenen Konturen, daß eine empirische Herangehensweise generell schwer möglich ist. Der einzige Ansatzpunkt liegt bei der Katharsishypothese, die ja nun besagt, daß wir Aggressionen abreagieren können, d.h., nachdem wir eine karthatische Handlung ausgeführt haben, sind die Energien, die vorher für die Aggression gesorgt haben, verbraucht und wir sind nicht mehr aggressiv.

Nolting (1987) hat eine systematische Übersicht verfaßt, auf welchen Wegen sich Aggressionen (nach den triebtheoretischen Theorien) ausleben lassen müßten. So müßten eigene Aktivitäten, beobachtete Aktivitäten und phantasierte Aktivitäten zur Entladung verhelfen. Sie können unspezifisch sein (Sport, aggressive Filme ansehen) oder anlaßbezogen (über den Anlaß vor anderen schimpfen) und eine Abreaktion kann natürlich auch durch tatsächlich vollzogene Vergeltung am Provokateur erfolgen. Letztlich müßte es (bei sich anstauenden Aggressionen) auch die Möglichkeit geben, prophylaktisch Aggressionen abzubauen, indem z.B. auch ohne Anlaß „Dampf abgelassen" wird.

Die Zahl der Untersuchungen zu allen Formen der Karthasis ist Legion und soll hier nur auszugsweise genannt werden. Weder läßt sich Aggression durch Sport oder andere motorische Aktivitäten abbauen (vgl. Hornberger, 1959, wo es zu gestiegener Aggression führte; ebenso bei Zillmann, 1971; Bullock & Merrill, 1980, die dies auch als langfristige Veränderung bei Kindern nachwiesen: Die Vorliebe für aggressionsförderliche Aktivitäten erhöhte das aggressive Verhalten; vgl. auch Peper, 1981), noch kann der Besuch von Sportveranstaltungen das Aggressionsniveau senken, sondern erhöht es eher (vgl. Goldstein & Arms, 1971; Hacker, 1971, der eine ausführliche Auflistung von Gewalttätigkeiten vor, bei und nach Fußballspielen vorlegt).

Auch die Beobachtung aggressiven Verhaltens ist kontraindiziert und erhöht aggressives Verhalten (vgl. Berkowitz & Rawlings, 1963; Berkowitz, Corvin & Hieronimus, 1963; Geen & Berkowitz, 1967; Hartmann, 1969; Bandura, 1979; Black & Bevan, 1992, die herausfanden, daß aggressive Menschen lieber in aggressive Kino-Filme gehen und nachher noch aggressiver sind). Aggressive Phantasien senken die Aggression nicht mehr als andere, z.B. entspannende Phantasien (vgl. Biblow, 1973; Warren & McLellarn, 1982; Center for Research on Aggression, 1983), sie können hingegen einen selbstverstärkenden Effekt haben und Aggressionen sogar noch erhöhen (vgl. Zumkley, 1983). Anderen gegenüber zu schimpfen hat ebenfalls einen eher verstärkenden Effekt (vgl. Ebbesen, Duncan & Konecni, 1975; Bohart, 1980).

Die Effekte von direkter Vergeltung sind uneindeutig: Einige Autoren berichten von abnehmender Aggression, andere von gleichbleibender oder sogar steigender Aggression (vgl. im Überblick Nolting, 1987), was im Sinne einer Selbststimulierung auch durchaus plausibel erscheint.

Wenn also aggressives Verhalten durch kathartische Handlungen nicht verringert wird, wie kann sich dann diese Ansicht so hartnäckig halten, obwohl doch jede(r) selbst immer wieder in Situationen kommt, wo er oder sie diese Hypothese überprüfen könnte? Dies liegt daran, daß es uns nach einer solchen Handlung durchaus „besser" gehen kann, da sich Spannung tatsächlich auch auf diesem Wege abbauen läßt (vgl. Bandura, 1979) – nur, weniger aggressiv werden wir dadurch nicht, eher im Gegenteil. Jede erfolgreiche „kathartische" Handlung führt zu einer Verstärkung der aggressiven Verhaltensgewohnheit, so daß schließlich die aggressive Handlung als solche, die anfangs zu einem bestimmten Ziel eingesetzt wurde, nun auch ohne Ziel Spaß machen kann, da die positiven Konsequenzen des Verhaltens sich im Laufe der Zeit auch auf das Erleben des Verhaltens überträgt.

Spannungsabbau durch karthatische Handlung ist nur in bestimmten Fällen möglich. Unter Bezugnahme auf Hokanson und Shetler (1961) sowie Hokanson und Burgess (1962) erläutert Nolting (1987, S.188):

> „Auch die direkte Vergeltung führt nicht automatisch, sondern nur unter bestimmten Umständen zu einer Spannungsreduktion. Zu erwarten ist sie bei Vergeltung gegen Personen von gleichem oder geringerem Status. Sie gegen Ranghöhere zu richten, wirkt hingegen vergleichsweise beunruhigend; jeden-falls senkt sich hier die Spannung genauso oder noch schneller, wenn man die Aggression unterläßt."

Im Übrigen läßt sich, wie einige der oben aufgeführten Untersuchungen zeigen, Spannung besser durch andere Ablenkungen abbauen, etwa einer entspannenden Phantasie, andere interessante Aktivitäten oder auch Musikhören etc. Viele meiner Klienten lernen mit großem Erfolg, mit Hilfe solcher entspannenden Phantasien, etwa das intensive Vorstellen eines individuell ausgewählten Ruhebildes, ihre Ärger- und Wutgefühle abzubauen.

Selg (1993a) weist darauf hin, daß, würde mensch die Karthasis-Hypothese wirklich ernsthaft annehmen, ein Beitrag zur Aggressionsverminderung in der konsequenten andauernden Ausstrahlung möglichst brutaler Gewalt im Fernsehen sein müßte: Daß diese Konsequenz indiskutabel ist, dürfte offensichtlich sein.

Insgesamt dürfte klargeworden sein, daß das empirische Urteil zur Karthasis-Hypothese und somit zu den Triebtheorien vernichtend ist. Warum sollte eine Theorie, die es so schwer hat, bei empirischer Überprüfung auch nur ansatzweise zu überstehen, weiter überleben? Es müßte nun mindestens inhaltliche Gründe geben, die noch weitere Arbeiten an diesem Gedanken überhaupt sinnvoll erscheinen ließen. Aber auch diesbezüglich kann hier keine Hoffnung geweckt werden. Bei einem so komplexen und divergierenden Problem wie dem des aggressiven Verhaltens ist es mit einem so eindimensional-reduktionistischen Modell, wie es von den Triebtheoretikern vorgelegt wird, nicht möglich, zu den Wurzeln des Problems vorzudringen. Einem bestimmten Verhalten das Suffix „Trieb" anzuhängen, bedeutet nicht, es zu erklären. Die Erklärung eines Verhaltens durch einen zugrundeliegenden Trieb ist vielmehr tautologisch. Jemand verhält sich aggresiv, weil es einen Aggressionstrieb gibt. Woraus ist zu erkennen, daß es diesen Trieb gibt? Weil sich die Menschen aggressiv verhalten. Mit der gleichen Berechtigung könnte also ein Fluchttrieb postuliert werden oder ein Spieltrieb, ein Neugiertrieb oder ein Ausruhtrieb – wahrscheinlich hat auch bereits irgendjemand die Gelgenheit ergriffen, genau diese Triebe zu erschaffen. Es ist so beliebig.

Die Triebtheorien sind durch ihren Biologismus und durch ihren Fatalismus eher zutiefst anti-emanzipatorisch und anti-aufklärerisch. In seinem vielzitierten Brief an Albert Einstein, in dem er dessen Frage beantwortete, ob es keine psychologischen Möglichkeiten gäbe, Kriege unwahrscheinlicher zu machen, antwortete Freud (1933, zit. nach Verres & Sobez, 1980, S. 64): „Interessenkonflikte unter den Menschen werden ... prinzipiell durch die Anwendung von Gewalt entschieden." Krieg bezeichnete

Freud als „naturgemäß, biologisch wohlbegründet, praktisch kaum vermeidbar" (op. cit., S. 65). Fromm (1971) wirft die Frage auf, warum Regierungen ihren Bevölkerungen vor einem Krieg denn überhaupt mühsam einreden müssen, daß sie angegriffen werden, Leben, Freiheit, Demokratie, Glauben usw. verteidigen müssen.

> „Wäre der Mensch aber von Natur aus so aggressiv, daß der Krieg tatsächlich die Erfüllung seiner aggressiven Instinkte wäre, dann hätten die Regierungen das gar nicht nötig, ganz im Gegenteil; sie müßten ständig Friedenspropaganda machen, damit die Menschen nicht den Krieg herbeisehnen, um ein Ventil für ihre Aggressivität zu haben. Eben dies ist aber – wie wir alle wissen – nicht der Fall." (S. 65).

Welcher Gewinn kann aus der triebtheoretischen Einstellung gezogen werden, wobei kann sie helfen, wie kann auf dieser Grundlage weitere Aggression vermieden werden? Durch Abreaktion bei gesellschaftlich nicht schädigenden Handlungen, würden die Protagonisten sagen. So schreibt zum Beispiel von Cube (1993): „Es gibt also gute Gründe anzunehmen, daß auch Aggression ein Trieb ist: Auslösende Reize sind die Rivalen, sie machen das Revier streitig, den Sexualpartner, die Rangstellung. Die Triebhandlung ist der Kampf, die Endhandlung der Sieg; er wird mit Lust erlebt. Man denke etwa an den Triumph des Torschützen oder an den eben gewählten Politiker." (S. 41) Und daraus schließt er (S. 50): „Die Tatsache, daß es sich bei der Aggression um einen Trieb handelt, den Trieb zum Sieg, kann ihrer Unvermeidbarkeit wegen bedauert werden, andererseits ermöglicht diese Erkenntnis gewaltfreie Wege der Triebbefriedigung: Es kommt auf den Sieg an und nicht auf die Gewalt." Er empfiehlt, das „Aggressionspotential permanent einzusetzen", und zwar durch Leistung in der Arbeitswelt und Freizeit, durch Kampfsportarten usw. Wir müssen aber im Licht der umfangreichen empirischen Literatur zur Katharsis davon ausgehen, daß gerade das nicht möglich ist. Und damit bleibt nichts. Aggression, Gewalt und Krieg werden bei dieser Argumentation als Naturgewalten dargestellt, die der Mensch nicht verhindern, bestenfalls irgendwie im Zaum halten kann. Unter diesen Umständen ist natürlich jede weitere Beschäftigung mit anderen Gründen für Gewalt und Krieg (soziale Mißstände, politische Welt-Unordnung etc.) überflüssig und die Ursachen werden nicht verändert werden. Eine solche fatalistische Position kann nicht die Theorie sein, die bei den anstehenden globalen und lokalen Problemen des nächsten Jahrtausends dazu mitzuhelfen in der Lage wäre, die Welt ein bißchen gerechter und besser zu machen.

Zusammenfassung

Triebmodelle aggressiven Verhaltens, wie sie in der psychoanalytischen Theorie oder der ethologischen Theorie vertreten werden, postulieren (mit jeweils unterschiedlichen Implikationen und aus jeweils unterschiedlichen Gründen) die Unvermeidlichkeit von Aggressivität. Aggression entsteht diesen Modellen zufolge endogen, d.h. in der Person und nicht von der Umwelt angeregt.

Sowohl psychoanalytische als auch ethologische Triebmodelle zur Erklärung aggressiven Verhaltens erfreuen sich in ihren populärwissenschaftlichen Versionen allergrößtem Zuspruch in weiten Kreisen der Bevölkerung. Diese Beliebtheit entspricht allerdings in keiner Weise ihrer empirisch-wissenschaftlichen Nicht-Bestätigung.

➢ Die Beispiele von Menschen, die Lorenz schildert, um seine Theorie zu belegen, sind beliebige Anekdoten, die auf vielfache Art und Weise zu interpretieren sind. Die von ihm angeführten anthropologischen Untersuchungen existieren allem Anschein nach nicht.
➢ Die Untersuchungen aus dem Tierreich, die als Beleg der Lorenzschen Theorie immer wieder zitiert werden, sind methodisch höchst fragwürdig und Versuche, ihre Ergebnisse zu replizieren, waren nicht erfolgreich. Darüber hinaus wäre ihr Erklärungswert für menschliches Verhalten auch dann unklar, wenn diese Probleme nicht bestünden, denn es kann nicht ohne weiteres begründet werden, warum das menschliche Erleben und Verhalten, das in vielen Fällen viel komplexer ist als das tierische Verhalten, in diesem Punkt den gleichen Gesetzmäßigkeiten folgen soll.
➢ Die Katharsis-Hypothese, die sich aus den Triebmodellen ableiten läßt, muß als empirisch widerlegt betrachtet werden: Unzählige Untersuchungen machen deutlich, daß nach dem „Ausleben" der nach den Modellen den Personen innewohnenden Aggressivität ebensowenig wie nach dem Anschauen stellvertretender Aggressionen das Aggressionsniveau sinkt – eher ist das Gegenteil (!) der Fall.

Triebmodelle aggressiven Verhaltens sind weder empirisch bestätigt sind noch können sie erfolgversprechende Handlungsmöglichkeiten anbieten. Zu allem Unglück sind auch ihre theoretischen Implikationen wenig hilfreich, wenn mensch sich über die Bedingungen Gedanken machen will, die aggressives Verhalten vermindert werden kann, denn diesen Theorien zufolge sind nicht äußere Umstände für Aggressivität verantwortlich, sondern in den Personen automatisch ablaufende Prozesse. Somit sollten triebtheoretische Modelle aggressiven Verhaltens zu den wissenschaftshistorischen Akten gelegt werden.

3 Der Einfluß der Umwelt

Wie wird aggressives Verhalten gelernt?

In diesem Kapitel werden zunächst einmal im Überblick die grundlegenden Lernprinzipien vorgestellt, die allgemein zum Erlernen von Verhalten und im besonderen zum Erlernen aggressiven Verhaltens angemessene Erklärungen bieten. Nach dieser wegen des hohen Bekanntheitsgrades der vorgestellten Theorie eher kurzen Einführung sollen diese allgemeinen Prinzipien mit konkretem (empirischem) Inhalt in bezug auf aggressives Verhalten angereichert werden.

Auch heute noch kann Banduras Buch „Aggression – eine sozial-lerntheoretische Analyse" (1979) als Standardwerk betrachtet werden. Auf die eigenen Forschungen zum Thema (z.B. Bandura, Ross & Ross, 1961; Bandura, Ross & Ross, 1963; Bandura, 1971; Bandura, 1976) sowie die Arbeiten anderer Forscher und Forscherinnen zurückgreifend, werden von ihm die grundlegenden Lernprinzipien vorgestellt und mit einer Fülle von Untersuchungen belegt.

Beim Erwerb einer aggressiven Verhaltensgewohnheit sind drei Prozesse von Bedeutung. Als erstes muß die grundlegende Kompetenz für aggressives Verhalten erworben werden, d.h., das Verhalten muß überhaupt als ausführbares Verhalten zur Verfügung stehen (z.B. bestimmte Schläge oder Tritte). Zweitens muß das Verhalten zu einem bestimmten Zeitpunkt auch ausgeführt werden (welche Auslöser führen bei einer Person dazu, daß sie schlägt oder tritt) und drittens muß gelernt werden, solches Verhalten regelmäßig zu zeigen, es also auf immer mehr Situationen zu übertragen.

Bandura (1965) konnte folgendes Phänomen in einer Untersuchung zeigen: Wenn Kinder ein Filmmodell beobachteten, das für aggressives Verhalten bestraft wurde, so zeigten sie im Anschluß daran wesentlich weniger spontan aggressives Verhalten als Kinder, die ein Modell beobachteten, welches für sein Verhalten belohnt wurde oder dessen Verhalten gar keine Konsequenzen hatte. Anschließend wurden die Kinder aufgefordert, soviel wie möglich der im Film gezeigten Verhaltensweisen zu wiederholen, wofür ihnen eine Belohnung in Aussicht gestellt wurde. Unter dieser Bedingung verschwanden die vorher festgestellten Unterschiede, m.a.W., die Kompetenz, eine solche beobachtete aggressive Handlung auszuführen, hatten alle Kinder erworben, nur die Motivation, dieses Verhalten auch auszuführen war unterschiedlich.

Bandura (1979) erläutert, daß mehrere kognitive Subprozesse erforderlich sind, um neues Verhalten erfolgreich modellieren zu können. Als erstes ist die Aufmerksamkeit der Lernenden vonnöten. Die Aufmerksamkeit ist zum Beispiel dann hoch, wenn das Modell einen für den Beobachter hohen Status aufzuweisen hat oder wenn es sich ungewöhnlich oder affektiv ansprechend benimmt. Als nächstes folgen Gedächtnisprozesse: Wenn das Modell weg ist und das Verhalten nicht mehr vormacht, muß das Verhalten kognitiv symbolisch repräsentiert und z.B. durch Selbstgespräche und Beschäftigung damit im Gedächtnis verarbeitet werden. Die Behaltensleistung variiert mit dem Grad und der Art der kognitiven Auseinandersetzung mit dem Beobachteten, genau wie bei der Beschäftigung mit jedem anderen Lernstoff (vgl. dazu etwa Bobrow & Bower, 1969; Slamecka & Graf, 1978; Stein & Bransford, 1979). Der dritte Subprozeß besteht aus motorischen Reproduktionsprozessen: Der oder die Lernende führt das Verhalten aus. Dazu ist es notwendig, möglichst viele Teilfertigkeiten des Gesamtverhaltens bereits ausführen zu können. Eine komplizierte Karate-Technik z.B. wird ein diesbezüglich ungeübter Zuschauer bzw. eine ungeübte Zuschauerin kaum nachbilden können, da ihm oder ihr die dazu nötigen Teilfertigkeiten fehlen. Schließlich muß es noch von der Kompetenz zur Performanz kommen. Bislang haben wir die zum Kompetenzerwerb notwendigen Schritte nachvollzogen, der vierte Subprozeß betrifft hingegen die Bekräftigungs- und Motivationsprozesse, die für die Ausführung des erlernten Verhaltens sorgen. Der vom Individuum erfahrene oder antizipierte funktionale Wert des Verhaltens in Form von positiven Anreizen, durch die die Ausführung der beobachteten Verhaltens verstärkt wird, ist hierbei von besonderer Bedeutung.

Daraus ergibt sich die Frage, warum das gelernte Verhalten immer wieder angewendet wird. Eine gute Erklärungsmöglichkeit ergibt sich aus den Grundrinzipien des operanten Lernens. Bandura (op.cit.) unterscheidet zwischen

a) stellvertretender Bekräftigung (z.B. Bekräftigung eines Modells im Film),
b) externer Bekräftigung (z.B. durch Beifall von Freunden) und
c) Selbstbekräftigung (z.B. durch die sich an eine aggressive Handlung anschließende Denkfigur, man sei „cool“).

Ross (1982) unterscheidet auf einer anderen Ebene die für aggressives Verhalten wirksamen Verstärkungsprinzipien

a) positive Verstärkung (z.B. Lob für aggressives Verhalten),
b) negative Verstärkung (z.B. keine Unsicherheit mehr zu erleben, nachdem man zugeschlagen hat) und
c) Duldung (z.B. durch Nicht-Eingreifen, wenn Skinheads Ausländer verprügeln).

Die Beschreibungsebenen von Ross (op.cit.) und Bandura (op.cit.) ergänzen sich bei der konkreten Beschreibung von Verstärkungsmustern, da sie auf verschiedenen Ebenen greifen. Während Bandura danach unterteilt, wer von wem verstärkt wird, konzentriert sich Ross darauf, wie verstärkt wird. Die beschriebene positive Verstärkung (gelobt werden) ist natürlich auch gleichzeitig eine externe Bekräftigung. Die stellvertretende Bekräftigung der Filmhelden ist sowohl durch negative Verstärkung als auch durch positive Verstärkung als auch durch Duldung möglich. Bei der genauen Beschreibung der Verstärkungsmuster ist also stets danach zu fragen, wer wen auf welche Weise verstärkt.

Die Wirkung des Modellernens wird auch deutlich durch die sprunghafte Zunahme von gewalttätigen Straftaten nach den beschämenderweise leider erfolgreichen Angriffen auf Asylbewerberheime in Hoyerswerda im September 1991 (Willems, 1993).

Wie vielen politisch denkenden Menschen noch mit Entsetzen in Erinnerung sein wird, endete diese von einem zuschauenden – z.T. besoffenen – Mob beklatschte Aktion mit einem großen Erfolg für die Verbrecher: Alle Asylbewerber wurden abtransportiert, das Ziel der Aktion wurde erreicht und durch die in den Medien sichtbare Unterstützung durch offenbar einfache Mitbürger sogar noch übertroffen. Auch anschließende entsetzte Aufschreie berufsbetroffener Journalisten und anderer Wohlmeinender konnte diesen offensichtlichen Erfolg nicht mindern: In den Folgemonaten stieg die Zahl fremdenfeindlicher Gewalttaten rasant an. Das gleiche Phänomen läßt sich nach den erfolgreichen Rostocker Krawallen im August 1992 beobachten. P. Schneider (1993, S. 122) geht soweit, Gewalttaten als „Eintrittsbedingung für mediale Präsenz" zu beschreiben; zumindest können jugendliche Gewalttäter diesen Eindruck bekommen, wenn sie die Medienberichterstattung verfolgen.

Für alle noch zu schildernden Befunde zum operanten Lernen aggressiven Verhaltens sei noch auf einen aus der Lernpsychologie bekannten Sachverhalt hingewiesen: Auch bei aggressivem Verhalten wirkt intermittierende Verstärkung besonders gut und führt zu besonders löschungsresistentem Verhalten (vgl. Cowan & Walters, 1963; Walters & Brown, 1963). Selg (1974) erläutert, daß sich durch die kognitive Antizipation der Verstärkung eine Selbstverstärkung entwickeln kann, wodurch es dazu kommt, daß die aggressive Handlung als solche Spaß macht.

Sicherlich spielen für das Erlernen aggressiven Verhaltens operante Lernsituationen und das Lernen am Modell herausragende Rollen. Aber auch das dritte lerntheoretische Paradigma, die klassische Konditionierung, kann in einigen Fällen das Auftreten aggressiven Verhaltens erklären. Bei der klassischen Konditionierung tritt ein zunächst neutraler Reiz mit einem erregenden Reiz zusammen auf und die Wirkung des erregenden Reizes kann dann – etwas abgeschwächt – später allein durch den vormals neutralen Reiz ausgelöst werden. Viele Ängste werden so „gelernt". Anzeichen für klassische Konditionierung als zugrundeliegendem Lernvorgang sind vor allem eine hohe körperliche Erregung und ein nahezu zwangsläufiges Auftreten der Erregung, die dann aggressives Verhalten auslöst, auf einen bestimmten Reiz hin. Insbesondere vollkommen unkontrollierbar erscheinende aggressive Verhaltensweisen, die von massiven Wut- und Ärgergefühlen begleitet werden, sind also möglicherweise auch klassisch konditioniert. Allerdings lohnt es sich meistens, auch bei solchen unkontrollierbar erscheinenden Aggressionen nach aufrechterhaltenden Bedingungen (Verstärkern) zu suchen, denn es gäbe ja verschiedene Möglichkeiten des Umgangs mit der durch klassische Konditionierung erworbenen Erregung. Daß die Betroffenen ausgerechnet mit aggressivem Verhalten reagieren, läßt darauf schließen, daß diese Reaktion operant – also durch kurzfristigen Erfolg – aufrecht erhalten wird.

Dieser Erfolg liegt dann häufig in der eindeutigen Klärung einer höchst erregenden, für den Betroffenen nach dessen Einschätzung nicht zu bewältigenden Situation. Herr Z., ein kräftiger Mann von 25 Jahren, hat in seiner Kindheit und Jugend erhebliche unkonrollierbare Mißhandlungserfahrungen in seiner Familie erlebt. In seiner Jugend wurde er selber wegen schwerer Körperverletzung verurteilt. Er lebt jetzt zwar in „geordneten Verhältnissen", doch ist für ihn unumgänglich, daß er seine Umwelt in höchstem Maße berechnen kann. Sobald er sich überfordert oder angegriffen fühlt, sei es in sozialen Situationen, im Straßenverkehr oder in anderen Situationen, gerät er in äußerste Erregung und kann sein Verhalten nicht mehr kontrollieren. An seinem Arbeitsplatz fallen schon mal die Schränke um, wenn er etwas nicht finden kann, im Straßenverkehr kann es passieren, daß er sein Lenkrad vor Wut krumm schlägt und es ist auch vorgekommen, daß er andere Verkehrsteilnehmer, die ihn seiner Meinung nach behinderten, aus dem Auto holte und verprügelte. Herr Z. bemüht sich, alle möglicherweise problematischen Situationen zu vermeiden und hat große Angst vor ihnen. Er wird bereits nervös, wenn das Telefon klingelt oder die Türschelle geht, weil er nicht weiß, wer da kommt, und „was man von mir will". Er vermeidet es, auszugehen. Seine Freundin und er verbringen die Abende zu Hause – wenn er nicht ohnehin bis in die Nacht arbeitet. Seine Sorge ist, daß er, wenn er etwa ein Gartenlokal aufsuchen würde, dort unweigerlich in eine Prügelei geraten würde, da er sich durch die Blicke anderer Besucher provoziert fühlen könnte. Auch vermeidet er jeden Kontakt zu der Familie seiner Freundin, er befürchtet, auch dort auszurasten.

Er hat darüber hinaus große Angst, daß sich an seinen Lebenszusammenhängen etwas ändern könnte, denn sie erlauben es ihm, schwierigen Situationen aus dem Weg zu gehen. Sein Arbeitgeber ist ein alter Freund von ihm und hat Verständnis für seine gelegentlichen Wutausbrüche. Herr Z. befürchtet, in keinem anderen Betrieb arbeiten zu können, da er sicher mit den Vorgesetzten und vielleicht auch mit den Kollegen aneinandergeraten würde. Der Gedanke, daß er aus diesen Zusammenhängen gerissen werden könnte, ist für ihn undenkbar. Gespräche, die mögliche Veränderungen seiner Lebenssituation zum Inhalt haben, führen bei ihm zu Weinkrämpfen.

Die aggressiven Ausbrüche dieses Klienten scheinen zum einen von seinen hohen Erregungszuständen, deren Entstehung wahrscheinlich klassisch konditioniert ist, hervorgerufen zu werden. Gerade Streitgespräche mit anderen Menschen, bei denen er in höchste Erregung gerät, erinnern ihn auch stark an seine familiäre Situation in seiner Kindheit, bei denen Auseinandersetzungen mit seinem Vater regelmäßig in Gewalttätigkeiten endeten. Diese Kindheitssituation kann die klassische Konditionierung ausgelöst haben und im Laufe der Zeit kam es durch einen Generalisierunsprozeß zu einer Ausweitung der konditionierten Reaktion auf immer mehr Reize. Seine Gedanken in diesen Situationen steigern die Erregung weiter. Aber auch die Verstärkung des Verhaltens ist offensichtlich: Er beendet die überfordernde Reaktion mit dem Verhalten, das ihm zur Verfügung steht und das Verschwinden der Überforderung, die Auflösung der Situation sind negative Verstärker im verhaltenstherapeutischen Sinn. Die langfristigen Konsequenzen, in diesem Fall die eingeschränkte Lebensführung, häufigere Auseinandersetzungen mit seiner Freundin, weil er ihre Familie nicht sehen will und die Angst vor erneuter Strafverfolgung, wenn er einmal aufgrund seiner gegen Personen gerichteten aggressiven Ausbrüche angezeigt werden sollte, erzielen nicht die gleiche verhaltensbestimmende Wirkung wie die kurzfristigen Verstärkungen. Die multimodal bei Vorstellungen, Einstellungen und Verhalten ansetzende Therapie dieses Klienten war übrigens recht erfolgreich.

Familie und Erziehung

Das Erziehungsverhalten der Eltern ist von herausragender Bedeutung für die Entwicklung aggressiven Verhaltens bei ihren Kindern. Zunächst – bei Kleinkindern – sind die Eltern in der Regel die einzigen relevanten Anderen, die das Kind in hohem Maß beeinflussen. Die Einflußmöglichkeiten der Eltern nehmen zwar mit zunehmendem Alter stark ab, wenn die Kinder sich weitere Lebensbereiche und Kontakte erobern (vgl. dazu Wyrwa, 1996), letztlich bleibt die Familie aber auch bei älteren Kindern eine wichtige Lernumgebung.

In Anlehnung an Patterson (1982) und Ross und Petermann (1987) können folgende typische Interaktionsmuster in Familien mit aggressiven Kindern entdeckt werden:

- Regeln werden nicht direkt ausgesprochen und sind unklar, außerdem gibt es entweder zu viele oder zu wenige Regeln;
- Die Eltern wissen nicht, wie (und mit wem) die Kinder ihre Freizeit verbringen;
- Es findet keine konsequente (positive oder negative) Verstärkung der Kinder durch die Eltern statt, Regeleinhaltung wird nicht genug beachtet;
- Probleme innerhalb der Familie werden nicht erkannt und nicht gelöst.
- Die Eltern zeigen selber (z.B. in ihrem Erziehungsverhalten) aggressives Verhalten;
- Aggressives Verhalten der Kinder wird entweder stillschweigend geduldet oder durch Aufmerksamkeit (positive Verstärkung) oder das Befreien von Anforderungen (negative Verstärkung) verstärkt.

Diese Probleme, die alle auch als Ausdruck mangelhafter oder unangemessener Kommunikation gelten können, werden durch Ergebnisse aus der Paartherapie unterstützt. Auch bei nicht funktionierenden Paarbeziehungen sind häufig Kommunikationsprobleme zu beobachten. Bei Paaren mit Beziehungsproblemen findet weniger Austausch über emotionale Befindlichkeiten statt, es werden mehr negative Emotionen ausgesprochen, und die Partner neigen weniger dazu, die Sicht des Partners einzunehmen (vgl. Emmelkamp, 1988; Schmidtchen, 1989; Hank, Hahlweg & Klann, 1990). Wenn die Kommunikationsgewohnheiten zwischen den Partnern ungünstig sind, liegt es nahe, daß auch die Kommunikation mit den Kindern ungünstig verläuft. Somit erleben die Kinder sowohl die mangelnde Kommunikation zwischen ihren Eltern als auch die unangemessene Kommunikation der Eltern mit ihnen. Es ist also nicht verwunderlich, wenn aus gestörten Paaren, wenn Kinder hinzukommen, gestörte Familien werden. Oliver, Oaks und Hoover (1994) belegen denn auch, daß häufige Elternkonflikte zu häufigerem aggressivem Verhalten der Kinder führen. Radonovic (1993) schildert den Zusammenhang von aggressivem Konfliktlösungsverhalten der Eltern mit schwereren und häufigeren Verhaltensproblemen und verminderter Konfliktlösefähigkeit der Kinder.

Aggressives Modellverhalten der Eltern, insbesondere deren Gewaltanwendung in der Familie, hat einen massiven Einfluß auf das Verhalten der Kinder. Familien mit antisozialen Jugendlichen unterscheiden sich von anderen Familien nach Bandura (1979, S. 112) „am auffallendsten in dem Ausmaß, in dem sie ihren Söhnen – durch

Unterweisung und Vorbild – beibrachten, sich aggressiv zu verhalten". Während Aggressionen der Kinder innerhalb der Familie streng und häufig gewaltsam sanktioniert werden, wird aggressives Verhalten außerhalb der Familie toleriert oder sogar erwartet („Ein richtiger Junge muß sich auch durchsetzen können!"). Wenn es den Eltern darum ginge, Kinder zu möglichst aggressivem Verhalten zu erziehen, ist gewaltsames Erziehungsverhalten (Ohrfeigen, Tracht Prügel, etc.) sicherlich die wirksamste Methode: „Hier werden Kindern lebendige Modelle vorgeführt, die zeigen, wie man versuchen könnte, das Verhalten anderer zu beeinflussen und zu kontrollieren." (op.cit., S. 114). Der Zusammenhang zwischen Gewalterfahrungen in der eigenen Familie und aggressivem Verhalten außerhalb der Familie ist vielfach belegt worden (z.B. Eron, Lefkowitz & Walder, 1971; Hosemann & Hosemann, 1987; Snyder, Rains & Popejoy, 1988; McMahon & Forehand, 1988; Widom, 1989; Poustka, 1991).

Auch wenn die Kinder die Gewalt nicht am eigenen Körper erfahren, sondern lediglich miterleben müssen, daß die Eltern gewaltsame Auseinandersetzungen austragen (in der Regel der Vater die Mutter schlägt), erhöht sich die Wahrscheinlichkeit von emotionalen Problemen und aggressiven Verhaltensproblemen der Kinder (Jaffe, Sunderman & Reitzel, 1992). Dieser Zusammenhang läßt sich auch später noch feststellen, wenn die Kinder erwachsen sind. So berichtet Truscott (1992), daß nach den Ergebnissen seiner Untersuchung aggressive Männer aggressive Väter erfahren hatten und Jaffe, Sunderman und Reitzel (1992) fanden, daß Jungen, die Gewalt in der Familie erlebt hatten, als erwachsene Männer selber gewalttätig gegen ihre Frauen vorgingen, während Mädchen, die familiäre Gewalt erfuhren, als erwachsene Frauen aggressive Männer hatten, und von diesen geschlagen wurden. Darüber hinaus fanden Keenan und Shaw (1994) auch einen Zusammenhang zwischen kriminellen Auffälligkeiten der Eltern und aggressivem Verhalten der Kinder und Frick, Lahey, Loeber, Stouthammer-Loeber, Christ und Hanson (1992) fanden einen Zusammenhang zwischen antisozialer Persönlichkeit der Väter und aggressivem Verhalten der Kinder. Bei der Therapie aggressiver Kinder zeigt sich, daß bei anhaltenden gewalttätigen Auseinandersetzungen zwischen den Eltern die durch die Therapie herstellbare Erhöhung der sozialen Kompetenz zu nicht-aggressivem Verhalten in der Regel nicht in eine erhöhte Performanz umschlägt, wenn sich die häuslichen Bedingungen nicht ändern.

Die Gewalterfahrungen, die z.B. rechtsradikale Jugendliche in ihrer eigenen Familie machen mußten, illustriert die Aussage eines mit ihnen arbeitenden Sozialarbeiters (zit. nach Becker, 1994, S. 2): „Bei einem unserer Jungen wurden zuhause mit dem Vater Ratten gesammelt, in Blechwannen. Dann wurden sie laufen gelassen, und das Zielschießen begann. Ratten – so die Jungen – sind unwertes Leben, und das darf gnadenlos kaputt gemacht werden. – Der gleiche Vater ist übrigens von den Prügeleien seines Sohnes peinlich berührt." Ein Vater äußerte sich dem Sozialarbeiter gegenüber deutlich: „Ich hab's versucht, ihm das Rechts-Sein mit dem Baseballschläger rauszuprügeln. Glauben Sie vielleicht, das hätte geholfen?" Ressler, Burgess & Douglas (1988) weisen auch auf die Gewalt- und Mißbrauchserfahrungen von Serien-Sexualmördern in ihren Herkunftsfamilien hin.

Die Evidenzlage in der modernen Aggressionsforschung ist insgesamt also in diesem Punkt offensichtlich: Die Eltern wirken für die Kinder vortrefflich als Modelle, von denen sie viele Verhaltensweisen einfach abschauen. Wenn die Eltern nun selbst aggressives Verhalten zeigen, lernen die Kinder folglich hervorragend am Modell, sich ebenfalls aggressiv zu verhalten. Pass (1983) konnte zeigen, daß nicht nur aktiv handelnde real vorhandene Modelle das Verhalten beeinflussen, sondern auch verbal vermittelte Modelle aggressiven Verhaltens bei Kindern zu einer Erhöhung des aggressiven Verhaltens führen.

Auf die Wechselwirkungen zwischen aggressivem Eltern- und aggressivem Kindverhalten machen Patterson und KollegInnen aufmerksam, indem sie deutlich einen Teufelskreis aufzeigen, der darin besteht, daß auch in der familiären Interaktion auf das aggressive Verhalten des einen Interaktionspartners immer noch aggressiveres oder ablehnenderes Verhalten des anderen Interaktionspartners folgt, was wiederum den Kreislauf – in einer sich steigernden Spirale – in Gang hält. Genauso kann ein Kreislauf zwischen immer aggressiverem Kindesverhalten und immer massiveren elterlichen Strafen aussehen (Patterson & Bank, 1989; Vuchinich, Bank & Patterson, 1992; Patterson, 1992).

Zur Klärung sei an dieser Stelle einmal darauf hingewiesen: Natürlich darf nun nicht messerscharf gefolgert werden, daß aggressive Kinder zu Hause in jedem Fall geschlagen werden oder Gewalttätigkeiten zwischen ihren Eltern miterleben. Aggressives Verhalten kann viele Gründe haben und die Aggressivität der Eltern ist ein möglicher Grund. Der Zusammenhang gilt allerdings umgekehrt: Wenn die Eltern gewalttätig sind, sind es auch die Kinder mit einer hohen Wahrscheinlichkeit.

Eron, Huesmann und Zelli (1991) untersuchten das Verhalten der Eltern bzw. die Interaktion zwischen den Eltern und ihren Kindern auf drei Dimensionen, nämlich

1. Zurückweisung des Kindes,
2. Bestrafung des Kindes für aggressives Verhalten und
3. die Identifikation der Kinder mit ihren Eltern, die von ihnen als selbst-wahrgenommene Gleichheit im Ausdrucksverhalten operationalisiert wurde.

Dabei kamen sie zu differenzierten Ergebnissen. Betrachtet man zunächst die Gruppe der Jungen, die in allen drei Bereichen (Zurückweisung, Bestrafung und mangelnde Identifikation) oberhalb des Medians lagen, also von den Eltern mehr zurückgewiesen wurden als mindestens die Hälfte der Kinder, mehr bestraft wurde als mindestens die Hälfte der Kinder und sich weniger mit den Eltern identifizierte als mindestens die Hälfte der Kinder: Jeder von ihnen war vor seinem dreißigsten Lebensjahr mindestens einmal inhaftiert worden, die Wahrscheinlichkeit einer Inhaftierung vor dem dreißigsten Lebensjahr war achtmal so hoch, wie bei der Gruppe derjenigen Jungen, die in jedem Bereich unterhalb des Medians lagen. Auch bei den Mädchen zeigte sich, daß die Mädchen, die harter elterlicher Bestrafung ausgesetzt waren, mittel- und langfristig erheblich aggressiveres Verhalten zeigten, als diejenigen Mädchen, die weniger hart bestraft wurden. Ebenso führte elterliche Zurückweisung zu erhöhter Aggressionsbereitschaft bei den Kindern. Eine genauere statistische Analyse der Ergebnisse der Prä- und Postmessungen zeigte allerdings, daß frühes aggressives Verhalten der Kinder wiederum ein guter Prädiktor für Zurückweisung und harte Bestrafung durch die Eltern ist und daß nach Herausrechnung derjenigen Kinder, die schon sehr jung aggressives Verhalten gezeigt hatten, die Zurückweisung oder die Strenge der Eltern kein guter Prädiktor für späteres aggressives Verhalten der Kinder mehr ist. Somit vermuten die Autoren, daß die frühe Aggression der Kinder die Ursache für das elterliche Erziehungsverhalten darstellt. Allerdings geben sie zu bedenken, daß weitere Studien mit hochselektierten Versuchspersonen nötig seien, um zu klaren Kausal-Aussagen kommen zu können.

Bezüglich der Wechselwirkung der bereits angesprochenen Faktoren „Zurückweisung“ und „Bestrafung“ einerseits mit dem Ausmaß der Identifikation der Kinder mit ihren Eltern andererseits konnten die Autoren interessante Ergebnisse produzieren. Es stellte sich heraus, daß die Wirkung der Strafen in Abhängigkeit vom Ausmaß der Identifikation mit den Eltern unterschiedlich ist. Bei denjenigen Jungen, die sich in starkem Maße mit ihren Vätern identifizieren, können Strafen, die der Vater wegen aggressivem Verhalten verhängt, dieses Verhalten tatsächlich verhindern. Ist die Identifikation hingegen gering, dann führt jede Bestrafung eher zu einer Erhöhung der Aggressivität. Kinder neigen allerdings dazu, sich nicht stark mit ihren Eltern zu identifizieren, wenn diese aggressiv sind. Auch deswegen werden Eltern, die ihre Kinder schlagen, weniger Erfolg mit ihrer Erziehung haben. Schließlich fanden die Autoren in ihrer Untersuchung noch heraus, daß Kinder, die sich mit mindestens einem ihrer Elternteile identifizieren, insgesamt weniger aggressives Verhalten zeigen. Umgekehrt weisen Pettit und Bates (1989) sowie Kühnel (1995) darauf hin, daß ein gestörtes emotionales Eltern-Kind-Verhältnis aggressives Verhalten des Kindes begünstigt.

Daß eine gute Eltern-Kind-Beziehung, die von Vertrauen geprägt ist, die Strafen der Eltern wirkungsvoller werden läßt, verdeutlichen auch die folgenden Überlegungen. Watzlawick, Beavin und Jackson (1969, S.61) erläutern, daß „die Natur einer Beziehung ... durch die Interpunktion der Kommunikationsabläufe seitens der Partner bedingt“ ist. Zum Beispiel ist es häufig so, daß der Beginn einer Auseinandersetzung von den an ihr beteiligten Personen an verschiedenen Punkten der Handlungskette – und damit auch von unterschiedlichen Akteuren initiiert – gesehen wird. Für unser Thema bedeutet das natürlich auch, daß fraglich ist, ob die betroffenen Kinder die von ihren Eltern als erzieherische Maßnahmen gedachten Handlungsweisen auch als solche interpretieren. Lehmkuhl (1988) erläutert nun einige Bedingungen, die erfüllt sein müssen, damit die Interpretationen der elterlichen Handlung bei Eltern und Kindern sich entsprechen können. Als erstes muß das Kind „die Absicht des strafenden Erwachsenen richtig erfassen“ (S. 93), wozu das Kind Vertrauen in die erziehenden Erwachsenen haben können muß. Weiterhin muß das bestrafte Kind die augenblickliche unangenehme Strafe mit seinem eigenen vorherigen Verhalten in Verbindung bringen, d.h., es muß die Konsequenz als solche erkennen. Schließlich muß die so erfasste Situation auch klar strukturiert gespeichert werden, um später in ähnlichen Situationen ein anderes Verhalten ausführen zu können. Diese notwenigen Bedingungen sind bei den unklaren Kommunikationsstrukturen in problematischen Familien allerdings in der Regel nicht gegeben, so daß die betroffenen Kinder die Strafe häufig als feindseligen Akt der Eltern interpretieren: „Bestrafung ist für diese Kinder nicht das Ende einer Kausalkette, sondern der Beginn.“ (op.cit., S. 94).

In der Tat erlebe ich häufig, daß die Kinder die Bestrafungsabsicht ihrer Eltern gar nicht erfassen, da die Eltern für die Kinder scheinbar willkürlich und unvorhersehbar strafen. Viele Eltern verzichten auf Erklärungen, weil sie den Zusammenhang für offensichtlich halten. Besonders fatal ist die gelegentlich bei Eltern anzutreffende Haltung: „Da hab‘ ich ihn einfach mal genauso angeschrien, damit er mal merkt, wie das ist.“ Der von den Eltern erhoffte Lerneffekt tritt so allerdings nicht ein, da die Kinder nicht ahnen können, daß hier ihr eigenes Verhalten gespiegelt werden soll. Sie erleben ein schreiendes Elternteil, das ihnen zeigt, daß Schreien durchaus in Ordnung ist, da es die Eltern ja selber tun. Auch bei anderen „Strafen“ ist der Zusammenhang für die Kinder oft unklar, da die Eltern die Strafen nicht immer dann anbringen, wenn das kindliche Verhalten dies nahelegt, sondern dann, wenn ihre eigenen Nerven nicht mehr mitspielen (vgl. dazu auch Borg-Laufs, 1997a). Vor allem ältere Kinder und Jugendliche beschweren sich mir gegenüber häufig über so scheinbar willkürliches Verhalten und antworten auf die Frage, warum die Eltern wohl so handeln dann: „Ich weiß auch nicht, ich glaub‘, die wollen mich fertigmachen.“

Schmidt (1990) fand, daß sowohl mütterliche Ablehnung, die sich in einem „harten“ Erziehungsstil, wenig Zärtlichkeit und häufiger Kritisierung des Kindes zeigt, als auch Vernachlässigung durch die Mutter bereits im Säuglingsalter förderliche Bedingungen für aggressives Verhalten des Kindes darstellen (vgl. auch Doke & Flippo, 1983). Darüber hinaus belegen andere Untersuchungen, daß Kinder, deren Mütter ausgeprägtes Kontrollverhalten zeigen (häufiges Tadeln, ständige Aufforderungen und Ermahnungen) ihr aggressives Verhalten eher länger beibehalten (Campbell & Ewing, 1990) als andere Kinder.

Ein weiterer nicht zu vernachlässigender Punkt, der in beträchtlichem Ausmaß vom Erziehungs- und Modellverhalten der Eltern geprägt wird, ist die moralische Entwicklung der Kinder. Reinhard und Brinkmann-Göbel (1988) sehen aufgrund ihrer Untersuchung mit Jugendlichen im Alter von fünfzehn bis neunzehn Jahren den Zusammenhang zwischen moralischem Urteilsniveau (nach Kohlberg, 1971) und körperlich aggressivem Verhalten bestätigt: „Bereits im Übergangsstadium zwischen dem präkonventionellen und dem konventionellen Moralischen Urteilsniveau zeigt sich eine deutliche Abnahme körperlich aggressiven Verhaltens sowohl gegen Personen als auch gegen Objekte.“ (Reinhard & Brinkmann-Göbel, 1988, S. 116).

Zum besseren Verständnis dieses Zusammenhanges seien hier die (nicht unumstrittenen, vgl. z.B. Gilligan, 1984) sechs Stufen der moralischen Entwicklung nach Kohlberg (1971) erläutert: Stufe eins und zwei dieses Modells gelten als vormoralisches Niveau, auf dem eigentlich moralisch zu treffende Entscheidungen ausschließlich in Abhängigkeit von den Konsequenzen (Strafen) getroffen werden. Auf der *ersten Stufe* wird die Entscheidung zu einer Handlung ausschließlich durch direkte Bestrafungsbefürchtungen determiniert. Entscheidungen auf der *zweiten Stufe* moralischer Entwicklung wird eine Entscheidung weiterhin nur von eigenen Interessenabwägungen bestimmt, darin enthalten sind aber differenziertere Überlegungen, die über die direkte Strafbefürchtung hinausgehen und diese Strafe in Beziehung setzen zu anderen längerfristigen Konsequenzen. Stufe drei und vier nennt Kohlberg „konventionelles“ moralisches Urteilsniveau. Wichtige soziale Beziehungen liefern hier den Rahmen für Entscheidungen. Bei der *dritten Stufe* ist die Orientierung an engen sozialen Beziehungen üblich, während auf der *vierten Stufe* gesellschaftlich übergreifende Systeme wie Religion oder Gesetze oder allgemeine Moralvorstellungen die Entscheidung in moralischen Fragen prägen. Schließlich postuliert Kohlberg noch ein „postkonventionelles“ moralisches Niveau, bei dem die Betroffenen sich auch über die von Autoritäten (Staat, Kirche) entwickelten Moralvorstellungen begründet hinwegsetzen. Dies umfaßt die Stufen fünf und sechs seines Modells. Die *fünfte Stufe* ist dadurch gekennzeichnet, daß in handlungsleitende Überlegungen häufig möglichst das Wohlergehen vieler Menschen einbezogen wird. Auf der *sechsten Stufe* gilt es, allgemeine ethische Richtlinien (nicht spezifische moralische Normen) selbst zu entwickeln, an denen sich das Handeln ausrichten kann.

Eckensberger (1988) erläutert, daß stabile emotionale und soziale Zuwendung durch die Eltern für die moralische Entwicklung von Kindern und Jugendlichen entscheidend ist. Lewis (1981) nennt einige Bedingungen, die dazu führen, daß Kinder moralische Normen internalisieren. Es muß für sie erlebbar sein, daß sie selbst Normen beeinflussen können, daß Normen demokratisch hergestellt und nicht von den Eltern autoritär vorgegeben werden. Die Ergebnisse einer Langzeitstudie von Walker und Taylor (1991) belegen, daß ein großer Zusammenhang zwischen dem Diskussionsstil der Eltern – also der Art, wie sie sich in der Diskussion verhalten – bei der Besprechung moralischer Fragen einerseits und der moralischen Entwicklung der Kinder andererseits besteht. Somit kommen die AutorInnen zu dem Schluß, daß nicht die Moral-Kompetenz (das, was die Eltern sagen, wie man sich verhalten soll), sondern die Moral-Performanz der Eltern (also ihr tatsächliches Verhalten) die moralische Entwicklung der Kinder entscheidend prägt. In diesem Zusammenhang ist auch die Beobachtung von Keltingas-Jærvinen (1990) von Bedeutung, daß die Kinder von Müttern, die einen ungünstigen Attributionsstil zeigen, d.h. nicht selbst Verantwortung für ihre Taten übernehmen, in höherem Maße aggressiv sind als Kinder, deren Mütter einen günstigeren Attributionsstil aufweisen.

In Anbetracht der bisher genannten Bedingungen, die bei Kindern zu aggressivem Verhalten führen können, wundert es nun sicherlich niemanden mehr, daß nach verschiedenen Studien bestimmte besonders belastende Familiensituationen mit einer erhöhten Aggressivität bei Kindern einhergehen sollen. Zum Teil kann sicherlich davon ausgegangen werden, daß die Belastungen, denen auch die Eltern in solchen Situationen ausgesetzt sind, zu einigen der geschilderten ungünstigen Erziehungspraktiken führen. So könnte es etwa durch die Überforderung der Erwachsenen zu mangelnder Kontrolle oder zu unangemessen massiven Strafen führen. Trapmann (1987) sieht aggressives Verhalten der Kinder als eine wahrscheinliche Folge einer Scheidung der Eltern und Pearson, Ialongo, Hunter und Kellam (1994) fanden, daß über alle Einkommensgruppen hinweg die Kinder von Alleinerziehenden in höherem Ausmaß aggressives Verhalten zeigen als Kinder aus Vater-Mutter-Familien. Allerdings liegt der Gedanke nahe, daß die Aggressivität nicht die Folge der Scheidung ist, sondern daß beide Fakten von einer dritten Variable abhängen: In 80% der Fälle haben die Frauen die Scheidung eingereicht – häufig auch wegen Gewalttätigkeiten des Ehemanns. Diese Gewalt des Ehemanns und Vaters ist also möglicherweise auch die Ursache der Aggression des Kindes – und nicht die Scheidung der Eltern (Ostbomk-Fischer, 1994).

Auch der Zusammenhang von Substanzmißbrauch der Eltern und aggressivem Verhalten der Kinder (Gabel und Shindledecker, 1991) verwundert nicht angesichts der belastenden Situation der Kinder in Familien mit suchtkranken Eltern, deren Erziehung von Inkonsistenz, Aggression und eventuell sexueller Belästigung geprägt wird (vgl. dazu Arenz-Greiving, 1992). In einer Untersuchung von 36 Serien-Sexualmördern (Ressler, Burgess & Douglas, 1988) zeigte sich, daß 70% der Herkunftsfamilien der Täter vom Alkoholmißbrauch eines Elternteils geprägt waren und in zwei Drittel der Familien spielte auch Drogenmißbrauch eine Rolle.

Auch eine Depression der Mutter geht überzufällig häufig mit aggressivem Kindesverhalten einher (Abidin, Jenkins & McGaughey, 1992; Keenan & Shaw, 1994), was durch die mangelnde Wärme und das mangelnde Interesse der depressiven Mütter (Eltern) für die Kinder gut zu erklären ist (Miller, Cowan, Cowan, Hetherington & Clingempeel, 1993).

Schließlich ist aus vielen psychologischen Zusammenhängen ein Faktor bekannt, der auch bei aggressivem Verhalten der Kinder von Bedeutung ist. „Der bis heute zentrale Befund, den man als eines der am besten belegten sozialwissenschaftlichen Ergebnisse bezeichnen könnte, ist der Zusammenhang zwischen Not und Leid. Es hat sich immer wieder nachweisen lassen, daß in unserer Gesellschaft Angehörige der untersten sozialen Schichten die höchste Rate psychischer Störung aufweisen." (Keupp, 1991, S.66).

Dieser Zusammenhang zwischen sozioökonomischem Status der Familie und dem aggressivem Verhalten der Kinder bzw. Jugendlichen aus diesen Familien wird tatsächlich auch gesehen (z.B. Roff & Wirt, 1984; Poustka, 1991). U. Schneider (1993, S. 92) schreibt dazu: „Familien, in denen es zu Gewalt und sexuellem Mißbrauch kommt, leben häufig in Nachbarschaften, die nicht nur durch materielle Armut, sondern auch durch Isolation innerhalb der Gemeinschaft und durch eine Konzentration von Risikofamilien gekennzeichnet sind (soziale Verarmung)." Er verweist auf die fehlende Unterstützungsmöglichkeit informeller sozialer Netzwerke unter solchen Bedingungen. Allerdings konnte in den Studien über rechtsradikale Gewalttäter festgestellt werden, daß diese nicht unbedingt aus niedrigen sozialen Schichten oder aus Familien mit defizitären Familienstrukturen stammen, lediglich das Bildungsniveau der Schläger erwies sich als durchgängig niedrig (Willems, 1993; Dachs, 1993). Zudem besteht möglicherweise auch eine Abhängigkeit der Wirkung der Variable „sozioökonomischer Status" von den in der Gesellschaft real vorhandenen sozialen Ungleichheiten. Olweus (1978; 1981) konnte in den skandinavischen Ländern diesen Zusammenhang nicht finden – allerdings sind dort auch die sozialen Unterschiede vergleichsweise gering.

Aggressiv durchs Fernsehen?

Die Forschungsergebnisse bezüglich der Wirkung von Massenmedien sind längst nicht mehr so eindeutig, wie bezüglich des Lernens am lebenden Modell. Bandura (1979) glaubt aufgrund seiner Forschungsergebnisse, daß das häufige Ansehen von Gewalt im Fernsehen zu vermehrten aggressiven Handlungen führt und Lefkowitz, Eron, Walder und Huesmann (1977) kamen bei einer aufwendigen Langzeitstudie mit mehr als 900 Kindern zu dem Schluß, daß die Menge der im Alter von neun Jahren genossenen Fernsehgewalt der beste und am höchsten signifikante Prädiktor für aggressives Verhalten anderen gegenüber mit neunzehn Jahren ist. Bis in die jüngste Zeit gibt es allerdings zu diesem Punkt konstrastierende Ergebnisse: So berichten etwa Black und Bevan (1992) oder Viemerø und Paajanen (1992) von Untersuchungsergebnissen, die die Annahme stützen, daß das Anschauen von Filmgewalt zu erhöhter Aggression führt, während andere Autoren und Autorinnen keine (Lynn, Hampson & Agahi, 1989) oder nur sehr schwache (Harris, 1992) Korrelationen zwischen dem Konsum von TV-Gewalt und aggressivem Verhalten finden konnten.

Es scheint einleuchtend zu sein, daß die Darbietung von Gewalt, wie sie in „Action“- oder „Abenteuer“- Filmen vorgenommen wird, zu einer Steigerung des aggressiven Verhaltens beiträgt. Gewinnende Modelle schaffen es in vielen Situationen immer wieder, durch die Anwendung von Gewalt zu einer Belohnung zu gelangen, aggressives Verhalten wird „... als die bevorzugte und effektivste Lösungsmethode interpersoneller Konflikte vorgeführt“ (Verres & Sobez 1980, S. 111).

Die Lernsituation im Alltag ist allerdings komplexer und auch die Frage nach der Wirksamkeit medialer Gewalt kann aus verschiedenen Blickwinkeln mit unterschiedlichen Ergebnissen betrachtet werden (vgl. im Überblick Selg, 1993b). Die Alltags-Fernseh-Situation ist nicht ohne weiteres vergleichbar mit den experimentell-psychologisch hergestellten Situationen bei der Erforschung des Modell-Lernens. Es kommen in den Fernsehfilmen sowohl aggressive erfolgreiche als auch nicht-aggressive erfolgreiche Modelle vor. Darüber hinaus ist im Fernsehalltag- im Gegensatz zum psychologischen Experiment – direkt nach dem Anschauen von Gewalt-Filmen meist nicht die Möglichkeit zur Umsetzung des Gesehenen gegeben. Schließlich sind die im Film dargestellten Situationen oft nur bedingt lebensnah für das zuschauende Kind. Zusammenfassende Analysen (etwa Sommer & Grobe, 1974; Freedman, 1984) gehen dann auch eher nicht davon aus, daß durch den Fernsehkonsum neue Verhaltensmuster geschaffen werden, stattdessen erscheint es plausibel, von einer Verstärkung bereits vorhandener Verhaltensmuster auszugehen. Ein friedliebendes und zufriedenes Kind wird nicht zum aggressiven Missetäter, wenn es ein paar mal eine gewalthaltige Fernsehserie gesehen hat, wahrscheinlicher ist, daß es das Interesse daran verlieren wird. Sofern ein korrelativer Zusammenhang zwischen dem Konsum von TV-Gewalt und aggressivem Verhalten festzustellen ist, scheint mir der Gedanke von Nolting (1987) verfolgenswert, von einer dritten Variable auszugehen (z.B. familiäres Milieu), die sowohl den Fernsehkonsum als auch das aggressive Verhalten beeinflußt. Häufig stellt sich in den Gesprächen mit Eltern, die beklagen, daß ihre Kinder sich nur für Fernsehen interessieren, heraus, daß auch mindestens ein Elternteil exzessiv Fernsehen guckt und der Fernseher somit ohnehin immer angeschaltet ist. Dieser Elternteil konzentriert sich in der Regel auf das Fernsehen und will nicht gestört werden. Wenn das Kind Kontakt zu diesem Elternteil haben will, muß es schon mit ihm in den Fernseher schauen. Oft schauen Kinder auch ständig Fernsehen, weil sonst nichts passiert, die Eltern sich nicht um sie kümmern. In diesem Fall wird der ständige Fernsehkonsum ebenso wie mögliches aggressives Verhalten des Kindes durch die Vernachlässigung des Kindes ausgelöst.

Über die kurzfristige Wirkung von Mediengewalt liegt nun eine ausführlichere Studie von Grimm (1994) vor, in der die Wirkung von Kampfsportszenen, einem Rambo-Film und einem gewalthaltigen Film über Jugendgangs (Savage Street) auf mehr als 500 erwachsene und jugendliche (ab zwölf Jahren) Versuchspersonen untersucht wurde. Die vom Autor betrachteten abhängigen Variablen waren Aggressivität, Angst, Empathie, prosoziale Einstellungen und das Weltbild der UntersuchungsteilnehmerInnen. Grimms zentraler Befund in den verschiedenen Versuchsbedingung war die Zunahme von Angst und nicht die Zunahme von Aggression (op. cit., S. 53ff.):

> „Nach den vorliegenden Ergebnissen reagieren Zuschauer auf Gewaltdarstellungen nicht in erster Linie mit der Nachahmung der Täter, sondern stellen vielmehr wesentlich stärker als gemeinhin angenommen auch die Wirkung am Opfer in Rechnung. Die Thematisierung von Gewalt stimuliert neben Aggression gleichzeitig auch Aggressionsangst, die, wie in den von uns untersuchten Beispielen, die aggressionsfördernden Wirkungen überwiegen kann. (...) Die Oberfläche der medialen Gewalthandlungen ist weniger wirksam, als es mechanische Wirkungsvermutungen nahelegen. Allerdings werden im Subtext der Darstellungen zum Teil antisoziale Einstellungen verstärkt. (...) Die Sozialverträglichkeit von Spielfilmgewalt erscheint in emotionaler Hinsicht insofern problematisch, als durch bestimmte Gewaltsequenzen das Einfühlungsvermögen der Zuschauer verringert wurde. (...) Modellernen durch Fernsehen schließt gerade ein, auf der Grundlage wechselnder Perspektiven unter Berücksichtigung des Gesamtszenarios eigene Schlußfolgerungen zu ziehen. Die von uns festgestellte Aggressionsverminderung ist damit zu erklären, daß nicht nur die Ausübung, sondern auch die schlimmen Auswirkungen der Gewaltanwendung für das Modellernen wichtig sind.“

Die Ergebnisse dieser Untersuchung deuten zusätzlich darauf hin, daß die Wirkung medialer Gewaltrezeption „hochgradig altersabhängig“ (op. cit., S. 44) ist. Die Wirkung einiger Versuchsbedingungen z.B. differierte stark zwischen der Gruppe der 12–15jährigen und anderen Altersgruppen. So erhöhten die Kampfsportszenen bei den 12–15jährigen die Neigung zur Gewaltlegitimation zur Durchsetzung eigener Interessen, gleichzeitig nahm ihre Angst ab, der Toleranzabbau und die Verminderung empathischer Fähigkeiten war in dieser Altersgruppe stärker als in den anderen Altersgruppen. Auf den Jugendgang-Film reagierte die jüngste Altersgruppe ebenso wie erwachsene Rezipienten eher mit einer Stärkung selbstbewußten Handelns, während 16–17jährige mit einer hochsignifikanten Abnahme der internalen Kontrollerwartung reagierten, sich selbst also als hilfloser erlebten.

In Einklang mit der kognitiven Gefühlstheorie von Lazarus, Averill und Opton jr. (1977) kann also von der Annahme ausgegangen werden, daß erst in Abhängigkeit von der Interpretation des Films durch das zuschauende Kind bestimmte verhaltenswirksame Effekte zu erwarten sind. Dementsprechend konnten Huesmann, Eron, Klein, Brice und Fischer (1983) demonstrieren, wie durch einfache kognitive Umstrukturierungen der Zusammenhang zwischen dem Konsum von Fernsehgewalt und anschließendem aggressivem Verhalten gelöst werden kann. Ihre Untersuchungspersonen waren Grundschulkinder, die viel Gewalt-Filme im Fernsehen sahen. Sie mußten sich nun aktiv unter bestimmten Leitfragen mit diesen Filmen auseinandersetzten. Die Kinder sahen anschließend genauso viel fern wie vorher, waren aber weniger aggressiv.

Leider muß aber wohl davon ausgegangen werden, daß Kinder häufig unkontrolliert ohne Anleitung oder Begleitung Erwachsener fernsehen – und zwar Programme, die ihrem Entwicklungsstand nicht angemessen sind. Die Zahl der noch ganz jungen Kinder, die ein eigenes Fernsehen oder sogar einen eigenen Videorecorder zur Verfügung haben, ist erstaunlich hoch (vgl. Tabelle 3).

Tab. 2: Kindern zur Verfügung stehende Medien (nach Glogauer, 1993)

Alter der Kinder	eigenes TV-Gerät	eigener Videorekorder
6–8 Jahre	14,0 %	5,5 %
9–10 Jahre	34,0 %	15,5 %

Selg (1993a) referiert, daß bereits Kinder unter drei Jahren täglich im Durchschnitt 20 bis 30 Minuten fernsehen, mit vier bis sechs Jahren – also im Kindergartenalter – steigt der tägliche durchschnittliche Fernsehkonsum auf 60 bis 90 Minuten, ältere Kinder sehen täglich etwa 2 Stunden fern. Herzog (1993) nennt vergleichbare Zahlen. Darüber hinaus weist Herzog (op.cit.) darauf hin, daß die Quantität des Fernsehkonsums in niedrigeren sozialen Schichten höher ist als in höheren Schichten – wie bei den Erwachsenen, die wohl als Modelle dienen. Auch die Konfrontation mit extrem gewalthaltigen Videoinhalten ist kein außergewöhnliches Ereignis: Etwa 10% der zehnjährigen Kinder und etwa 70% der 12–15jährigen Kinder haben – vorwiegend im Freundeskreis – bereits Horrorvideos gesehen.

Vor dem Hintergrund der geschilderten Befunde muß auch die Studie von Groebel und Gleich (1993) rezipiert werden, wonach der Anteil der Gewaltszenen am Fernsehprogramm bei den sechs marktführenden deutschen Fernsehsendern – z.T. auch schon im Vorabendprogramm – sehr groß ist. So zeigten 47,7% aller gezeigten Sendungen in den untersuchten sechs Programmen Gewaltszenen. Bezogen auf das Gesamtprogramm war in 2,9% der Zeit aggressives Verhalten zu sehen. Pro Woche gab es insgesamt 481 Mordszenen und 25 Stunden körperliche Gewaltszenen zu sehen. Insbesondere zwischen 18 und 20 Uhr, einer Haupt-Fernsehzeit für Kinder, können Fernsehzuschauer „im Vergleich zu anderen Tages- und Nachtzeiten vor 23 Uhr eine besondere Ballung von körperlichen Gewaltdarstellungen“ (op. cit., S. 82) sehen.

Es müssen offensichtlich noch weitere differenziertere Studien zur Wirkung medialer Gewalt auf Kinder abgewartet werden, da die Wirkung nach den vorliegenden Befunden sehr stark von der individuellen Disposition der Zuschauenden abhängt. Darüber hinaus scheint das Alter der Rezipienten eine entscheidende Variable in diesem Zusammenhang darzustellen. Insgesamt kann nach den zur Zeit vorliegenden Erkenntnissen davon ausgegangen werden, daß die Aggressivität von Kindern und Erwachsenen durch mediale Gewalt (nur) verstärkt, nicht aber hervorgerufen wird. Neben dem Alter scheint es noch weitere vermittelnde Variablen zu geben, die mit der Situation, in der Mediengewalt konsumiert wird (z.B.: sehen Kinder allein fern oder zusammen mit gesprächsbereiten Erwachsenen?) oder mit den sonstigen Lebensumständen – vor allem innerhalb der Familie – zusammenhängen. Sicherlich ist auch die individuelle Quantität des Fernsehkonsums von hoher Bedeutung. Die z.T. recht heftig geführte Debatte um die Schuld des Fernsehens an kindlicher und jugendlicher Aggression scheint jedenfalls über das Ziel hinauszuschießen, wie Rutschky (1993, S. 48) treffend zusammenfaßt: „Selbstverständlich können wir diese Diskussion noch ewig führen, doch wird die Zensur oder Abschaffung des Fernsehens wohl kaum zu einer friedfertigeren Gesellschaft führen." Die öffentliche Debatte um Medien, die die Jugend verderben, wird allerdings schon seit Jahrzehnten mit starrem Blick auf beliebige Einzelfälle geführt (vgl. Quast, 1993). Daß bei dem Blick auf diese Einzelfälle der in diesem Kapitel beschriebene Gesamtzusammenhang nicht aus den Augen verloren werden darf, schildert Quast (1993, S. 25) anhand eines aktuellen Beispiels:

> „In der aktuellen Berichterstattung über den Prozeß gegen zwei elfjährige Liverpooler Jungen, die den zweijährigen James Bulgar im Februar 1993 entführten und ermordeten, wird auch immer wieder auf den Horrorvideokonsum der beiden Kinder hingewiesen. Selbst wenn Zusammenhänge zur Tat bestehen sollten, so zeigen diese Berichte, selbst diejenigen, die nicht besonders darauf abheben, eine soziale Umwelt der Jungen, die derart desolat, hoffnungslos und (lebens-) feindlich ist, daß es beinahe schon absurd erscheint, den fiktionalen Horror angesichts des realen überhaupt noch zu erwähnen."

Angesichts der bereits referierten Tatsache, daß eine große Zahl von Kindern im jungen Alter Horrorvideos gesehen hat, wäre hier auch die Frage zu stellen: Wieso werden sie nicht alle zu grausamen Mördern, wenn die Tat vor allem durch das Anschauen eines solchen Horrorvideos ausgelöst wurde?

Schulische Bedingungen und Aggression

Schule stellt – neben der Familie – die herausragende Lern- und Entwicklungsumgebung von Kindern und Jugendlichen dar. Dementsprechend sind natürlich schulische Bedingungen, die aggressives Verhalten verstärken oder vermindern können, von hohem Interesse.

Die allgemein recht hohe Prävalenz aggressiven Verhaltens an Schulen variiert nach einer umfangreichen Studie von Olweus (1995) überraschenderweise weder mit der Lage der Schule (Großstadt vs. Dorf), noch mit der jeweiligen Klassengröße. Hingegen konnte Olweus eindeutig einen recht plausiblen Zusammenhang entdecken, der normalerweise kaum Beachtung findet: Die Zahl der Gewalttaten an Schulen steht in engem Zusammenhang mit der „Lehrerdichte" während der Pausenzeiten: Je stärker die LehrerInnen-Präsenz ist, desto geringer ist die Rate der Gewalttätigkeiten.

Petermann (1994a) schildert einige Faktoren, die die Auftretenswahrscheinlichkeit von Gewaltproblemen an Schulen erhöhen. So begünstigen etwa eine hohe Schülerzahl, eine unüberschaubare Architektur und ähnliche Merkmale die Anonymität an Schulen – und Anonymität ist ein möglicher situativer Auslöser für aggressives Verhalten (vgl. Kap. II.5). Einen solchen Zusammenhang konnte Vieluf (1993) in seiner Untersuchung allerdings nicht finden (siehe Kap. I.2). Petermann (1994a) betont auch die Wichtigkeit anderer situativer Hinweisreize, etwa ein hohes Ausmaß an nicht behobenen Sachbeschädigungen, deren Vorhandensein die Schwelle für weitere Sachbeschädigungen herabsetzt (vgl. dazu auch H.J. Schneider, 1991; Klockhaus & Habermann-Morbey, 1986).

Bach, Knöbel, Arenz-Morch und Rosner (1984) befragten 3933 LehrerInnen in Rheinland-Pfalz und erfuhren dabei, daß aggressives Verhalten auch abhängig von der Schulform ist. Schulgewalt ist an Haupt- und Sonderschulen nach ihren Ergebnissen häufiger anzutreffen als an Gymnasien (vgl. auch Vieluf, 1993). Außerdem fanden die AutorInnen einen Zusammenhang zwischen dem Grad der sozioökonomischen Belastung des Einzugsgebietes der Schulen (z.B. Obdachlosensiedlungen) und einem hohen Ausmaß an Schulgewalt (vgl. auch H.J. Schneider, 1993; Gay & Gottfredson, 1985; kontrastierend zu diesem Ergebnis Vieluf, 1993).

Die Annahme, daß die Opfer aggressiven Verhaltens in der Schule überdurchschnittlich häufig bestimmte äußerliche Attribute wie Fettleibigkeit, rote Haare, Brillen und dergleichen aufzuweisen haben, konnte von Olweus (1995) ebenfalls nicht bestätigt werden. Stattdessen erlaubten Olweus Befunde ihm eine psychologische Typisierung der Opfer. Typische Opfer sind demnach unsicher und ängstlich, eher still und zurückhaltend und haben ein geringes Selbstwertgefühl. Eine deutlich kleinere Gruppe von Opfern ist ebenfalls ängstlich, versucht sich aber durch provozierendes Verhalten einen besseren Stand in der Gruppe zu erkämpfen.

Dishion (1990) schildert, daß aggressives Verhalten und Schulleistungsprobleme sich gegenseitig verstärken (vgl. dazu auch Polk, 1969). Allerdings konnte Olweus (1995) in einer in Stockholm durchgeführten Studie keinen Hinweis auf einen Zusammenhang zwischen Schulversagen und aggressiven Auffälligkeiten finden. Darüber hinaus ist auch – falls ein solcher Zusammenhang doch vorliegen sollte – ungeklärt, in welchem kausalen Zusammenhang die beiden Variablen stehen: Lösen die Leistungsschwierigkeiten die Verhaltensprobleme aus oder bekommen verhaltensauffällige SchülerInnen aufgrund ihres Verhaltens, das oftmals kaum mit aufmerksamer Unterrichtsverfolgung zu vereinbaren ist, auch Leistungsschwierigkeiten (vgl. dazu Hay & Angold, 1993). Angenommen werden kann, daß hyperaktiv-aggressive Kinder durch ihr auffälliges Verhalten schnell zu Außenseitern in der Schule werden und aufgrund ihres unaufmerksamen Verhaltens auch Leistungsprobleme entwickeln. Daraufhin erhalten sie kaum noch positive Zuwendung, da sie ohnehin wenig positives Verhalten zeigen und der Focus der Wahrnehmenden dann auch auf ihrem Fehlverhalten liegt und gelegentliches angemessenes Sozial- und/oder Leistungsverhalten gar nicht mehr registriert wird. Die betroffenen Kinder werden also Aufmerksamkeit auf die Art erkämpfen, die sie als erfolgreich erleben und das ist ihr abweichendes Verhalten, das durch die Reaktionen von MitschülerInnen und LehrerInnen verstärkt wird und sich somit verfestigen kann.

Verschiedene AutorInnen stellen auch einen Zusammenhang zwischen dem allgemeinen Schulklima bzw. den Beziehungen und Interaktionen von LehrerInnen und SchülerInnen einerseits und aggressivem Verhalten andererseits in den Vordergrund (Bründel & Hurrelmann, 1994; H.J. Schneider, 1993; Bach, Knöbel, Arenz-Morch & Rosner, 1984; Holtappels, 1985). Gute, vertrauensvolle Beziehungen zwischen Lehrpersonal und SchülerInnen und die Bemühungen von LehrerInnen, den Schülerinnen und Schülern eine angenehme Lernatmosphäre zu bieten, in der nicht nur gefordert und gestraft wird, sondern in der mensch auch positive, angenehme Erfahrungen machen kann, sind sicherlich wichtige Gegenmittel gegen Gewalt in der Schule.

Zusammenfassung

Die aus der Lernpsychologie bekannten grundlegenden Paradigmen vermitteln auch Art und Ausmaß des aggressiven Verhaltens. Aggressives Verhalten kann sowohl am Modell als auch am Erfolg gelernt werden. Die häufig aggressives Verhalten mit auslösende hohe Erregung kann klassisch konditioniert worden sein.

Die familiäre Umwelt stellt bezüglich der Entwicklung aggressiver Verhaltensweisen bei Kindern die wichtigste Lernumgebung dar. Von hoher Bedeutung sind dabei familiäre Rahmenbedingungen, also etwa der sozioökonomische Status der Familie, die psychische Situation aller Familienmitglieder und die Qualität der intrafamiliären Beziehungen. Vor allem die Beziehung zwischen Eltern und Kindern nimmt eine herausragende Stellung ein.

Vor dem Hintergrund dieser Rahmenbedingungen können einige konkrete elterliche Verhaltensweisen aggressionsfördernde Wirkung haben. Von zentraler Bedeutung scheinen dabei vier Faktoren zu sein (vgl. Abb. 5):

- Das elterliche Modellverhalten: Wenn die Eltern selbst sich aggressiv verhalten, sei es untereinander oder dem betreffenden Kind gegenüber (Erziehung mit Gewalt), schauen Kinder dieses Modellverhalten von den für sie wichtigsten Bezugspersonen ab.
- Mangelnde positive und negative Konsequenz: Erwünschtes Verhalten wird nicht durch Lob oder Zuwendung verstärkt, unerwünschtes wird geduldet oder unregelmäßig und in für das Kind nicht nachvollziehbarer Weise bestraft und sorgt für Aufmerksamkeit.
- Mangelnde Zuwendung: Die mangelnde Zuwendung ist einerseits für die schlechte Eltern-Kind-Beziehung verantwortlich, andererseits „zwingt“ sie das Kind dazu, aggressives Verhalten zu zeigen, das die Eltern nicht ignorieren können.
- Mangelndes Interesse: Die Eltern wissen oft wenig über das Freizeitverhalten ihrer Kinder, überlassen sie sich selbst und häufig: dem Fernseher.

Abb. 5: Familiäre Bedingungen des aggressiven Kindverhaltens

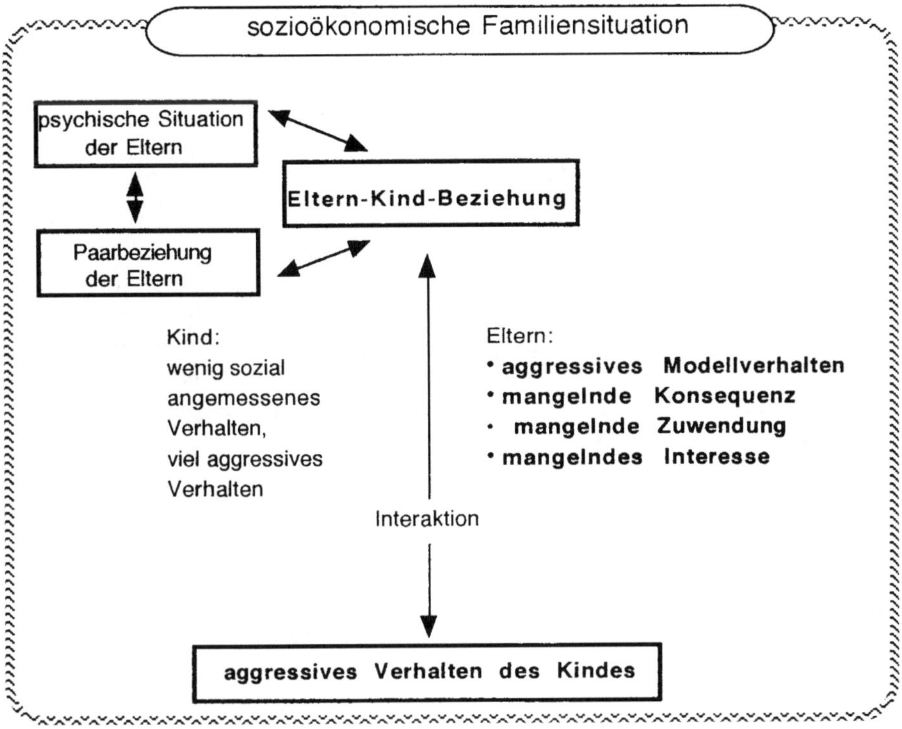

Das aggressive Verhalten des Kindes sorgt nun wiederum dafür, daß die ungünstigen Verhaltensweisen sich eher noch verstärken: Aggressive Eltern werden noch aggressiver auf ihre Kinder reagieren, die positive Zuwendung und das Interesse der Eltern wird weiter abnehmen.

Art und Ausmaß des Fernsehkonsums treten in ihrer Bedeutung für aggressives Verhalten – anders als dies in der öffentlichen Diskussion z.T. erscheint – deutlich zurück. Einzelne gewalthaltige Inhalte machen friedliebende Kinder nicht aggressiv, eher fördert das Anschauen gewalthaltiger Inhalte ohnehin aufgrund anderer Bedingungen vorhandene aggressive Tendenzen. Exzessiver Fernsehkonsum tritt häufig zusammen mit anderen ungünstigen familiären Faktoren auf.

Schule als weitere wichtige Entwicklungsbedingung von Kindern und Jugendlichen kann aggressives Verhalten ebenfalls beeinflussen. Von Repression und persönlicher Abwertung bestimmte LehrerInnen-SchülerInnen-Interaktionen fördern aggressives Verhalten ebenso wie ungünstige oder desolate Rahmenbedingungen in Form von Anonymität und heruntergekommener Schulgebäude. Wenn Leistungsprobleme in der Schule von LehrerInnen als Persönlichkeitsdefizite vermittelt und von den SchülerInnen dann als solche angenommen werden, steigert dies den Druck der Kinder, auf andere Art und Weise, z.B. durch aggressives Verhalten, ihr Selbstwertgefühl wieder zu stärken.

4 Individuelle Voraussetzungen

Es ist offensichtlich, daß verschiedene Personen auf identische Stimuli unterschiedlich reagieren. In diesem Kapitel II.4 soll nun darauf eingegangen werden, welche unterschiedlichen – v.a. kognitiven – Dispositionen in den Individuen mit dem unterschiedlichen Verhalten in Verbindung gebracht werden können. Kaufmann (1965) hat ein Modell aggressiven Verhaltens kreiert, welches im wesentlichen den kognitiven Ablauf der Entscheidung zu aggressivem Verhalten darstellt. Dieses Modell kann als Hintergrund für die in diesem Abschnitt später folgenden Informationen zu kognitiven Dispositionen dienen.

Kaufmann (op. cit.) sieht als erste Stufe die Wahrnehmung einer Situation, d.h. die Einschätzung eines Reizes z.B. als bedrohlich. Darauf folgt die Handlungsauswahl. Nach der Wahrnehmung bzw. Bewertung eines Ereignisses wird – in Abhängigkeit von Verhaltensgewohnheiten bzw. dem überhaupt zugänglichen Verhaltensrepertoire – ein erster Handlungsimpuls generiert. Daran anschließend sorgen möglicherweise Hemmungspotentiale (z.B. Angst, Moral) dafür, daß diese Handlung nicht ausgeführt wird. In einer vierten und letzten Stufe vor der Handlungsausführung kommt es zur Bewertung der möglichen Konsequenzen des ausgesuchten Verhaltens (siehe Abb. 6).

Abb. 6: Prozeßablauf aggressiven Verhaltens, modifiziert nach Kaufmann (1965)

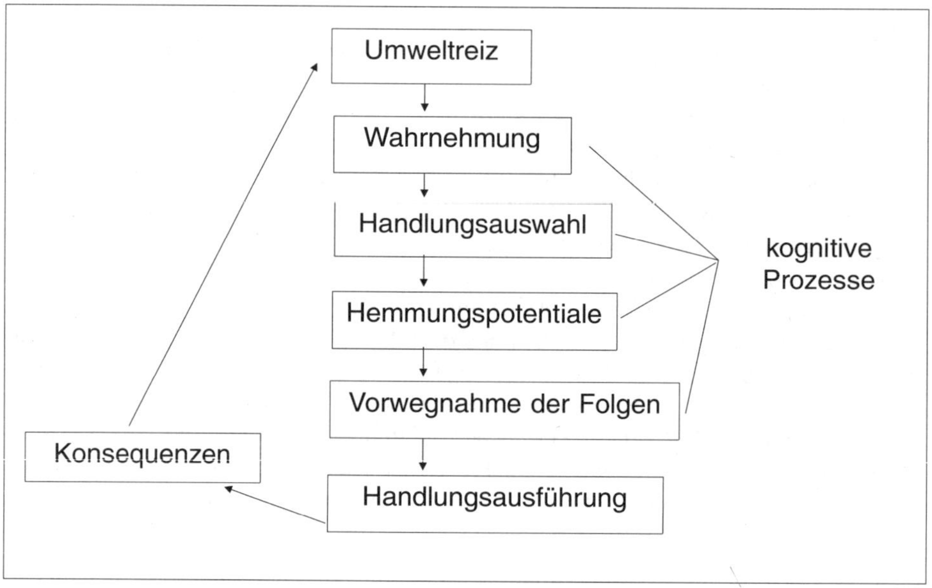

Geschlechtsunterschiede bei aggressivem Verhalten

Es wird kontrovers diskutiert, ob und warum es Geschlechtsunterschiede bezüglich aggressiven Verhaltens gibt. Zunächst einmal ist kaum abzustreiten, daß Männer bzw. Jungen deutlich häufiger offen aggressives Verhalten zeigen als Frauen bzw. Mädchen. Petermann und Petermann (1994a) berichten, daß nur etwa 10–15% der aggressiven Kinder in ihrer Praxis Mädchen sind. Auch die Ergebnisse von Essau, Petermann und Ernst-Goergens (1995) belegen eindeutig die höhere Neigung von männlichen Jugendlichen, sich aggressiv zu verhalten. Zwar holen die Mädchen mit zunehmendem Alter deutlich auf, erreichen aber nie die Rate der Jungen-Aggressivität (vgl. Kap. I.2). Hobrücker und Kühl (1987) betonen, daß das Übergewicht der Jungen um so stärker wird, je schwerer die aggressive Verhaltensstörung ist. Im Übrigen ist jugendliche Gewaltkriminalität eine reine Männerdomäne. Willems (1993) fand z.B., daß 95% der rechtsradikalen Gewalttäter in Deutschland Männer sind und auch sowohl Wenger (1991) als auch Möller (1991b; Möller, 1996) merken an, daß jugendliche Gewaltkriminalität fast ausschließlich männliche Kriminalität ist (siehe auch Conrads & Kraul, 1995; Möller, 1996; u.a.). Möller (1993, S. 25) geht aufgrund dieser Sachverhalte so weit, zu schlußfolgern: „Setzt man die Geschlechtszugehörigkeit als Anfälligkeitskriterium ins Verhältnis zu den Altersgruppenmerkmalen der Rechtsextremen, so ist kaum vernünftig erklärbar, wieso die Rechtsextremismus-Debatte noch weithin so breit als Jugend-Debatte und so wenig als Diskussion über Männlichkeitsprobleme geführt wird.“

Nach einer umfangreichen Literatursichtung argumentiert Tieger (1980), daß die Annahme einer biologischen Basis für das häufigere aggressivere Verhalten von Männern nicht haltbar ist. Die Unterschiede im aggressiven Verhalten sind tatsächlich auch nicht von Geburt an, sondern erst etwa ab dem fünften Lebensjahr zu beobachten. Keenan und Shaw (1994) konnten bei Kleinkindern im Alter von 18 – 24 Monaten keinerlei Häufigkeits- und Intensitätsunterschiede im aggressiven Verhalten zwischen den Geschlechtern entdecken.

Eine mögliche Ursache für die erhöhte Aggressivität des männlichen Geschlechts ergibt sich aus einer Untersuchung von Bullock und Merrill (1980). Sie führten eine einjährige Studie mit Kindern des dritten bzw. vierten Schuljahres durch und untersuchten, inwiefern sich die Kinder mit aggressionsfördernden Aktivitäten beschäftigen und wie aggressiv die Kinder sind. Als aggressionsfördernde Aktivitäten interpretierten sie z.B. Bogenschießen, Basketball, Kung-Fu-Lernen, Skateboard fahren, mit Gewehren auf die Jagd gehen oder Soldat spielen. Im Gegensatz dazu betrachteten sie auch die Beschäftigung mit neutraleren Freizeitaktivitäten, etwa singen, Naturgeschichten lesen, Sandburgen bauen, ein Musikinstrument lernen oder schauspielern. Es ergab sich, daß die Entwicklung von Kindern, die zu Beginn der Untersuchung als durchschnittlich aggressiv galten, anhand der Vorlieben für entweder die aggressionsfördernden oder die nicht-aggressionsfördernden Freizeitaktivitäten vorausgesagt werden konnte. Durchschnittlich aggressive Kinder, die eine Vorliebe für aggressionsfördernde Aktivitäten hatten, waren nach einem Jahr wesentlich aggressiver als der Durchschnitt. Bevorzugten sie die anderen Aktivitäten, sank hingegen das Aggressionsniveau. Für unsere momentane Frage ist aber von Bedeutung, daß die als aggressionsförderlich geltenden Aktivitäten für die Mädchen durchweg unattraktiv waren, während Jungen sie in unterschiedlichem Ausmaß bevorzugten. Mit Hilfe der sicherlich berechtigten Annahme, daß bei der Sozialisation für Jungen eher die „wilden" Spiele gefördert werden (und dafür auch eher männliche Modelle zur Verfügung stehen) und bei Mädchen eher die „sanften" Spiele, ist somit gut erklärbar, daß ab dem fünften Lebensjahr Jungen im Durchschnitt aggressiveres Verhalten als Mädchen zeigen.

Mädchen erwarten auch andere, negativere Konsequenzen für aggressives Verhalten als Jungen, was darauf schließen läßt, daß bei Jungen aggressives Verhalten eher geduldet (bzw. erwartet) wird als bei Mädchen. Während Jungen nach den Ergebnissen von Perry, Perry und Weiss (1989) weniger Schuldzuschreibungen und elterliches Mißfallen für ihr Verhalten erwarten, haben Mädchen eine diesbezüglich hinlänglich andere Lerngeschichte. Dies erklärt auch, warum Jungen und Männer ihre Aggressionen eher instrumentell beschreiben, während Mädchen und Frauen Aggressionen eher expressiv beschreiben (Archer & Parker, 1994). Frauen und Mädchen brauchen anderen gegenüber eine „expressive Entschuldigung" für das von ihnen nicht erwartete aggressive Verhalten, während Jungen und Männer sich sozial gefahrloser zu den positiven Konsequenzen ihres Verhaltens bekennen können.

In diesem Zusammenhang erscheint mir bemerkenswert, wie oft ich bei Eltern aggressiver Jungen, die sich verbal im Beratungsgespräch bitter über das aggressive Verhalten ihrer Kinder beklagten, in ihren Gesichtern und ihrer Stimme deutliche Anzeichen von Stolz und Anerkennung entdecken kann. Es läßt sich im Gespräch dann auch schließlich oft herausarbeiten, daß die Eltern zwar ärgerlich über das aggressive Verhalten sind, da es zu Schwierigkeiten z.B. in der Schule führt – daß die Eltern aber gleichzeitig auch anerkennend über Durchsetzungswillen und Durschsetzungsfähigkeit sowie die Kraft des Jungen denken und diese Anerkennung auch – verbal oder eben nonverbal – in ihrer Reaktion auf die aggressiven Auffälligkeiten dem Jungen vermitteln.

Bei einem Vergleich von Selbsteinschätung der Möglichkeiten zu aggressivem Verhalten und tatsächlich ausgeführtem aggressivem Verhalten kamen Perry, Perry und Rasmussen (1986, S. 708) zu folgendem Ergebnis:

> „There were minimal sex differences in our self-efficacy measures but powerful sex differences in our outcome-expectation measures. In other words, girls and boys saw themselves as roughly equal in capability for aggression, but girls anticipated more negative sanctions for aggression. This pattern ist consistent with the social learning view that sex differences in aggression are less a matter of competence than a matter of performance, produced by sex differences in anticipated social and personal consequences ...".

Wärend also Mädchen und Jungen sich durchaus als gleich kompetent erleben, aggressives Verhalten auszuführen, zeigen Mädchen dieses Verhalten seltener, weil sie – wie oben bereits beschrieben – mit negativen Auswirkungen rechen. Das bedeutet jedoch nicht, daß Mädchen nicht auch aggressiv sind, sie wählen allerdings weniger die direkt-körperliche Aggression, die die befürchteten negativen Konsequenzen nach sich zieht. Während bei Jungen die Auseinandersetzungen auch im Jugendalter körperlich-gewalttätig bleiben, werden Konflikte zwischen Mädchen im Jugendalter eher indirekt-hinterhältig und nicht körperlich ausgetragen (Cairns, Cairns, Neckerman, Ferguson & Gariepy, 1989; vgl. dazu auch Bjørkqvist, 1994, sowie Fry & Gabriel, 1994).

Auch Frodi, Macauley und Thome (1977) unterstreichen in ihrer Übersichtsarbeit die Annahme, daß Frauen und Männer die gleiche Kompetenz zu aggressivem Verhalten besitzen. Wenn einige andere Faktoren (das Geschlecht des Opfers, die Zuneigung zum Opfer, die Schuld des Opfers, die Angst vor der Situation) kontrolliert werden, neigen Frauen dazu, in gleicher Weise wie Männer körperliche Aggression zu zeigen (vgl. auch Lightdale & Prentice, 1994).

Insgesamt liegt also der Schluß nahe, daß es sich bei der unterschiedlichen Performanz aggressiven Verhaltens von Jungen bzw. Männern und Mädchen bzw. Frauen um gelerntes Rollenverhalten handelt, was letztlich auch durch interkulturelle Vergleiche (z.B. Lepowski, 1994) bestätigt werden kann.

Persönliche Einstellungen und Fähigkeiten

Aus einer eher biologischen Perspektive heraus läge es nahe, nun zunächst prä- und eventuelle perinatale Einflüsse – also vorgeburtliche und während der Geburt sich ereignende Ursachen – aufzulisten. Allerdings sind diesbezügliche Forschungsergebnisse noch wenig aussagekräftig, wie auch Warschburger und Petermann (1994, S. 38) nach der Sichtung der entsprechenden Literatur befinden: „Insgesamt ist die Befundlage zum Einfluß prä- und perinataler Faktoren äußerst gering und eher widersprüchlich."

Auch ein häufig genannter bio-psychologischer Zusammenhang konnte in einer Untersuchung nicht bestätigt werden: Albert, Walsh und Jonik (1993) konnten keinen Zusammenhang zwischen dem Testosteron-Status von Menschen und dem Ausmaß ihres aggressiven Verhaltens entdecken. Ein Zusammenhang anderer organischer Auffälligkeiten mit aggressivem Verhalten scheint ebenfalls nicht nachweisbar zu sein. So konnten Nachshon und Denno (1987) einen Einfluß von Hirnschädigungen auf gewalttätiges Verhalten nicht nachweisen.

Olweus (1995) konnte bei einer Auswahl von 14 körperlichen Merkmalen lediglich feststellen, daß aggressive Kinder häufig körperlich kräftiger sind als andere Kinder, was lernpsychologisch nicht weiter verwunderlich ist, da diese Kinder mit einer höheren Wahrscheinlichkeit Erfolge als Konsequenz ihres aggressiven Verhaltens erleben können. Somit führt nicht die körperliche Kraft also solche zu der erhöhten Aggressivität, sondern das aggressive Verhalten kräftiger Menschen ist eher von Erfolg gekrönt und kann sich somit eher zu einer Verhaltensgewohnheit entwickeln.

Eine andere relativ überdauernde Disposition stellt das psychologische Konstrukt „Intelligenz" dar. Zum Zusammenhang zwischen kognitivem Leistungsniveau (Intelligenz) und aggressivem Verhalten ist die Befundlage allerdings nicht ganz einheitlich, dennoch aber recht interessant: Hirschberg (1994) kommt nach einer Literaturanalyse zu dem Schluß, daß bei Kindern und Jugendlichen mit Störungen des Sozialverhaltens oft unterdurchschnittliche Intelligenzleistungen, insbesondere im verbalen Bereich, zu konstatieren sind. Er berichtet ebenfalls davon, daß überzufällig viele aggressive Kinder gleichzeitg an einer Lese-Rechtschreibschwäche (LRS) sowie an Konzentrationsschwierigkeiten leiden. Bei einer Untersuchung delinquenter Jugendlicher konnte Walsh (1992) etwas differenziertere Erkenntnisse produzieren: Während bei Jugendlichen aus einer höheren sozialen Schicht ein sehr hoher Zusammenhang zwischen niedriger Intelligenz und Delinquenz beobachtet werden konnte, war dieser Zusammenhang bei Jugendlichen aus niedrigeren sozialen Schichten nicht beobachtbar. Dort war hingegen ein stärkerer Zusammenhang von ungünstiger familiärer Interaktion und Delinquenz festzustellen (vgl. Kap. II.3).

Matthys und van Engeland (1992) konnten im Gegensatz dazu keinerlei kognitive Retardierungen entdecken. Stattdessen konstatieren sie sozialkognitive Abweichungen, womit sie nicht ein mangelndes Denkvermögen, sondern dysfunktionale Denkgewohnheiten meinen. Dies bestätigen auch Lochman und Dodge (1994), die bei ihrer Untersuchung zwischen schwer gewalttätigen Jungen und nur moderat aggressiven Jungen unterschieden. Bei den schwer gewalttätigen Jungen beobachteten sie Schwierigkeiten des Kurzzeitgedächtnisses (cue recall) und Schwierigkeiten beim Lösen sozialer Probleme, während die weniger aggressiven Jungen ihre Aggressionen planvoller einsetzten und weniger sozial-kognitive Auffälligkeiten aufwiesen. Kendall (1985) schließlich geht davon aus, daß aggressive Kinder sowohl kognitive Unzulänglichkeiten aufweisen, als auch zu kognitiven Verzerrungen neigen. Bei dieser Befundlage scheint also letztlich eine eindeutige Stellungnahme noch nicht möglich. Sollte sich allerdings die These, daß intellektueller Defizite vorliegen, bestätigen (wofür einige Befunde sprechen), dann kann sicherlich mit Hirschberg (1994) von einer doppelten Belastung, die sich gegenseitig verstärkt, ausgegangen werden: Die betroffenen Jugendlichen treffen mit ihren ungünstigen kognitiven Voraussetzungen auf die bereits beschriebenen häufig ohnehin schon schwierigen familiären Bedingungen und kommen darin mit ihren kognitiven Defiziten immer schlechter zurecht.

Im Kapitel II.3 wurde bereits beschrieben, daß bestimmte Erziehungsstile die Herausbildung eines konventionellen oder postkonventionellen moralischen Unrteilsniveaus sensu Kohlberg (1971) eher unwahrscheinlich machen. Der dort beschriebene Zusammenhang zwischen aggressivem Verhalten und niedrigem moralischen Urteilsniveau ist von Bandura (1979, S.234) plausibel begründet worden: „Es gibt keine vernichtendere Bestrafung als die Selbstverachtung.“ Wenn also ein Akteur eine aggressive Handlung in einer gegebenen Situation sich selbst gegenüber nicht rechtfertigen kann, so wird er diese aggressive Handlung nicht ausführen, um sich nachher nicht selbst verachten zu müssen. Somit sind internalisierte moralische Normen prinzipiell sicherlich häufig ein gutes Mittel, aggressive Verhaltensweisen zu hemmen. Allerdings erläutert Bandura (op.cit., S.235) auch, mit welchen kognitiven Schleifen Individuen diese Hemmungen umgehen können. So ist es zum Beispiel eine gute Möglichkeit, vor sich selber besser dazustehen, wenn mensch die eigene Aggression mit anderen – schlimmeren – Gewalttaten vergleicht. So äußert zum Beispiel ein gewalttätiger Jugendlicher in einem Interview (Barth, 1996): „Es gibt einen Unterschied zwischen jemandem in die Fresse hauen oder jemanden zusammenschlagen. Ich hau‘ ihm in die Fresse und lass‘ ihn da liegen mit seiner blutenden Nase, oder ob ich ihn, am Boden liegend, noch zusammentrete. Das ist zusammenschlagen.“ Eine andere Möglichkeit liegt in der Interpretation der eigenen aggressiven Handlung als Mittel zum höheren Zweck, etwa beim „Heiligen Krieg“ oder beim revolutionären Kampf gegen das „reaktionäre Schweinesystem“. Auch rechtsradikale Gewalttäter sehen sich oft als moralische Vollstrecker, als Anwälte und legitime Beschützer deklassierter Bürger (vgl. Kersten, 1993; Bergmann & Leggewie, 1993). Eine andere Form der Selbstbeschwichtigung ist die Zuschreibung der Verantwortung für die Tat an das Opfer, das entweder das aggressive Verhalten provoziert hat oder aber schlichtweg minderwertig ist (etwa durch die Reduzierung eines menschlichen Wesens auf einen einzigen als negativ deklarierten Aspekt, wodurch aus einem Mensch z.B. ein „Asylant“ wird). Heilemann (1996) schildert einige Strategien, mit denen inhaftierte Gewalttäter ihre Handlungen zu legitimieren versuchen. Danach beschreiben sie z.B. ihre Opfer als ablehnenswerte Individuen, die es nicht anders verdient hätten. Die internalisierte Norm kann also häufig durch die kognitive Konstruktion von Ausnahmesituationen oder höheren Zielen übergangen werden, so daß sie nicht handlungswirksam wird.

Dennoch konnten Nelson, Smith und Dodd (1990) in einer Meta-Analyse einen Zusammenhang zwischen geringem moralischen Urteilsvermögen und jugendlicher Delinquenz entdecken. Berkowitz, Müller, Schnell und Padberg (1986) fanden einen Zusammenhang zwischen moralischem Urteilsniveau und aggressivem Verhalten, der nicht erst bei der auf die Handlungsauswahl folgenden Hemmung ansetzt (vgl. das Aggressionsmodell von Kaufmann (1965) anfangs dieses Kapitels), sondern bereits bei der Wahrnehmung der Situation. Schon die Wahrnehmung sozialer Situation kann sich nämlich dahingehend unterscheiden, ob die Intention des Interaktionspartners feindselig ist oder nicht (vgl. weiter unten). Genau bei dieser Wahrnehmung und an diesem Punkt – feindselige Intention des Interaktionspartners oder nicht – unterscheiden sich die Menschen je nach ihrem moralischen Urteilsniveau. Eine Person mit mindestens konventionellem moralischen Urteilsniveau neigt im Gegensatz zu einer Person mit präkonventionellem Urteilsniveau nicht dazu, die Handlungen anderer als feindselig wahrzunehmen. Sie befindet sich somit gar nicht in einer aggressionsauslösenden Situation, wo manch anderer schon glaubt, zuschlagen zu müssen. Darüber hinaus ist auch ein Zusammenhang zwischen niedrigem moralischen Urteilsniveau und unangemessenen sozialen Zielen zu vermuten (vgl. zum Zusammenhang zwischen sozialen Zielen und aggressivem Verhalten Akhtar & Bradley, 1991). Gerade bei Gewalttätigkeiten in Paarbeziehungen muß davon ausgegangen werden, daß Männer sich mit den veränderten gesellschaftlichen Möglichkeiten von Frauen und den Auswirkungen dieser Möglichkeiten auf das Verhalten von Frauen schwertun, weil sie aufgrund ihres gelernten männlichen Rollenverhaltens ihrerseits die Dominanz in der Beziehung anstreben. Wenn nun die Frauen sich diesem Anspruch nicht beugen, kommt es darauf an, ob die Männer in der Lage sind, neue soziale Ziele für sich zu setzen (etwa gesteigerte Intimität durch eine egalitäre Beziehung), oder ob sie ihre unangemessenen Ziele in der Männern geläufigen Art (mit Gewalt) weiter verfolgen (vgl. Huber, 1995, S. 18).

Slaby und Guerra (1988) fanden bei aggressiven Jugendlichen eine Reihe von auffälligen Einstellungen zu Aggressionen. Die untersuchten antisozial-aggressiven Jugendlichen sahen Aggression als legitimes Verhalten an (vgl. dazu auch Tedeschi,

Smith III & Brown jr., 1974: Das eigene aggressive Verhalten ist stets legitim, erst in der Bewertung durch andere wird es zur moralisch abzulehnenden „Aggression“). Darüber hinaus glaubten sie, daß Aggressivität das Selbstvertrauen ebenso wie das Image erhöhe und sie glaubten, daß die Opfer nicht stark leiden würden. Passend dazu berichten Lee und Prentice (1988), daß aggressive Jugendliche sich schlecht in andere hineinversetzen können und Perry und Bussey (1977) schildern, daß aggressive Kinder sich kaum für das Leid ihrer Opfer interessieren. Minde (1992) fand auch bei aggressiven Vorschulkindern, daß es ihnen an Einfühlungsvermögen mangelt, stellte aber auch fest, daß eine Erhöhung ihres Einfühlungsvermögens allein nicht zur Verminderung ihres aggressiven Verhaltens führte.

Eine weiterer wichtiger Unterschied zwischen aggressiven und weniger aggressiven Kindern liegt darin, daß aggressive Kinder eher mit positiven Konseuenzen aggressiven Verhaltens rechnen (vgl. Guerra & Slaby, 1989; Cuddy & Frame, 1991; Perry, Perry & Rasmussen, 1986; und zur Differenzierung der Erwartungshaltung in Abhängigkeit von der konkreten Situation Perry, Perry & Weiss, 1989). Dieser Punkt belegt die hohe Bedeutung der operanten Lerngeschichte (des Lernens am Erfolg) bei aggressivem Verhalten.

Auch zu den Problemlösefähigkeiten der Kinder gibt es einige interessante Befunde. Kinder, die – vor allem bei sozialen Problemen – wenig Kreativität zeigen und denen somit wenig Möglichkeiten einfallen, wie ein Problem gut gelöst werden kann, neigen eher dazu, Konflikte gewaltsam zu lösen. Daß aggressive Kinder in experimentellen Situationen weniger und schlechtere Konfliktlösemöglichkeiten finden als nicht-aggressive Kinder konnte vielfach bestätigt werden (Deluty, 1981; Richard & Dodge, 1982; Milich & Dodge, 1984; Slaby & Guerra, 1988; Guerra & Slaby, 1989; Akhtar & Bradley, 1991). In diesem Zusammenhang ist auch erwähnenswert, daß Camp (1977) ebenso wie Lochman, Nelson und Sims (1981) bei aggressiven Kindern problematische Selbstinstruktionen beobachten konnten, die unangemessene Konfliktlösungen reflektierten. Auch Gewaltverbrechen Erwachsener können plausibel als mißlungene Problemlöseversuche der Täter beschrieben werden (vgl. Kap. III.4), was auf mangelnde soziale Problemlösefähigkeiten zurückschließen läßt. Der Zusammenhang zwischen sozialen Problemlösefähigkeiten und aggressivem Verhalten kann insgesamt als eindeutig belegt gelten. Dennoch fanden weder Durlak, Fuhrman und Lampman (1991) noch Pepler, King und Byrd (1991) in ihren differenzierten Outcome-Studien zur Therapie aggressiver Kinder signifikante Korrelationen zwischen kognitiven Veränderungen und Verhaltensänderungen (vgl. Kap. III.2).

Schließlich muß noch eine individuelle Disposition genannt werden, die bisher noch nicht erwähnt wurde. Fürntratt (1974) berichtet von hohen Korrelationen zwischen den Dimensionen „Ängstlichkeit“ und „Feindseligkeit“ in Fragebogentests. Petermann und Petermann (1994a) schätzen, daß etwa ein Drittel der von ihnen behandelten Kinder vorrangig angstmotivierte Aggression zeigen. Essau und Petermann (1995) gehen von einer Komorbidität (gleichzeitiges Auftreten verschiedener Störungen) von Angststörungen mit aggressiven Verhaltensstörungen von 36 bis 62% aus. Die Aggression dient bei solchen Kindern und Erwachsenen häufig dazu, ihre Angst und Unsicherheit zu reduzieren. Durch die Bedrohung und Schwächung der Opfer wird die eigene Sicherheit erhöht. „Die Alternativen zu aggressiven Verhaltensweisen, die sich anbieten, sind meist vergleichsweise hochentwickelte, differenzierte, schwierige Reaktionen, die unter ‚affektivem Druck', speziell unter Angst noch schwieriger und unwahrscheinlicher werden ..., d.h. aggressive Verhaltensweisen sind, besonders in Angstsituationen, meist schlicht einfacher, oft das Einzige, was das Individuum zustandebringt." (Fürntratt 1974, S. 363, Hervorhebungen im Original).

Petermann und Petermann (1994a) stellen folgendem Kreislauf angstmotivierter Aggression dar: Sozial ängstliche Personen haben unrealistische Erwartungen in bezug auf soziale Anerkennung und sind übersensibel gegenüber Bedrohungen. Sie benutzen aggressives Verhalten als Mittel zur Selbstbehauptung, was zu einer angenehmen Verringerung der Angst führt (negative Verstärkung). Das so verstärkte Verhalten wird immer häufiger ausgeführt. Dadurch kommt es zu stärkerer Ablehnung durch die Umwelt, was wiederum als stärkere Bedrohung interpretiert wird und somit wieder zu aggressiven Verhaltensweisen führt, die das Selbstbewußtsein stärken sollen ... und so weiter ad infinitum (vgl. die in der folgenden Abb. 7 dargestellten Verhaltensketten).

Wie die Abbildung zeigt, sind wir somit wieder bei dem bereits beschriebenen Interpunktionsproblem angelangt: Was für den Aggressor oder die Aggressorin der Beginn der Interaktion ist, nämlich die Ablehnung durch die Personen seiner Umwelt (bedrohliches Verhalten anderer), ist für diese das Ende der Interaktionsfolge, die für sie mit seinem aggressivem Verhalten beginnt.

Abb. 7: Verhaltenskette für angstmotivierte Aggression

$S^{\blacktriangle} \longrightarrow R_O \longrightarrow \not{C}^{-}$ = Kette für aggressives Individuum

$S^{\blacktriangle}$	R_O	$\not{C}^{-}$
Bedrohliches Verhalten Anderer	aggressives Verhalten	Angstreduktion

Kette für Personen der Umwelt = $S^{\blacktriangle} \longrightarrow R_O \longrightarrow \not{C}^{-}$

$S^{\blacktriangle}$	R_O	$\not{C}^{-}$
Bedrohliches Verhalten, Aggression	Ablehnung, Vergeltung	Aggressor losgeworden o.ä.

Erläuterung:
$S^{\blacktriangle}$ ist in der verhaltenstherapeutischen Diktion ein Stimulus, ein auslösender Reiz
R_O bezeichnet eine operante Reaktion auf diesen Stimulus
$\not{C}^{-}$ ist die Bezeichnung für eine negative Consequenz, die aufgehoben wird (neg. Verstärkung)

David zum Beispiel, ein dreizehnjähriger Junge leidet unter vielfältigen starken Ängsten. Zu Hause klammert er sich an seine alleinerziehende Mutter, die sich nicht traut, auszugehen, weil David dann so starke Ängste zeigt. Er schläft auch nachts nicht in seinem eigenen Zimmer, sondern im Schlafzimmer der Mutter, da er sich allein im Dunkeln ängstigt. In der Schule gilt er allerdings als Draufgänger. In den Gesprächen mit ihm wird deutlich, daß er große Angst hat, bei seinen KlassenkameradInnen „unten durch" zu sein, wenn er seine Schwächen (er näßt z.B. nachts ein) und Ängste zu erkennen gibt. Er baut ein kompliziertes Lügengebilde auf, daß ihn anderen gegenüber größer erscheinen läßt, als er ist. Mit seiner eigenen Persönlichkeit, seinen Besonderheiten und seiner Art glaubt er, für andere nicht attraktiv zu sein. Seine Ängste überspielt er mit besonders forschem und aggressivem Verhalten, was ihm in seinen Augen einen gewissen Respekt der Anderen einbringt. Allerdings hat er nur wenige Freunde, da die meisten ihn aufgrund seiner angeberischen und aggressiven Art nicht leiden mögen. Wenn er merkt, daß die anderen ihn in irgendeiner Form zurückweisen, nicht dabei haben wollen, etc. – und das tun sie, da seine aggressive Art anstrengend und unangenehm ist – trumpft er wieder durch besonders forsches Verhalten auf – und hält den Kreislauf aufrecht.

Ängstliche und wenig selbstbewußte Kinder, die sich anderen Kindern mit aggressivem Verhalten nähern, werden zwar entsprechende Zurückweisung erfahren, da die anderen Kinder sich möglicherweise ebenso ruppig ihnen gegenüber zeigen. Diese Ruppigkeit ist dann aber klar als Reaktion auf das eigene ruppige Verhalten interpretierbar und nicht als Zurückweisung der Person. Daher ist es für das Selbstbewußtsein weniger schädlich.

Besonderheiten der Wahrnehmung

Aus einer konstruktivistisch-neurobiologischen Perspektive ist die Wahrnehmung einer Situation von ihrer Bewertung nicht zu trennen, da der Wahrnehmungsprozeß nur als Bewertungsprozeß vorstellbar ist (vgl. Roth, 1985; 1987; darauf aufbauend psychologische Wahrnehmungstheorie betrachtend Borg-Laufs & Duda, 1991). Auch die Wahrnehmung einer sozialen Situation erfolgt – in Abhängigkeit von den einem Individuum zur Verfügung stehenden Wahrnehmungsschemata, die von bisherigen Erfahrungen und persönlichen Vorlieben geprägt sind – direkt als Wahrnehmung einer Situationsbedeutung (vgl. das eingangs vorgestellte Modell von Kaufmann). Daher ist es wichtig, die zugrundeliegenden wahrnehmungsleitenden Schemata zu ergründen, um die Bedeutung der Wahrnehmungs- bzw. Interpretationsgewohnheiten aggressiver Personen für ihr Verhalten zu erfassen. Wahrnehmung als Teil der kognitiven Auseinandersetzung mit der Situation ist der erste Bestandteil des kognitiven Entscheidungsprozesses, der in eine aggressive Handlung mündet.

Daß diese Perspektive auch für die Veränderung menschlichen Verhaltens außerordentlich wichtig ist, ist ein zentraler Standpunkt in der kognitiven Verhaltenstherapie: „Der menschliche Organismus reagiert vor allem auf die kognitive (‚innere') Repräsentation, also die Darstellung oder Abbildung seiner Umgebung und nicht auf die Umgebung selbst." Daher liefern „... kognitive Phänomene wie Überzeugungen oder

Erwartungen bessere Vorhersagen für menschliches Verhalten als externe Variablen. Wenn es beispielsweise eine Diskrepanz zwischen den Kognitionen eines Menschen und der ihn umgebenden Realität gibt, dann beeinflussen die Kognitionen die Gefühle und das Verhalten stärker als die externe Realität." (Mahoney, 1978, S. 70f.).

Santostefano und Rieder (1984) berichten ebenso wie Dodge und Tomlin (1983) und Gouze (1987), daß aggressive Kinder sich mit potentiell aggressionsförderlichen Stimuli (Hinweisreizen, vgl. Kap. II.5) wesentlich intensiver auseinandersetzen als mit potentiell eher nicht-aggressiven Stimuli. Dies kann so interpretiert werden, daß aggressivere Kinder potentiell aggressionsauslösende Reize eher wahrnehmen als neutralere Reize. Ein Reiz, der nicht oder kaum beachtet wird, führt auch nicht zu einer Reaktion. Ein sich im Focus der Aufmerksamkeit befindender Reiz hingegen führt zwangsläufig zu irgendeiner Reaktion. Da die Wahrscheinlichkeit, auf eine potentiell aggressionsauslösende Situation auch aggressiv zu reagieren vergleichsweise hoch ist, wird eine Person, die vornehmlich potentiell aggressionsauslösende Reize wahrnimmt auch mit höherer Wahrscheinlichkeit selbst aggressiv handeln.

Mit Rückgriff auf das fünfstufige Modell aggressiven Verhaltens von Dodge (1986), das dem hier vorgestellten Modell von Kaufmann (1965) weitgehend entspricht, erläutern Akhtar und Bradley (1991), daß es bei aggressiven Kindern auf jeder Stufe des Informationsverarbeitungsprozesses zu Auffälligkeiten kommen kann. Häufig fällt eine selektive Wahrnehmung auf, die – wie bereits oben beschrieben – sich auf potentiell aggressionsauslösende Stimuli kapriziert.

Von besonderer Bedeutung ist auch die Art der Attribuierung des potentiell aggressionsauslösenden Verhaltens durch den Aggressor. Tatsächlich löst auch ein unangenehmes oder störendes Verhalten anderer Personen im allgemeinen dann kein aggressives Verhalten aus, wenn eine beruhigende Erklärung für das Verhalten gefunden werden kann, etwa, daß der oder die „Störer" besonderen Streß hat oder krank ist usw usf. Aggressionsauslösend ist das Verhalten des Anderen hingegen vornehmlich dann, wenn es als feindselig interpretiert wird (vgl. Baron, 1977; Bandura, 1979; Averill, 1982). Viele Untersuchungen belegen die Annahme, daß aggressive Kinder ihren Interaktionspartnern eher feindliche Absichten unterstellen als nicht-aggressive Kinder (vgl. Dodge, 1980; Guerra & Slaby, 1989; Dodge, Price, Bachorowski & Newman, 1990; Akthar & Bradley, 1991; Quiggle, Garber, Parker & Dodge, 1993), und zwar vor allem in nicht eindeutigen Situationen (Dodge & Frame, 1982). Dodge und Frame (1982) argumentieren allerdings, daß aggressive Kinder eher deswegen feindliche Absichten wahrnehmen, weil ihnen gegenüber auch eher feindliche Absichten eine Rolle spielen, was aufgrund des weiter oben beschriebenen Aufschaukelungsprozesses auch plausibel ist. Waas (1988) untersuchte sowohl zurückgewiesene aggressive als auch zurückgewiesene nicht-aggressive Kinder und fand heraus, daß beide Gruppen in gleicher Weise in uneindeutigen sozialen Situationen feindliche Absichten unterstellen. Im Vergleich dazu interpretierten nicht-zurückgewiesene Kinder die Situationen nicht als feindselig. Auch hier dürfte es sich bei aggressiven Kindern um einen sich aufschaukelnden Kreislauf handeln, der letztendlich darauf hinausläuft, daß auch viele nicht-aggressive Handlungen anderer als aggressiv wahrgenommen werden und somit deutlich mehr für einen Beobachter aggressiv erscheinende Handlungen von den aggressiven Kindern als von ihrer Umgebung initiiert werden (vgl. Dodge & Frame,

1982). Als ein Ergebnis und wiederum auch neuer Anstoß dieses Kreislaufes kann gelten, daß aggressive Kinder seltener als die Kinder einer Kontrollgruppe mit anderen Kindern spielen, sich weniger mit ihnen unterhalten, deren Fragen eher ignorieren und insgesamt eher feindselig und egozentrisch reagieren (Willner, 1991).

Die Berichte der bei mir wegen ihrer Aggressivität zur Therapie kommenden Kinder bestätigen diese Ergebnisse immer wieder. In vielen Fällen erzählen die Kinder davon, wie die anderen Kinder sie ärgern und angreifen. Wenn dann die Situationen im Gespräch gemeinsam aufgedröselt werden, stellt sich häufig heraus, daß die anderen Kinder zwar häufig tatsächlich zurückweisend sind, daß aber aggressive Attacken in der Regel von dem Klienten bzw. der Klientin ausgehen. Beliebt sind dann Erklärungen, die die Auslösung der Aggression durch die anderen zeitlich weit nach vorne zu legen, etwa auf den vorhergehenden Tag. Wenn ein solches Kind bei der Besprechung einer aggressiven Handlung von ihm sagt, „Die anderen haben doch angefangen, ich hab_ mich nur gewehrt", dann kann es sein, daß er oder sie sich darauf bezieht, daß er am Vortag irgendein Verhalten des oder der anderen als gemein empfand.

Auch die Selbstwahrnehmung weicht häufig von der Wahrnehmung durch Andere ab, so daß Gagnon (1988) zu dem Schluß kommt, daß aggressive Kinder sich selbst bzw. ihr Verhalten nicht angemessen wahrnehmen. Hymel, Bowker und Woody (1993) fanden, daß sich zwar aggressiv-zurückgewiesene Kinder in vielen Punkten realistisch negativ einschätzen, daß aber aggressiv-nicht-zurückgewiesene Kinder eher dazu neigen, sich zu überschätzen.

Beispielhaft für eine solche unangemessene Selbstwahrnehmung können die sich widersprechenden Einschätzungen rechtsgerichteter Jugendlicher dargestellt werden, die sie in einem Interview äußerten (Barth, 1996). Zum einen erzählen sie, wie erfolgreich sie ihren Mitbürgern Angst machen: „Die wechseln oft die Straßenseite, wenn man ankommt. Wenn ich auf dem Bürgersteig gehe, dann packt da einer sein Fahrrad und fährt wieder zurück. Das find ich zu witzig, ich kann mich darüber kaputtlachen." Offensichtlich erhöht diese Angst in den Augen der Täter ihren eigenen Status. Andererseits aber äußern sie in dem gleichen Interview, angesprochen darauf, warum sich Mitbürger nicht trauen, bei der Polizei gegen sie auszusagen: „Nicht, weil die Angst haben, sondern weil die unsere Meinung teilen. Das ist eine Minderheit, die Angst vor uns hat."

Gerade bei rechtsradikalen Gewalttätern ist ein großer Teil ihrer Handlungen mit beeinflußt durch ein ausgeprägten Feindbild. Der Aufbau eines Feindbildes erleichtert die Identitätsbildung, denn soziale Identität wird auch durch Abgrenzung entwickelt: „Wir und die anderen, das ist die Konstruktion, auf deren Grundlage wir unsere Welt ordnen." (Lilli, 1988, S. 18).

Die eigene Identität allein als Abgrenzungsidentität in bezug zum Feindbild zu verstehen, greift sicherlich zu kurz. Nolting (1988) rückt daher das Selbstbild in das Zentrum seiner Analyse. Das Selbstbild erscheint oft weniger überraschend, selbstverständlicher als das Feindbild und weniger gefährlich. Trotzdem birgt auch das Selbstbild Gefahr für aggressives Verhalten – und auf Völkerebene Gefahr für Kriege in sich. So ist z.B. der Falkland-Krieg ein Beispiel für einen Krieg, der wenig durch Feindbilder bestimmt worden ist: Engländer halten Argentinier nicht für Untermenschen oder dergleichen. Viel wichtiger scheint hier das englische Selbstbild der gerechten kolonialen Großmacht zum Krieg geführt zu haben – ganz ohne das Feindbild vom minderwertigen Argentinier. Nolting legt das Augenmerk auch darauf, daß das massive Feindbild, das die Nazis gegen die Juden und viele andere aufbauten, davon ablenken mag, wie hoch der Anteil allein des größenwahnsinnigen Selbstbildes (der tugendhafte, schöne, heldenhafte Arier) an den Kriegsgreueln gewesen sein mag.

Nolting nennt folgende Faktoren, die am Selbstbild in dieser Hinsicht bedeutsam sind:

1. *Bagatellisierungsfunktion:* Das eigene aggressive Handeln wird ganz anders bewertet als gleiches Handeln bei den Anderen. So ist die eigene Rüstung immer defensiv, auch wenn sie genauso ist, wie die des Gegners. Leider sieht die andere Seite das genauso und erlebt die eigenen (vermeintlich defensiven) Rüstungsanstrengungen als nicht bedrohlich, während die Anstrengungen der anderen Seite als Aggressionen gelten, wodurch Kreislaufprozesse aufrechterhalten werden.
2. *Rechtfertigung:* Moralische Legitimierung setzt voraus, daß nicht nur der Andere als minderwertig erlebt wird, sondern daß die Akeure sich selbst als höherwertig und für das Gute kämpfend erleben.
3. Gerade die aktiven Kämpferinnen und Kämpfer können sich als höherwertig wahrnehmen, weil sie z.B. als Märtyrer in den heiligen Krieg ziehen.
4. *Selbstbestätigung:* Wenn ich denke, ich bin überlegen, kann ich dies durch überlegene Kriegshandlungen noch einmal beweisen.
5. Ein überhöhtes Selbstbild führt zur Überschätzung der eigenen Kräfte und damit zu einer erhöhten Risiko- und Gewaltbereitschaft.
6. Ein friedlich-gutes Selbstbild kann zu einer Verschärfung des Feindbildes führen, wenn ich meine eigene Sicht der Dinge in den Gegner hineinprojiziere. Wenn ich doch friedfertig bin und aus rein defensiven Gründen rüste, was der Andere ja wissen muß, dann muß doch seine eigene Rüstung aggressiv sein. Bundeskanzler Helmut Kohl hat z.B. in der sogenannten Nachrüstungsdebatte (die auch Aufrüstungsdebatte hätte heißen können) des Deutschen Bundestages am 21.11.83 für die sowjetische Hochrüstung „kein erkennbares Verteidigungs- und Sicherheitsbedürfnis" ausmachen können (zitiert nach Nolting, 1988, S. 78).

Zusammenfassung

Individuen reagieren unterschiedlich auf die gleiche Umwelt und die gleichen Situationen, daher macht es Sinn, nach den persönlichen Bedingungen zu suchen, die aggressives Verhalten beeinflussen können. Von besonderer Bedeutung ist dabei der kognitive Prozeß, der in eine aggressive Handlung mündet (Kaufmann, 1965).

Bedeutende Unterschiede ergeben sich bereits auf der ersten Stufe dieses Prozesses, bei der Wahrnehmung sozialer Situationen: Aggressive Menschen nehmen soziale Situationen viel häufiger bedrohlich war als nicht-aggressive Menschen. Durch die Wahrnehmung einer Situation wird aber überhaupt erst die Grundlage für die späteren Handlungen gebildet: Nur wenn die Wahrnehmung der Situation feindlich ist, haben

Menschen überhaupt einen Grund, aggressiv zu reagieren. Die Situation für aggressive Menschen ist allerdings auch tatsächlich häufiger bedrohlich als für Andere, da ihre Sozialpartner sich schon auf die häufige Aggressivität eingestellt haben und dementsprechend eher abweisend sind (vgl. auch Kap. II.6).

Weiterhin scheint die moralische Entwicklungsstufe nach Kohlberg (1971) von Bedeutung: Menschen, die eine höhere moralische Entwicklungsstufe erreicht haben, haben in der Regel größere Hemmungen, sich aggressiv zu verhalten. Allerdings werden diese Hemmungen nicht immer wirksam, da sich die Betroffenen z.B. die Situation für sich kognitiv als Ausnahmesituationen konstruieren, in der von allgemeinen moralischen Vorsätzen abgewichen werden kann. Aggressive Menschen haben auch andere Einstellungen zu aggressivem Verhalten, sehen es eher als legitim an als andere Menschen, sie rechnen auch eher mit positiven Konsequenzen aggressiven Verhaltens.

Der Zusammenhang von Intelligenz und Aggressivität ist nicht ganz eindeutig, es gibt aber einige Hinweise darauf, daß vermindertes Leistungsvermögen und erhöhte Aggressivität zumindest in einigen Fällen zusammenhängen, insbesondere bei Jugendlichen aus höheren sozialen Schichten. Häufig haben aggressive Individuen geringe soziale Problemlösefähigkeiten.

Häufig steht aggressives Verhalten in direktem Zusammenhang mit starken sozialen Ängsten. In diesen Fällen bietet das aggressive Verhalten einen Schutz vor persönlichen Verletzungen. Fatalerweise setzt das aggressive Verhalten aber einen Teufelskreis in Gang, bei dem die Anderen selber immer zurückweisender mit dem Aggressor bzw. der Aggressorin umgehen – was sein oder ihr aggressives Verhalten vermeintlich noch notwendiger macht. Allerdings ist auch ein überhöhtes Selbstbild möglicherweise begünstigend für aggressives Verhalten, denn ein überhöhtes Selbstbild kann zur Rechtfertigung aggressiven Verhaltens gegenüber vermeintlich Minderwertigen dienen.

Die nicht zu leugnenden Geschlechtsunterschiede in der Performanz aggressiven Verhaltens sind offensichtlich nicht biologisch bedingt, sondern entstehen durch die immer noch unterschiedlichen Sozialisationsbedingungen von Jungen und Mädchen. Daß hauptsächlich Jungen und Männer so problematisches Verhalten zeigen, legt den Gedanken nahe, die Debatte über Gewalt als Debatte über Männlichkeitsprobleme zu führen.

5 Situative Faktoren

Gerade aus einer lerntheoretischen Perspektive sind die situativen Auslöser einer Handlung von herausragender Bedeutung. In diesem Kapitel II.5 geht es nun um situative Bedingungen, die die Wahrscheinlichkeit aggressiven Verhaltens der sich in dieser Situation befindlichen Personen erhöht.

Ein potentieller Auslöser für aggressives Verhalten, daß eine Person von selbst möglicherweise nicht ausgeführt hätte, sind Befehle und Anordnungen einer (vermeintlichen) Autorität. Dabei kann es sich z.B. um einen inoffiziellen Gruppenführer, aber selbstverständlich auch um eine offizielle Autorität handeln. Besonders die Experimente von Milgram (1974) machten eindringlich deutlich, wie weit Menschen mit ihren Handlungen gegen andere Menschen gehen, wenn sie dafür nicht die Verantwortung zu tragen glauben. In einem angeblichen Lernexperiment sollten Versuchspersonen andere Personen mit Elektroschocks bestrafen, wenn sie eine Aufgabe falsch beantwortet hatten. Die vermeintlich bestraften Personen waren allerdings Mitarbeiter des Instituts und erhielten natürlich in Wahrheit keine Stromstöße. Deren Wirkung wurde allerdings so glaubhaft simuliert, daß die Versuchspersonen glauben mußten, sie würden wirklich die Stromstöße austeilen. Sie waren auf Stühlen festgeschnallt und mit Elektroden verbunden. Die echten Versuchspersonen mußten nun bei jeder falsch beantworteten Frage die „Schüler“ mit einem Elektroschock bestrafen. Der erste Elektroschock betrug 15 Volt. Jeder weitere Schock wurde um 15 Volt gesteigert, bis zum Schluß Elektroschocks von 450 Volt verabreicht werden sollten. Trotz der Schmerzensschreie der – (da sie in einem Nebenraum waren) nicht sichtbaren – „Schüler“, trotz ihrem Hämmern gegen die Wand, ihrem Flehen um Beendigung des Experiments und obwohl die „Schüler“ ab 315 Volt keinen Ton mehr von sich gaben, verabreichten 65% der Versuchspersonen auf die ruhigen, aber bestimmten Anweisungen des Versuchsleiters (im weißen Kittel) gehorsam Schocks bis zur Endhöhe von 450 Volt. 40% taten es auch dann, wenn die „Schüler“ im gleichen Raum sichtbar waren und 30% sogar, wenn sie persönlich Hand anlegen mußten, d.h. die Hand auf die Schockplatte drücken mußten. Verschiedene Replikationen des Experimentes ergaben ähnliche Ergebnisse (vgl. Mantell, 1971; Schurz, 1985).

Der Aufenthalt in einer bestimmten Gruppe kann ebenfalls aggressives Verhalten begünstigen, das eine einzelne Person – ohne die Gruppe – nicht ausgeführt hätte (Schlägereien zwischen Hooligans z.B.). Die aggressiven Modelle in der Gruppe (z.B. die Anführer) können das eigene Verhalten anregen, das dann durch die Anonymität in der Gruppe gedeckt ist, d.h., der oder die Einzelne weiß um die geringere Wahrscheinlichkeit, persönlich Konsequenzen tragen zu müssen (ein Überblick über die speziellen Bedingungen kollektiver Aggression findet sich bei Nolting, 1987, S. 155ff.). Darüber hinaus werden die Gruppennormen als wichtiger betrachtet als die allgemein-gesellschaftlichen Normen (vgl. Heilemann, 1996). Als Beispiel für die enthemmende Wirkung von Gruppengewalt mag das Experiment von Zimbardo (1973) dienen: Studenten, die in der Gruppe ein altes Auto zerstören sollten, zeigten sich zunächst eher zurückhaltend. Im Laufe der Zeit, nachdem die Zerstörung schleppend eingesetzt hatte, kamen sie dann aber immer mehr in Fahrt und schossen schließlich weit über die Vorgabe hinaus: Sie steckten das Auto in Brand, versuchten, die Feuerwehr bei den Löscharbeiten zu behindern und mußten von der Polizei an weiteren Zerstörungen gehindert werden.

Sherif & Sherif (1969) konnten eine andere Wirkung der Gruppenbildung demonstrieren: In einem Zeltlager teilten sie elf- bis zwölfjährige normale Jungen in Gruppen auf, die jeweils an spezifischen Problemen arbeiten sollten. Diese Gruppen entwickelten eine Gruppenidentität und organisierten sich auch auf jeweils spezifische Art. Führt man nun eine Wettkampf-Situation ein (in diesem Fall Sportwettkämpfe), so kann zwischen den Gruppen Rivalität und Feindschaft entstehen, die z.B. durch willkürliche Ungerechtigkeiten noch erhöht werden kann: In dem Experiment erhielt eine Gruppe z.B. die besseren Getränke (wofür sie nichts konnte). Diese von den Experimentatoren konstruierte Gruppenrivalität war durch Informationen seitens der Zeltlager-Leitung, durch moralisierende Gespräche und durch Treffen der verschiedenen Gruppenleiter zunächst nicht wieder auflösbar. Die Innen-Solidarität der Gruppen und die Abgrenzung gegen die „anderen“ hatten eine gefährliche Eigendynamik entwickelt. Erst als eine Aufgabe geschaffen wurde, an der alle Gruppen gemeinsam arbeiten mußten, um das Ziel zu erreichen (Bau einer Wasserleitung), bauten sich die Feindbilder wieder ab.

Darüber hinaus können Hinweisreize wie etwa Waffen, bestimmte Kleidung oder bestimmte Slogans aggressives Verhalten auslösen oder erleichtern. Diese Hinweisreize können allerdings von Person zu Person – je nach persönlicher Lerngeschichte – sehr stark variieren (vgl. Mummendey, 1983). Für viele Kinder und Jugendliche, die ich in der Beratungsstelle kennengelernt habe, sind die eigenen Eltern ein solcher Hinweisreiz. Diese Kinder verhalten sich z.B. bei den Großeltern vollkommen friedlich – bis zu dem Moment, wo die Eltern dazukommen. Sofort fangen die Kinder mit dem Verhalten an, das die Eltern von ihnen gewohnt sind. Da die Eltern – vielleicht im Gegensatz zu den Großeltern – auf diese Aggressionen nachgiebig reagieren, zeigt ihr Erscheinen an, daß sich Aggressivität nun wieder lohnt. Bei vielen anderen Kindern und Jugendlichen ist hingegen die Anwesenheit anderer Leute ein Hinweisreiz für das aggressive Verhalten den Eltern gegenüber: Sie wissen, daß sich ihre Eltern in der Gegenwart anderer nicht so recht trauen, sich konsequent durchzusetzen, lieber geben sie um des lieben Friedens willen nach. Die hinzugekommenen Fremden sind also nicht die Auslöser für das aggressive Verhalten, sondern Hinweise darauf, daß in der jetzt durch ihr Hinzukommen veränderten Situation aggressives Verhalten mit höherer Wahrscheinlichkeit erfolgreich sein wird. Ebenso gibt es hemmende Hinweisreize, die in einer bestimmten Situation eine erwartete aggressive Handlung verhindern können (vgl. Nolting, 1987, S. 206f.).

Auch bestimmte Personen können Aggressionen auslösen oder hemmen. Auslöser können Personen sein, wenn sie als minderwertig oder sonstwie andersartig identifiziert werden. Personen können Aggressionen aber auch hemmen, etwa anwesende

Autoritätspersonen, die Gewalt ablehnen oder aber Personen, denen gegenüber Aggressionen negative Konsequenzen haben. Jungen glauben z.B. in der Regel, daß Mädchen mehr leiden, wenn sie geschlagen werden, sie fühlen sich schuldiger und sie befürchten mehr Ärger mit ihren Eltern und anderen Erwachsenen, wenn sie Mädchen angreifen, als wenn sie Jungen angreifen (Perry, Perry & Weiss, 1989).

Ein weiterer – oft überbewerteter – Auslöser für aggressives Verhalten können Frustrationen sein. Die Frustrations-Aggressions-Hypothese (Dollard, Doob, Miller, Mowrer & Sears, 1971) gehört zu den psychologischen Theorien, die in vereinfachter Form sehr große allgemeine Bekanntheit erlangt haben. Daß Frustrationen Aggressionen erzeugen, „weiß" heutzutage jeder. Tatsächlich ist es wohl unbestreitbar, daß Frustrationen auch Aggressionen erzeugen können, allerdings ist aggressives Verhalten nur eine mögliche Reaktion unter vielen anderen möglichen Reaktionen. Nolting (1987, S. 71) hat eine Fülle möglicher Reaktionen auf Frustrationen zusammengestellt, etwa: Konstruktives Verhalten (vgl. dazu auch die ausführliche Übersicht bei Verres und Sobez, 1980), Ersatzhandlungen, Phantasiebefriedigung, Resignation, Flucht, Selbstbetäubung durch Alkohol oder Drogen, Neubewertung der Situation. Hier offenbart sich einer der Hauptfehler der empirischen Psychologie: Psychologische Experimente sind häufig weit ab von der Alltagsrealität und schaffen durch die spezielle experimentelle Situation Fakten, die dann als Beleg für Alltagsverhalten gelten sollen (vgl. Bochumer Arbeitsgruppe, 1990; Borg-Laufs & Duda, 1991, S. 64ff.). Genau dies scheint im Fall der Frustrations-Aggressions-Hypothese zu gelten:

> „Oft wurden im Experiment den künstlich labilisierten Versuchspersonen aufgrund eines instruktionsbedingten Mangels an alternativen Handlungsmöglichkeiten aggressive Reaktionen so sehr nahegelegt, daß diese dann auch zwangsläufig auftraten. Eine experimentell in Erregung versetzte Versuchsperson wird, wenn sie aufgrund der Versuchsanordnung nur an einer Elektroschockmaschine agieren darf, dort wahrscheinlich ihre Affekte mangels anderer Verhaltensmöglichkeiten ‚abreagieren', *auch wenn sie ansonsten im täglichen Leben zu konstruktiveren Handlungsweisen in der Lage ist (oder zu diesen gebracht werden könnte).* So aber konnte in den wissenschaftlichen Laboratorien – methodenabhängig – ein eindimensionales Menschenbild entstehen, das von fatalistischen ‚Gesetzmäßigkeiten' wie z.B. dem automatistischen Frustrations-Aggressions-Mechanismus bestimmt war und das auch heute noch die Vorstellungen vieler Menschen über die Herkunft ihrer aggressiven Verhaltensweisen beeinflußt." (Verres & Sobez, 1980, S. 18, Hervorhebungen im Original).

Viele der mir in der Beratungsstelle vorgestellten Kinder, die sofort aggressiv auf Frustrationen reagieren, wurden von ihren Eltern sehr verwöhnt und konnten somit den Umgang mit frustrierenden Situationen nicht lernen. Oftmals handelt es sich um Kinder, die als Kleinkinder an einer schwereren chronischen Krankheit litten und deshalb von den Eltern besonders umsorgt wurden. Diese verständliche Nachgiebigkeit der Eltern bei ihren kranken Kindern hat allerdings genau diese Folge: Frustrationen, die im Leben immer wieder auftauchen werden, können nicht konstruktiv bewältigt werden, wenn in der Kindheit alle Frustrationen von überfürsorglichen Eltern aus dem

Weg geräumt wurden. Wenn die dann älteren Kinder immer noch erwarten, daß alle Probleme für sie beseitigt werden und die Eltern das nicht mehr länger hinzunehmen bereit sind, weil sie sich nicht von ihren Kindern versklaven lassen wollen, ist dieser Lernschritt zwar immer noch nachholbar, jetzt aber, aufgrund der gestiegenen Möglichkeiten der Kinder, mit erheblich mehr Schwierigkeiten.

Frustrationen können nach der augenblicklichen Erkenntnislage also Aggressionen hervorrufen, wenn das betreffende Individuum gelernt hat, in einer solchen frustrierenden Situation aggressiv – und nicht anders – zu reagieren. Bei der Forschung zur Frustrations-Aggressions-Hypothese wurde der instrumentelle Anteil der Aggression vernachlässigt. Aggressionen – auch Aggressionen, zu denen es aufgrund einer frustrierenden oder ängstigenden Situation kommt – sind aber in der Regel instrumentell bzw. es sind instrumentell-affektiv geprägte Handlungen (vgl. dazu Fürntratt, 1974; Michaelis, 1976). Unter Berücksichtigung der weiter oben aufgeführten empirischen Ergebnisse (z.B. Slaby & Guerra, 1988) zur kognitiven Bewertung des aggressiven Verhaltens durch den Aggressor wird zum Beispiel schnell klar, daß soziale Verstärkung und Selbstverstärkung eine große Rolle spielen (Imagehebung, Hebung des Selbstbewußtseins).

Bei der bereits beschriebenen angstmotivierten Aggression wurde ja eine operante Verhaltenskette vorgestellt, bei der für den Aggressor die Belohnung in der Angstreduktion liegt. Patterson, Littmann und Bricker (1967) konnten beobachten, daß bei aggressiven Kindern etwa 80% der aggressiven Verhaltensweisen zu materiellem Gewinn führten. Wie die meisten Leute wissen, liegt die Wahrscheinlichkeit für materiellen Gewinn beim staatlichen Lottospiel gerade mal bei 50% und dennoch spielt die Hälfte der erwachsenen Bevölkerung Lotto. Eine Erfolgquote von 80% ist in diesem Lichte gesehen also außerordentlich beachtlich.

In diesem Zusammenhang ist auch die Studie von Pelham, Milich, Cummings und Murphy (1991) mit hyperaktiven, zum Teil aggressiven und zum Teil nicht-aggressiven Jungen von Bedeutung. Die Kinder wurden provoziert. Erwartungsgemäß reagierten die als aggressiv eingeschätzten Kinder auf Provokationen vorrangig mit aggressivem Verhalten. Interessant für unseren Zusammenhang ist allerdings, daß die nicht-aggressiven Kinder auf die Provokationen mit erhöhten physiologischen Reaktionen reagierten, während die aggressiven Kinder keine erhöhten physiologischen Streßwerte zeigten. Dies kann als deutlicher Hinweis auf den sehr starken instrumentellen Charakter aggressiven Verhaltens gewertet werden: Es handelt sich nicht um expressive Ärger-Aggression, denn eine Erregungskomponente ist nicht meßbar. Aggressive Reaktionen auf Provokationen sind unter lernpsychologischen Gesichtspunkten nicht deswegen zu erwarten, weil die Provokation so frustrierend ist, sondern weil Kinder glauben, weniger unangenehme Konsequenzen befürchten zu müssen, wenn sie ihr aggressives Verhalten mit den Provokationen der anderen entschuldigen können, als wenn sie proaktiv, ohne für andere vermeintlich nachvollziehbaren Anlaß, aggressiv sind (Perry, Perry & Weiss, 1989).

Nach den bisher vorgestellten Befunden kann die Wirkung der Situation auf das aggressive Individuum hauptsächlich lerntheoretisch (Hinweisreize, materielle und soziale Verstärkung, Selbstverstärkung, Einschätzung der Konsequenzen in der konkreten Situation) erklärt werden. Bei instrumentell-affektiver Mischaggression kann zur Erklärung die Lerntheorie in Verbindung mit der Frustrations-Aggressions-Hypothese herangezogen werden.

Oftmals spielt auch eine situative Überforderung eine Rolle. Es dürfte unbestritten sein, daß aggressives Verhalten relativ „einfaches" Verhalten ist. Es gehört zur biologischen Grundausstattung von Menschen und verlangt keine komplexen kognitiven Leistungen. Dörner (1985, S. 62) spricht in diesem Zusammenhang von „Terminierungsreaktionen": „Ihr Zweck ist die schnelle Bewältigung einer Situation der Hilflosigkeit durch unspezifisches Verhalten (denn spezifisches steht ja nicht zur Verfügung). Die ‚logischen' Möglichkeiten solcher unspezifischen Terminierungsreaktionen sind u.E.: Angriff, Flucht, Resignation, oder plastischer: Kaputtmachen, Weglaufen, Aufgeben." Je geübter ein Individuum nun in aggressivem Verhalten ist, d.h., je häufiger es dieses Verhalten bereits angewandt hat, desto leichter fällt erneutes aggressives Verhalten und desto eher wird es aus den möglichen Terminierungsreaktionen das „Kaputtmachen" wählen, wenn es sonst keine Problemlösung weiß. Ein rechtsgerichteter Schläger brachte diesen Umgang mit Hilflosigkeit auf den Punkt (Barth, 1996): „Wenn man jetzt zugequatscht wird, wenn so rumdiskutiert wird und wenn man dann nicht weiterkommt, dann haut man einfach zu." So einfach kann das Leben sein.

In der Diskussion über rechtsradikale jugendliche Gewalttäter werden solche situativen Gegebenheiten oft in den Vordergrund gestellt, eine besondere Rolle spielt dabei auch häufig die nicht zu bestreitende enthemmende Wirkung des vorher in rauhen Mengen geflossenen Alkohols. Auch die jugendlichen Gewalttäter selber sehen sich als Opfer nicht nur widriger sozialer Umstände, sondern auch ungünstiger Situationen, in denen sich alles von allein entwickelt habe (vgl. dazu Heilemann, 1996). Allerdings sollte der Blick auf in der Situation liegende auslösende oder enthemmende Faktoren nicht davon ablenken, daß diese gewaltauslösenden Situationen ja von den Gewalttätern hergestellt werden: „In einem bewußt auf Verrohung, Enthemmung und Entladung angelegten Kontext setzen sich die rechten Kombattanten in den Stand für folgenreiche Taten, deren tatsächliche Ausführung sie selbst erstaunt, für die sie keine Erklärung haben und deren Konsequenzen ihnen entgleiten." (Bergmann & Leggewie, 1993, S. 17).

Letztlich ist aber wohl davon auszugehen, daß der konkrete Ablauf einer Gewalttat, deren Entstehung ein längerer mißlungener Problemlöseprozeß vorausgeht, stark von den situativen Gegebenheiten bzw. von den Möglichkeiten der jeweiligen Personen, mit solch einer Situation umzugehen, abhängt. So ist zum Beispiel der Mord in einer engen Paarbeziehung (das häufigste Tötungsdelikt) zwar einerseits das Ergebnis eines langen Prozesses (vgl. Kap. III.4), wird aber situativ häufig von einem konkreten Opferverhalten – nämlich einer Provokation, die das Opfer unternimmt, um die Ausweglosigkeit der Situation klar zu machen – in der Situation ausgelöst (vgl. Simons, 1988).

Gerade bei den Tötungsdelikten Mord und Totschlag neigen die Medien und ihr Publikum dazu, den Grund für den Mord in der Person des Täters zu suchen, da die meisten Menschen sich nicht vorstellen können, selber eine solche Tat auszuführen. Daher wird dazu geneigt, den Täter als „schlecht" oder „krank" zu beschreiben. Wissenschaftler greifen diese Sicht der Dinge auf, indem sie verschiedene Tätertypologien erschaffen, und einer dieser Tätertypen ist der „Affekttäter", der aufgrund seiner spezifischen Persönlichkeitsstruktur dazu neigt, im durch eine bestimmte Situation ausgelösten Affekt zu gewaltsam zu reagieren bzw. zu töten. Simons (op. cit. S. 17f.) schreibt dazu (unter Bezugnahme auf die konkrete Typologie von Steigleder, 1968):

> „Schon bei oberflächlicher Lektüre spürt man die tautologischen Beziehungen und damit den zweifelhaften Nutzen der Typologie für eine brauchbare Differentialdiagnostik. Affekt-, Trieb- und Rationaltäter, alle können durchschnittlich intelligent sein – oder auch nicht. Alle zeigen Gefühlsarmut (die Affekttäter nicht immer), alle weisen eine abnorme Persönlichkeit auf (die Affekttäter nicht immer), alle sind egoistisch. Besonders die (rationalen) Gewalttäter. Jede gut dokumentierte Fallsammlung, jede rein statistisch orientierte Arbeit ist brauchbarer als Täter-Typologien dieses Genres."

Simons (op. cit.) verweist auch auf die Versuche, mittels solcher Typologien gewalttätiges Verhalten vorherzusagen, die in der Regel mißlingen und schließt daraus, daß auch bei der Affekttat die Auseinandersetzung mit der konkret vorliegenden Situation die entscheidende Variable ist:

> „Die Bezeichnung Affekttat steht für ein sehr komplexes und kompliziertes Handlungsmuster, das häufig erst aus seiner Vorgeschichte verständlich wird. Statt aber von der Affekttat auszugehen und zu fragen, ob sich diese aus der Vorgeschichte erklären läßt, sollte man – den methodologischen Gepflogenheiten in der Psychologie folgend – in der Analyse den umgekehrten Weg gehen. In diesem Sinne wäre zu klären, wie die Problemlöseprozesse aussehen, die in ein Tötungsdelikt münden. Dazu ist der Vergleich von Problemlöseprozessen notwendig, die nicht in eine Tötungshandlung münden. Denkbar ist, daß die für eine Tötungshandlung notwendigen Voraussetzungen vor allem im Problemlöseprozeß selbst liegen." (op. cit., S. 73).

Zusammenfassung

Es gibt unterschiedliche Auslöser aggressiven Verhaltens. Aus den berühmten Milgram-Experimenten läßt sich deutlich ableiten, daß ein großer Teil von uns, die wir uns selbst all die schrecklichen Gewalttaten, die ja nur die anderen begehen, niemals zutrauen würden, unter nur ganz geringem Druck – der in dieser Versuchssituation einzig aus der Anwesenheit einer Autoritätsperson im weißen Kittel bestand, die eindeutige Anweisungen (ohne jede Bedrohung der Versuchspersonen) gab – schreckliche Gewalttaten begehen würde.

Außer dem Auslöser „Befehl einer Autorität" gibt es noch andere mögliche Auslöser anderen Verhaltens. Von besonderer Wichtigkeit sind hier Frustrationen, die häufig dann aggressives Verhalten auslösen können, wenn die betroffenen Personen etwa durch die Überbehütung durch ihre Eltern nicht gelernt haben, auf konstruktive Art mit Frustrationen umzugehen. Wenn allerdings alternative Möglichkeiten im Handlungsrepertoire der Personen vorhanden sind, müssen Frustrationen – entgegen einer weit verbreiteten Ansicht – keine aggressiven Handlungen auslösen.

Es gibt auch eine Fülle von individuell verschiedenen Hinweisreizen, die zwar aggressives Verhalten nicht direkt auslösen, aber von den AggressorInnen als Zeichen dafür angesehen werden, daß die vorliegende Situation aggressives Verhalten nahelegt. Bei vielen aggressiven Delikten von Jugendlichen ist die Anwesenheit ihrer Clique ein solcher begünstigender Reiz.

Eine Situation, die die Handelnden überfordert, führt ebenfalls häufig zu aggressivem Verhalten, da aggressives Verhalten als biologische Grundausstattung des Menschen ein leicht einsetzbares Verhalten ist, das keine große Planung erfordert, dafür aber große Wirkung zeigt.

Auch die Tötungsdelikte Mord und Totschlag sind in vielen Fällen weniger dem „bösen Charakter" der Akteure, als vielmehr den situativen Bedingungen zuzuschreiben. Beim häufigsten Tötungsdelikt, dem Mord in einer engen Paarbeziehung, lösen sehr oft Provokationen des Opfers, die auf die Ausweglosigkeit der Situation hinweisen sollen, die Mordtat aus.

6 Wie wirkt Aggression auf die Umwelt?

Soziale Situationen werden von den daran Beteiligten unterschiedlich wahrgenommen und eingeschätzt. So schätzen z.B. Kinder im Grundschulalter eigene aggressive Handlungen häufig selber nicht als aggressiv ein, wenn sie reaktiv handeln, also glauben, zu ihrem Verhalten provoziert worden zu sein (vgl. Coie, Dodge, Terry & Wright, 1991). Erst nach dem Grundschulalter nähern sich die Selbst- und Fremdeinschätzungen bezüglich aggressiven Verhaltens langsam an (Cairns, Cairns, Neckerman, Ferguson & Gariepy, 1989). Dies soll allerdings nicht unbedingt heißen, daß die aggressiven Kinder die Situation und sich selber irgendwie „falsch" sehen. Auch die anderen können ja nicht „objektiv" an die Situation und das Kind herangehen, auch ihre Wahrnehmung der Situation ist von bestimmten Schemata geprägt. Dumas (1986) beschrieb, daß die Wahrnehmung des kindlichen Verhaltens durch die Eltern z.B. zu einem großen Teil nicht nur vom beobachtbaren Verhalten des Kindes abhängt, sondern ebenfalls von den persönlichen Eigenarten und Interaktionsgewohnheiten bzw. Interaktionsschwierigkeiten der Eltern selber.

In der täglichen Arbeit mit aggressiven Kindern und ihren Umgebungen – Schule, Kindergarten, Eltern, Freunde, Verwandte – wird oftmals überdeutlich, wie unterschiedlich die Wahrnehmungen der gleichen Situation und der gleichen Person in verschiedenen Situationen oft sind.

Wer Opfer einer aggressiven Handlung wird, erlebt dies häufig als Bestrafung (vgl. Felson, 1984). Daher ist es nicht verwunderlich, daß das soziale Umfeld aggressiver Kinder – die potentiellen Opfer – versuchen, diese für sie aversive Situation durch ihr eigenes Verhalten zu vermeiden. Eine mögliche Folge aggressiven Verhaltens von Kindern ist daher, daß sie selber auch häufiger Opfer aggressiver Angriffe werden (Trachtenberg & Viken, 1994). Dies passiert zwar seltener, als daß sie selber proaktiv aggressiv werden, verstärkt aber ihre eigene Sichtweise, sich selbst als Opfer zu sehen und die Umwelt als feindselig zu beschreiben (Dodge & Frame, 1982).

Eine noch häufigere Folge ist, daß aggressive Kinder von den anderen Kindern sozial zurückgewiesen werden und einen niedrigen Status bei KlassenkameradInnen und anderen Gleichaltrigen haben (Pelham & Bender, 1982; Carlson, Lahey & Neeper, 1984; Pope, Bierman & Mumma, 1989; Willis & Foster, 1990). Zwar nehmen Kinder die Situation möglicherweise recht differenziert wahr und machen z.B. einen Unterschied zwischen gerechtfertigter und ungerechtfertigter Aggression (Ferguson & Rule, 1988), wobei gerechtfertigt erscheinende reaktive Aggression auch zu weniger Zurückweisung durch die anderen führt (Coie, Dodge, Terry & Wright, 1991), dennoch führt häufiges aggressives Verhalten oft zu sozialer Isolation z.B. im Klassenverband. Dies mag damit zusammenhängen, daß, wie Tyron und Keane (1991) beobachteten, der Umgang miteinander in einer Gruppe von Kindern insgesamt negativer wird, wenn aggressive Kinder dazukommen. Aggressive Kinder und Jugendliche haben daher im allgemeinen Freunde, die ebenfalls häufig aggressiv sind, da sich eher ruhigere Kinder von ihnen abwenden (Cairns, Cairns, Neckerman, Gest & Gariepy, 1988). Zwar haben aggressive Kinder durchaus „beste Freunde" und sind in Cliquen integriert – allerdings in der Regel in Cliquen mit anderen aggressiven Kindern. Die Qualität dieser Freundschaften scheint aber – bei gleicher Frequenz gemeinsamer Unternehmungen – geringer zu sein als in anderen Cliquen, es herrscht weniger gegenseitiges Vertrauen und Konflikte werden schlechter gelöst (vgl. Hartup, 1989;

Parker & Asher, 1989). Gerade der Aspekt der Zugehörigkeit zu einer Gruppe wird von Mitgliedern gewalttätiger Cliquen jedoch betont – schließlich erfahren sie möglicherweise nur in dieser Gruppe Freundschaft und Unterstützung: „Wir sind wie Brüder. Man hat Vertrauen, daß die anderen helfen. Wenn fünf Mann auf einen zukommen und man kriegt eins aufs Maul, da gucken die anderen nicht zu. Die springen da rein." (Barth, 1996, aus einem Interview mit gewalttätigen Jugendlichen). Daß diese soziale „Ghettoisierung" unter Gleichgesinnten zu einer weiteren Verstärkung des problematischen Verhaltens führt, ist mehr als wahrscheinlich (vgl. dazu auch Klockhaus & Trapp-Michel, 1988). Olweus (1995) fand heraus, daß die Beliebtheit aggressiver Kinder mit zunehmendem Alter abnimmt: Während die aggressive Mitschüler in den unteren Klassen noch durchschnittlich oder knapp durchschnittlich beliebt sind, liegen sie in der neunten Klasse deutlich unter dem Durchschnitt.

Aggressive Kinder gelten insgesamt in den Augen der Gleichaltrigen als weniger sportlich, weniger sozial kompetent, weniger attraktiv und weniger humorvoll (vgl. Hymel, Bowker & Woody,1993). Vor allem Kinder, die in der Schule wegen ihrer Aggressivität sozial ausgegrenzt werden, werden von Mitschülern und Mitschülerinnen in vielen Bereichen schlechter bewertet als nicht-aggressive Kinder. Sie werden als unsportlicher, körperlich unattraktiver und schulisch schlechter eingeschätzt. Aggressive Kinder, die nicht zurückgewiesen werden, schneiden hingegen nach einer Studie von Johnstone, Frame und Bouman (1992) besser ab. Sie gelten sogar als besonders sportlich (auch im Vergleich mit den nicht-aggressiven Kindern), als besser aussehend und auch als schlauer als die zurückgewiesen-aggressiven Kinder. Diese Ergebnisse lassen unterschiedliche Interpretationsmöglichkeiten offen. Entweder werden aggressive Kinder weniger zurückgewiesen, wenn sie gleichzeitig gute Sportler sind und z.B. gut aussehen, oder die Entscheidung über die Zurückweisung fällt aus anderen Gründen und die Wahrnehmung der Kinder durch ihre Klassenkameraden und -kameradinnen ändert sich konsistent zu der negativen Bewertung ihres aggressiven Verhaltens auch bezüglich anderer Eigenschaften in negativer Richtung.

Es stellt sich also die Frage, wovon die Zurückweisung bzw. Nicht-Zurückweisung der aggressiven Kinder abhängt. Z.B. führt – nach einer Untersuchung von Price und Dodge (1989) – reaktive Aggression zu Zurückweisung, proaktive Aggression hingegen erhöht den sozialen Status. Dies ist z.T. nachvollziebar: Proaktive AggressorInnen, die also von sich aus ohne Provokation des Gegenübers aggressiv sind, erscheinen souverän und stark, unangreifbar. Zwar muß man sie fürchten, aber ihre Macht macht sie auch attraktiv. Reaktive Aggression hingegen erscheint schwach und nicht souverän. Hier liegen auch nach meinen Erfahrungen mit diesen Kindern häufig Ansatzpunkte für Spott und Zurückweisung. Jungen, die wie auf Knopfdruck reagieren, wenn man sie z.B. „Hurensohn“ nennt (oder einen anderen passenden „Knopf“ drückt) erscheinen berechenbar. Es ist ein Spaß, sie zu provozieren und mit ihrem berechenbar aggressiven Verhalten wird ein Spiel gespielt. Bei Schulbeobachtungen konnte ich z.B. Situationen wie die folgende mit dem zehnjährigen Holger beobachten: Ein Junge ist mit seinen Klassenkameraden nach dem Sportunterricht, in dem er schon mehrfach von seinem Sportlehrer zurechtgewiesen wurde, im Umkleideraum. Dort wird er zunächst mit Schimpfwörtern provoziert. (Nebenbei: Das Wort „Hurensohn“ erfreut sich bei solchen Gelegenheiten übrigens wirklich allergrößter Beliebtheit, weil eine große Anzahl von Jungen darauf tatsächlich wie auf Knopfdruck reagieren. In den Therapiegesprächen weisen die Jungs die Möglichkeit, auf solch eine Provokation gar nicht einzugehen, weit von sich: „Ich kann doch nicht zulassen, daß die meine Mutter beleidigen!“ ist das ernsthaft und engagiert vorgebrachte Engagement. Daß die Intention der Provokateure nicht im mindesten mit der Person der Mutter zu tun hat, sondern ausschließlich das Ziel verfolgt, die lustige Reaktion des Betreffenden hervorzurufen, ist für die Kinder zunächst überhaupt nicht einsehbar.) Reicht die Provokation ausnahmsweise nicht (z.B. weil erste therapeutische Bemühungen erfolgreich waren), wird der nächste Gang eingelegt und es wird z.B. das Turnzeug geklaut oder etwas ähnliches. Wenn dann schließlich das erwartete aggressive Verhalten auftritt, ist der Spott in der Umkleidekabine groß und es findet sich sofort ein geneigter Denunziant, der freudig zum Lehrer rennt und den ständigen Bösewicht verpetzt. Es ist offensichtlich, daß der soziale Status des Betroffenen nicht sonderlich hoch ist.

Dishion (1990) fand, daß diejenigen Jungen, die die geringsten schulischen Fertigkeiten aufwiesen und das ausgeprägteste antisoziale Verhalten zeigten, sowohl von den Klassenkameraden am meisten abgelehnt werden, als auch diejenigen Kinder sind, die von den Eltern die meiste negative Rückmeldung erhielten, die sich nicht auf ihr unangemessenes Verhalten bezog. Biermannn, Smoot und Aumiller (1993) weisen darauf hin, daß die Zurückweisung aggressiver Kinder dann besonders stark ist, wenn die aggressiven Kinder gleichzeitig hyperaktives Verhalten zeigen, was nach Dumas (1989) bei 59% der aggressiven Kinder auch der Fall ist. Hyperaktive Kinder sind häufig anstrengend und nervend für die Personen, mit denen sie Kontakt haben, seien es LehrerInnen, Eltern oder MitschülerInnen. Die ständige Unruhe, die sie verbreiten, stört einfach ihre Umgebung. Mayr (1992) entdeckte darüber hinaus, daß das Ansehen bei den Gleichaltrigen um so mehr sinkt, je stärker das aggressive Verhalten oder auch das hyperaktive Verhalten ausgeprägt ist und daß die Zurückweisung von aggressiv-hyperaktiven Kindern sich demnach danach richtet, wie stark beide Komponenten ausgeprägt sind.

Erschwerend für die zurückgewiesen-aggressiven Kinder kommt hinzu, daß die Einschätzungen durch andere (sowohl Lehrer als auch andere Kinder) insgesamt recht stabil sind (Olson & Brodfeld, 1991) und die Kinder somit lange mit einer entsprechenden Rollenzuweisung leben müssen. Die mittel- und langfristigen Folgen für die als aggressiv geltenden und zurückgewiesenen Kinder sind beträchtlich. Kupersmidt und Patterson (1991) erhoben bei 613 Grundschulkindern Daten zur Zurückweisung durch andere Kinder, zum aggressiven Verhalten, zum Rückzugsverhalten und zur Selbsteinschätzung der eigenen Kompetenz. Bei einer zwei Jahre später erfolgten Fragebogen-Selbsteinschätzung bewerteten sich zurückgewiesene und vernachlässigte Kinder insgesamt erheblich schlechter als andere Kinder sich bewerteten. Gerade bei Mädchen ergab sich aus den Daten ein hohes Depressions-Risiko. Ein Zusammenhang zwischen Aggression und Depression ist ohnehin nicht von der Hand zu weisen (vgl. Weiss & Catron, 1994). So neigen sowohl Aggressive als auch Depressive zu feindseligen Attributionen, wobei aggressive Menschen eher zu externaler und depressive Menschen eher zu stabil-internaler Attribution neigen (Quiggle, Garber, Parker & Dodge, 1993). Garber, Quiggle, Panak & Dodge (1991) berichten, daß etwa 10–30% der aggressiven jugendlichen Delinquenten zusätzlich depressive Symptome aufweisen. Die Depression kann eine mögliche Folge des aggressiven Verhaltens darstellen, denn aus dem aggressiven Verhalten erwachsen eine Menge sozialer Konflikte und möglicherweise häufiges soziales Scheitern, was depressive Empfindungen sicherlich fördern kann (vgl. Petermann & Kusch, 1993). Capaldi (1992) geht davon aus, daß die depressive Symptomatik eine Folge der negativen Rückmeldungen durch die Umwelt und der daraus folgenden Selbstwertminderung ist. Das gleichzeitige Vorliegen von aggressiver und depressiver Symptomatik führt zu mehr langandauernden Problemen, größeren Schulschwierigkeiten, erhöhter Gefahr von Drogenmißbrauch und zu einer erhöhten Suizidgefährdung (Capaldi, 1991; 1992).

Die Reaktion der anderen auf die aggressive Handlung hängt allerdings auch von weiteren Faktoren ab, die nicht in der Person des Aggressors, sondern in der Beziehung zwischen den Interaktionspartnern liegen. So lassen sich Frauen häufig eine Menge Gewalttätigkeiten von ihren Partnern bieten, was für Außenstehende zunächst wenig verständlich erscheint. Das Beziehungsgeflecht, die Ängste, die mit der Auflösung einer engen Beziehung verbunden sind, das Gefühl der eigenen Machtlosigkeit und die Beschränkungen, denen sich die Frau unterwirft, um nicht sozial aufzufallen, führen dazu, daß die weiblichen Opfer sich selbst immer wieder den gewalttätigen Ausbrüchen ihrer Männer beugen, ohne für den Mann spürbare Konsequenzen daraus zu ziehen. In der Beratungssituation neigen viele Frauen zunächst dazu, daß aggressive Verhalten ihrer Männer zu verharmlosen. Diese Verharmlosung und Banalisierung dient zunächst möglicherweise dazu, mich als Therapeuten in meiner Reaktion darauf zu testen. Erst im Verlaufe des beraterisch-therapeutischen Prozesses, wenn klar wird, daß ich sie als Person deswegen nicht abwerte und ihr Leid verstehe, beschreiben die Frauen ihr Leid näher und wollen sich auf das Wagnis einlassen, die Situation – zunächst im geschützten Rahmen der therapeutischen Beziehung rein gedanklich und im kommunikativen Austausch – zu verändern, indem sie ihre Beziehung verändern oder beenden. Ein anderer Grund für die Verharmlosung liegt allerdings auch darin, daß viele Frauen solches männliches Verhalten schon in ihrer Ursprungsfamilie als normales männliches Verhalten kennengelernt haben und auch von Freundinnen, die ähnliche Erfahrungen mit ihren Männern machen, darin bestärkt werden, dieses Verhalten als normal männlich anzunehmen.

Walker (1979) hat 3 Phasen beschrieben, die sich in gewalttätigen Beziehungen oft immer und immer wieder wiederholen: Zunächst (erste Phase) kommt es zu kleineren Gewalttätigkeiten. Die Frau glaubt, sie habe die Wut des Schlägers ausgelöst, sei mithin selber Schuld und könne seine Wut auch nicht verringern. Sie beschönigt die noch unregelmäßigen Gewalttaten und versucht erfolglos, ihren Mann zu beschwichtigen. Der Mann fühlt sich im Recht, wird durch das eher unterwürfige Verhalten seiner Frau bestärkt, hält seine aggressiven Ausbrüche für akzeptable Bagatellen. In der zweiten Phase verliert der Täter die Kontrolle, die Gewaltausbrüche werden regelmäßig und härter, es kommt zu ernsthaften Verletzungen des Opfers. Die Frau leistet keinen Widerstand, erlebt sich als hilflos, schämt sich wegen der Erniedrigung und versucht weiterhin, die Gewalttaten ihres Partners zu rechtfertigen. Sie ist deprimiert und hat Angst, Konsequenzen zu ziehen. Schließlich – in der dritten Phase – ist der Täter reuevoll, zerknirscht und liebevoll. Er verspricht, sich zu bessern, was er ernst meint und woran er selber glaubt, denn auch er glaubt nun, zu weit gegangen zu sein. Die Frau glaubt ebenfalls an die Veränderung und erwartet hoffnungsvoll, daß sich nun alles ändern wird. Da aber keiner von beiden neue Umgehensweisen mit den immer noch gleichen Problemen gelernt hat, wird der Kreislauf wieder von vorne beginnen – wieder ohne gewichtige nennenswerte negative Konsequenzen für den Täter.

Zusammenfassung

Aggressive Menschen sehen sich häufig damit konfrontiert, daß sie von vielen anderen Menschen sozial zurückgewiesen werden. Dadurch sind sie auf Kontakt mit anderen ebenfalls aggressiven Menschen angewiesen und in dieser Gemeinschaft verstärkt sich die Gewohnheit, aggressiv zu reagieren, da mensch sich gegenseitig als Modell dienen kann. Allerdings ist die Zurückweisung nicht zwangsläufig, sondern hängt von verschiedenen weiteren Faktoren ab. Einige aggressive Menschen können sehr wohl einen hohen sozialen Status haben, sie sind zwar gefürchtet, aber wegen ihrer Macht und Souveränität auch anerkannt.

Besonders schlechte Karten haben Kinder, die nicht nur aggressiv, sondern auch hyperaktiv sind. Die Folgen der Zurückweisung können Depressionen und ein niedriges Selbstwertgefühl sein.

In Paarbeziehungen sind die Reaktionen des Opfers aus verschiedenen Gründen häufig so geartet, daß das aggressive Verhalten des Täters (oder seltener, aber auch vorkommend: der Täterin) keine ernsthaften negativen Konsequenzen nach sich zieht und daher weiter bestehen bleibt.

7 „Aber die anderen sind doch auch in einer Bande“ – Michael T. (Ein Fallbeispiel)

Anhand einer mehr oder weniger typischen Fallskizze werden nun noch einmal die im zweiten Teil dieses Buches genannten Bedingungen aggressiven Verhaltens konkretisiert. Der Verlauf von Michaels Therapie wird in Teil III.2 kurz skizziert.

Michael ist zum Zeitpunkt der Anmeldung in der Beratungsstelle fast acht Jahre alt und besucht die zweite Grundschulklasse. Er wohnt zusammen mit drei jüngeren Geschwistern (ein sechsjähriger Bruder, ein vierjähriger Bruder und eine erst vor wenigen Monaten geborene Schwester) bei seinen noch jungen Eltern. Die Familie lebt von Sozialhilfe und Gelegenheitsarbeiten der Eltern.

Die Eltern berichten im Anmeldegespräch, daß Michael in der Schule auffällig sei und zusammen mit seiner Clique andere Kinder verhaue. Allerdings werde immer nur Michael erwischt, nie seine Kameraden. Außerdem störe er den Unterricht häufig. Zu Hause sei er zwar seinen jüngeren Geschwistern gegenüber aggressiv, nicht aber den Eltern gegenüber. Er halte sich jedoch auch nicht an Regeln, vernachlässige Pflichten wie sein Zimmer aufzuräumen oder den Müll rauszubringen. Gemeinsame Aktivitäten von Michael mit seinen Eltern gebe es nur selten, da dafür nicht genügend Zeit sei.

Die Lehrerin bestätigte bei einem Telefonat das aggressive Verhalten in den Pausen und die Störungen im Unterricht und äußerte sich auch besorgt darüber, daß die Eltern auf sie einen inkonsequenten, aber eher gewalttätigen Eindruck machen würden.

Familiäre Bedingungen

Aus Kapitel II.3 wissen wir, daß aggressives Verhalten gehäuft bei Familien in schwierigen sozio-ökonomischen Verhältnissen auftritt. Insofern ist Familie T. also typisch, denn sie lebt im wesentlichen von Sozialhilfe und wohnt in einem sozialen Brennpunkt.

Von großem Interesse ist die innerfamiliäre Kommunikation. Die Eltern haben eine Art miteinanderumzugehen, die als „rauh aber herzlich“ beschrieben werden könnte. Sie reden beide sehr laut und sehr viel. Die häufigen kleineren Konflikte werden ebenso lautstark ausgetragen. Zu gewalttätigen Auseinandersetzungen zwischen den Eltern kommt es allerdings nicht. Die Kommunikation zwischen Eltern und Kindern verläuft ähnlich. Die Eltern setzen sich ihnen gegenüber lautstark durch und Michael als der Älteste bekommt am meisten ab. Gelegentlich helfen die Eltern ihren Anordnungen auch mit einer Ohrfeige nach, darüber hinaus gehend kommt gelegentlich auch zu Gewaltanwendung in der Erziehung, d.h., es gibt dann eine „Tracht Prügel“. Michael ist seinen Eltern gegenüber dementsprechend eher schüchtern, seinen jüngeren Geschwistern gegenüber kopiert er das Verhalten, das seine Eltern ihm gegenüber zeigen.

Die Eltern sind in ihren Äußerungen häufig unklar und widersprechen sich gegenseitig. Das betrifft auch die Erziehung der Kinder. Regeln werden häufig aufgestellt und kurze Zeit später wieder von ihnen oder einem von ihnen zurückgenommen. Ebenfalls häufig kommt es vor, daß zwar Regeln aufgestellt werden, daß aber später niemand mehr darauf achtet, ob sie auch eingehalten werden. Es entsteht der Eindruck, daß dies den Eltern zu aufwendig ist. Insgesamt kümmern sie sich eher wenig um die Kinder und Michael wird häufig mit der Beaufsichtigung seiner jüngeren Geschwister beauftragt, wenn beide Eltern ausgehen. Der Vater hat viele Freunde, mit denen er sich häufig trifft und die Mutter trifft sich häufig mit anderen Frauen aus der großen Verwandtschaft. Gemeinsame Aktivitäten mit den Kindern finden kaum statt.

In der Wohnung läuft eigentlich immer der Fernseher. Die Eltern schauen zum Teil die Sendungen an, zum Teil läuft der Fernseher aber auch einfach im Hintergrund und Michael und seine Geschwister nutzen den Fernseher ebenso.

Einstellungen, Fähigkeiten und Verhalten

Michael ist nicht sehr groß, aber kräftig für sein Alter. Im Kontakt mit mir ist er nett, freundlich und zurückhaltend. Seine anfängliche Scheu verliert sich schnell und er ist kooperativ und kommt gerne. Insgesamt wirkt Michael etwas verhalten, er kann durchaus auch Freude zeigen und aus sich heraus gehen, schaut aber oft erst einmal, was andere machen, bevor er selber agiert.

Im EAS erreicht Michael im Vergleich zur Gruppe der Neunjährigen (es liegen erst Normen ab einem Alter von neun Jahren vor) einen Prozentrang von 78, es ergeben sich Häufungen bei verbal direkter und nonverbal hinterhältiger fremdpersonenbezogener Aggression. Bei einem Intelligenztest zeigte Michael sich knapp durchschnittlich begabt, seine sprachlichen Ausdrucksfähigkeiten scheinen eher begrenzt. In der Schule ist leistungsmäßig nach Einschätzung der Lehrerin auch eher unterdurchschnittlich, aber nicht so schlecht, daß er nicht mitkommen würde.

In der Schule verhaut Michael andere Kinder auf Geheiß eines anderen Jungen, der der „Bandenchef" einer Bande von fünf bis sechs Jungen von der Schule ist. Im Gespräch sieht er zunächst nicht, was an seinem Verhalten falsch sein soll. Von sich aus ist er eher selten aggressiv, allerdings geht er, wenn der betreffende Junge das möchte, brutal mit Schlägen und Tritten auch gegen ihm völlig unbekannte Jungs vor. Muß er selber einmal Schläge einstecken, gibt er sich völlig unbeeindruckt. Er ist schwierig dazu zu bringen, sich in seine Opfer hineinzuversetzen und findet es legitim, so vorzugehen, wie er es tut. Andere Kinder seien ja schließlich auch in Banden, so sei es nun einmal. Und wenn der Bandenchef etwas von einem wolle, dann müssen man das eben tun. Andere Jungs würden es genauso machen wie er, an seinem Verhalten sei nichts Besonderes.

Im Unterricht hat er festgestellt, daß es keine besonderen Konsequenzen hat, wenn er reinruft. Seine Lehrerin ermahnt ihn zwar, aber ansonsten passiert nichts. Er mag es, wenn die anderen über ihn lachen, wenn er den Unterricht stört.

Michael hat nur die Freunde aus seiner „Bande", bei den anderen Kindern seiner Klasse ist er nicht besonders beliebt. In seiner Freizeit spielt er viel draußen zusammen mit den Jungs aus seiner Bande. Wenn er zu Hause ist, schaut er fern oder spielt mit seinen Geschwistern, wobei es regelmäßig zu Streit kommt.

Komorbidität ist nicht zu beobachten, d.h., Michael ist weder hyperaktiv noch depressiv noch ist irgendein anderes Störungsbild zu erkennen.

Zusammenfassende Bewertung

Es sind natürlich in einem „Fall“ nicht alle Zusammenhänge zu erkennen, die aus der Literatur über Aggressivität bekannt sind. Schließlich handelt es sich ja jeweils um Wahrscheinlichkeiten, mit denen bestimmte Faktoren zutreffen und nicht um feststehende Zusammenhänge.

Bei Michael T. sind aber viele der in den vorausgegangenen Kapiteln behandelten Sachverhalte zu erkennen:

- ➢ Die sozioökonomische Situation der Familie (ein Risikofaktor) ist schlecht, andere Risikofaktoren (etwa eine unvollständige Familie) treffen hier nicht zu.
- ➢ Die familiäre Kommunikation ist ungünstig: Regeln werden auf eine unklare Weise aufgestellt, ihre Einhaltung wird nicht konsequent beachtet. Die Eltern sind in ihrem Erziehungsverhalten eher vernachlässigend-streng. D.h., sie kümmern sich nicht viel um ihre Kinder, aber wenn sie etwas von ihnen wollen, verhalten sie sich autoritär. Es gibt wenig positive Interaktion unter den Familienmitgliedern. Michael kopiert gegenüber seinen jüngeren Geschwistern das Modellverhalten seiner Eltern ihm gegenüber.
- ➢ Viele Erfahrungen über Wirklichkeit sind medial vermittelt, Michael hat mehr Kontakt zu Fernseh-Helden als zu seinen Eltern.
- ➢ Michaels moralisches Entwicklungsniveau ist niedrig. Er sieht zunächst kaum, daß sein Verhalten unangemessen ist und glaubt, sich nicht anders zu verhalten als andere, d.h. sein Selbstbild deckt sich nicht mit dem Bild, das andere von ihm haben.
- ➢ Das intellektuelle Leistungsniveau von Michael ist eher unterdurchschnittlich.
- ➢ Falsche Wahrnehmungen in sozialen Situationen spielen in Michaels Fall eine untergeordnete Rolle, allerdings hat er ein eingeschränktes Repertoire an sozialen Fähigkeiten. Auslöser seines Verhaltens ist eine bestimmte Gruppensituation. Gewöhnt an autoritäres Verhalten seiner Eltern befolgt er auch widerspruchslos die Anordnung der vermeintlichen Autorität „Bandenchef“.
- ➢ Michael wird von vielen Kindern zurückgewiesen, seine Freunde gehören zu der gleichen Clique wie er.

Teil III

Lösungsmöglichkeiten: Maßnahmen gegen aggressives Verhalten

1 Erziehung zur Friedfertigkeit

Das vorliegende Kapitel III.1 befaßt sich mit der Erziehung von Kindern in der Familie. Dabei steht die Förderung sozial angemessenen bzw. die Minderung aggressiven Verhaltens im Mittelpunkt. Erziehung zur Friedfertigkeit heißt nun, daß es um eine Fertigkeit geht, und zwar diejenige, sich friedlich zu verhalten. Intendiert ist damit nicht, daß die Fertigkeit zu aggressivem Verhalten irgendwie abtrainiert werden soll. Ich kann durchaus gleichzeitig verschiedene Reaktionsmöglichkeiten für die gleiche Situation zur Verfügung haben, um dann die jeweils geeignete auszuwählen.

Wie schon an anderer Stelle erwähnt, gehört aggressives Verhalten zu den biologischen Grundfertigkeiten menschlichen Verhaltens und kann gelegentlich auch gerechtfertigt sein. Ein Problem sind nicht einzelne aggressive Verhaltensweisen, das Problem stellt die Verhaltensgewohnheit dar, sich häufig aggressiv zu verhalten, und zwar in Situationen, in denen auch sozial angemesseneres Verhalten möglich gewesen wäre. Hier liegt der Schluß nahe, daß die Fertigkeit zu friedlichem Verhalten entweder nicht ausgeprägt ist (Kompetenz) oder diese Fertigkeit nicht angewandt wird, weil sie nicht weiterzuhelfen scheint (Performanz). Diese Fertigkeit zu friedlichem Verhalten kann – wie andere Fertigkeiten auch – in der Erziehung gelernt werden ... oder auch nicht. Wie den Forschungsergebnissen zu entnehmen ist (vgl. Kap. II.3), ist dabei das Modellverhalten der Eltern von herausragender Bedeutung.

Die generelle Haltung, die Eltern bei der Erziehung einnehmen sollten, kann unter Zuhilfenahme der Dimensionen liebevoll-lieblos und nachgiebig-konsequent als *liebevoll-konsequent* beschrieben werden (vgl. Hauck, 1979) (siehe Abb. 8). Wenn Erziehungsverhalten aus dieser Perspektive näher betrachtet wird, ergeben die anderen drei möglichen Kombinationen ungünstige Lernbedingungen.

Die Kombination *lieblos-konsequent* ist dadurch gekennzeichnet, daß die Eltern Gehorsam verlangen und gleichzeitig das Selbstwertgefühl des Kindes durch mangelnde positive, liebevolle Zuwendung oder ständige demütigende Kritik untergraben. Beispielsweise offenbarte sich bei einer Familie, die wegen des aggressiven Verhaltens ihrer zwölfjährigen Tochter Jennifer die Beratungsstelle besuchte, daß die Eltern zwar jedes Fehlverhalten der Tochter streng mit überzogenen und unangebrachten Strafen (mehrwöchiger Stubenarrest, Schläge) ahndeten, daß sie aber gleichzeitig dem Mädchen keinerlei positive Wertschätzung zeigten. Sie sagten ihr, sie sei „doof" wegen ihrer schlechten Schulleistungen, sie machten sich über sie lustig, wenn sie sich bei ihren Missetaten erwischen ließ (auch dann war sie „doof"). Das ganze Verhalten der Eltern ihrer Tochter gegenüber erschien zynisch und herabwürdigend. Positiver gemeinsamer Kontakt bei Spielen oder Unternehmungen fand nicht statt ... weil Jennifer sich so „doof" benehme. Menschen, die unter diesen Bedingungen aufwachsen, haben es schwer, zu aufrechten und selbstbewußten Menschen zu werden. Wahrscheinlicher ist ein demontiertes Selbstbewußtsein, das zu Depressionen und sozialen Ängsten führt oder aber dazu, daß die Betroffenen versuchen, durch aggressives Verhalten ihr Selbstwertgefühl zu stärken, was ihnen mit durchaus angemessenem Verhalten im Umgang mit den Eltern nicht möglich war. Und genau das war bei Jennifer der Fall.

Bei *liebevoll-nachgiebiger* Erziehung können die Kinder nicht lernen, wie sie mit Regeln – und somit auch mit Frustrationen – konstruktiv umgehen können. Sie werden stets ihre eigenen Bedürfnisse (auch aggressiv) durchsetzen, da sie nicht gelernt haben, zugunsten anderer auf die Befriedigung eigener Bedürfnisse zu verzichten. Hierfür ist der zehnjährige Bernd ein gutes Beispiel. Sein Vater kümmert sich nicht viel um die Erziehung und hat es noch nie getan, seine Mutter hingegen ist lieb und aufopferungsvoll, geht auf ihn ein und ist auch bereit, ihr eigenes Verhalten infrage zu stellen. Dabei geht sie allerdings so weit, daß sie alle Versuche, ihr Kind an Regeln zu gewöhnen, nach kurzer Zeit wieder aufgibt, weil sein Widerstand sie daran zweifeln läßt, daß ihr Verhalten gut für ihn ist. Zwar ist sie interessiert an konsequentem Erziehungsverhalten und läßt sich gerne Ratschläge geben, setzt diese dann aber in der Regel nicht um, weil ihr Sohn ihr leid tut, wenn er zu toben und zu weinen anfängt. Als letztes Mittel greift er zu der bei solchen Kindern beliebten Strategie, seiner Mutter vorzuwerfen, sie sei eine Rabenmutter und habe ihn nicht mehr richtig lieb. Spätestens dann wird die Mutter vollkommen unsicher, ob ihre zaghaften Versuche, sich konsequent zu verhalten, wirklich richtig sind und gibt nach. Er kann dann wieder naschen, obwohl er vorher kein Mittagessen wollte, sie setzt sich bei den Hausaufgaben wieder neben ihn, obwohl er sie eigentlich alleine machen soll und obwohl sie selbst in der Zeit andere Dinge tun müßte usw. usf.

Abb. 8 Erziehung unter den Perspektiven „konsequent" und „liebevoll"

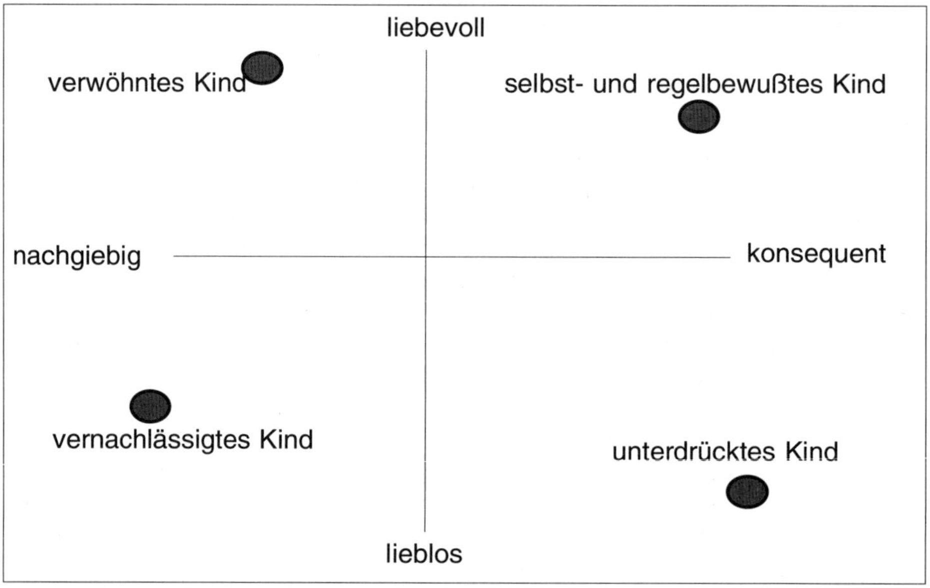

Wieder anders stellt sich die Lage dar, wenn die Erziehung eher *lieblos-nachgiebig* ist. Die betroffenen Kinder lernen weder Regeln kennen, noch erfahren sie Selbstbestätigung in befriedigenden Beziehungen. Es ist sehr wahrscheinlich, daß sie später dazu neigen werden, dringend benötigte Selbstbestätigung durch massive Regelverletzungen zu bekommen, für die sie als Kind ja kaum Konsequenzen tragen mußten. Diese Kinder werden eher nebenbei erwachsen, ohne daß sich jemand groß drum kümmert. Nur wenn von außen, etwa von Kindergarten oder Schule Druck erzeugt wird, unternehmen die Eltern irgendetwas, z.B. gehen sie zur Erziehungsberatung und versuchen dort, ihr Kind „reparieren" zu lassen, ohne an ihrem eigenen Verhalten etwas ändern zu müssen. Die Eltern lassen es schon allein deswegen an Konsequenz fehlen, weil sie gar nicht so genau wissen (wollen), was ihr Kind tut.

Die Kombination *liebevoll-konsequent* hingegen vermittelt gleichzeitig sowohl Regelbewußtsein und die Erfahrung, wie mit Frustrationen umzugehen ist, als auch ein angemessenes Selbstwertgefühl durch die Erfahrung der Geborgenheit und liebevollen Annahme durch die Eltern. „Konsequenz" ist dabei nicht als alles-durchdringende Kontrolle und ständige Gängelei mißzuverstehen: Es kommt nicht darauf an, möglichst viele Regeln zu setzen und möglichst harte Strafen zu verwenden. Wichtig sind einfach klare Absprachen, da, wo sie nötig sind – und auf deren Einhaltung muß geachtet werden.

Die in Kapitel II.3 erläuterten Ergebnisse psychologischer Grundlagenforschung zum Thema „Aggression" kann helfen, die Forderung nach liebevoll-konsequenter Erziehung konkret umzusetzen.

Aus den Ergebnissen zur moralischen Entwicklung von Kindern wissen wir, daß eine bestimmte demokratische Art, mit Kindern umzugehen, ihre moralische Entwicklung fördert. Nicht das Abspulen moralischer Prinzipien, sondern das Vorleben und – als Mächtigerer (Erwachsener) – das selbstverständliche Gestatten von Mitwirkung führt dazu, daß die Kinder selbst moralische Prinzipien für sich entwickeln. Dies ist auch bei der Entstehung der Regeln, deren Einhaltung nach unserem Modell konsequent beachtet werden soll, von Bedeutung. Denn demokratische Erziehung heißt natürlich, daß die Schaffung von Regeln nicht nur von den mächtigen Eltern abhängt, sondern daß die Regeln im demokratischen Dialog mit den Kindern entwickelt werden. Natürlich sind die Eltern als Erziehende in einer anderen Rolle als die Kinder, aber dennoch sollte man sich auf den Weg machen, die Bedürfnisse der Kinder auch aus deren Sicht zu berücksichtigen. Man braucht sich nicht zu wundern, wenn Kinder gegen Regeln rebellieren, wenn alle Familienregeln nur aus dem Blickwinkel von Erwachsenen gestaltet werden.

Es spricht nichts dagegen, Kindern die Gründe für Regeln zu erläutern und die konkrete Ausgestaltung und auch die Art und Weise der Sanktionierung von Nicht-Beachtung von Regeln mit Kindern ausführlich zu besprechen – allerdings nicht in Konflikt-Situationen, sondern in Situationen der Ruhe, in denen sich alle Beteiligten auch auf ein vernünftiges Gespräch einlassen können. Solche Situationen entstehen zwar immer auch von selbst, an einem harmonischen Nachmittag oder in einer ähnlichen Situation, bewährt hat sich aber auch, einen „Familienrat" (nach Petermann & Petermann, 1994a) durchzuführen.

Der *Familienrat* ist die regelmäßige und entscheidungsbefugte Familienversammlung, bei der alle zu regelnden Fragen von allen Familienmitgliedern gleichberechtigt besprochen werden können. Der Familienrat hat klare, aber feste Regeln:

- ➢ Einen regelmäßigen Zeitpunkt – z.B. einmal pro Woche oder einmal in zwei Wochen – vereinbaren, an dem alle Familienmitglieder kommen können.
- ➢ Es steht jedem Familienmitglied frei, ob es zum Familienrat kommt oder nicht: Allerdings werden verbindliche Entscheidungen getroffen, an die sich dann alle halten müssen.
- ➢ Der Familienrat muß von einem Familienmitglied geleitet (moderiert) werden. Die Leitung wechselt regelmäßig zwischen allen Familienmitgliedern. Dadurch bleibt die Verantwortung für die Familienprobleme und den Umgang mit ihnen nicht an einer Person hängen.
- ➢ Entscheidungen sollen einstimmig gefällt werden. Nach einstimmigen Entscheidungen, bei denen alle mitwirken konnten, kann kein Familienmitglied sich nachher über die Regeln beschweren.
- ➢ Alle Regelungen sollen möglichst konkret gefaßt werden. Es muß klar sein, was die Familienmitglieder genau voneinander erwarten. Auch die Zeitspanne, für die eine Regelung gelten soll, muß festgelegt werden.
- ➢ Alle Familienmitglieder sind gleichberechtigt und können ihre Probleme, ihre Kritik und ihr Lob offen aussprechen. Niemand wird unterbrochen, niemand wird beleidigt, verspottet oder in die Ecke gedrängt.
- ➢ Bei einer Familienratssitzung getroffene Vereinbarungen dürfen nicht zwischen den Sitzungen geändert werden.

Bei vielen Familien konnte ich erleben, daß die Einführung eines „Familienrates", wenn er auch manchmal schwer in Gang zu setzen ist, weil er einigen Familienmitgliedern anfangs albern vorkommt, zu erheblichen Verbesserungen der Familienkommunikation und damit der Zufriedenheit aller Familienmitglieder und letztlich auch zu weniger innerfamiliärer Aggression führte.

Während also die Verhandlungen über die Art der Regeln aus verschiedenen Gründen – aber auch, um Aggressionen zu vermeiden – demokratisch geführt werden sollten, ist die Zeit der Verhandlungen bei der Einhaltung der dann vereinbarten Regeln vorbei. Zunächst sollten die Regeln klar ausgesprochen werden und dann ist auf ihre Einhaltung in der Tat konsequent zu achten. Dies bedeutet übrigens beileibe nicht nur die Sanktionierung von Regelverstößen: Wichtiger noch ist die positive Verstärkung von erwünschtem Verhalten. Um das Verhalten eines Menschen zu fördern ist es nicht nur angenehmer für alle Beteiligten, sondern auch wirkungsvoller, das positive Verhalten durch Belohnung zu verstärken, als das unerwünschte Verhalten zu bestrafen. Oft sind Eltern leider der Ansicht, daß das erwünschte Verhalten doch irgendwie selbstverständlich sei und somit nicht besonders beachtet oder gar gelobt werden müsse. Wenn aber die Verstärkung durch Aufmerksamkeit nur dann erfolgt, wenn unerwünschtes Verhalten gezeigt wird, ist aus verhaltenspsychologischer Sicht das Ergebnis klar: Die Auftretenswahrscheinlichkeit des Verhaltens wird erhöht. So einfach kann das Leben manchmal sein – und trotzdem wird häufig in Familien genau anders herum gehandelt. „Dafür braucht man jemanden doch nicht zu loben, das ist doch wohl selbstverständlich" , äußern Eltern häufig, wenn sie auf die Verstärkung des erwünschten Verhaltens angesprochen werden. Dabei übersehen sie, daß es nicht darum geht, wie allgemeingültig eine Regel sein mag. Bei dem jeweiligen einzigartigen Kind, um das es konkret geht, ist offensichtlich (sonst würden die Eltern sich nicht darüber beschweren), daß es nicht selbstverständlich ist, daß das Kind das erwünschte Verhalten zeigt – und um diesen speziellen Einzelfall geht es doch. Also muß in diesem Fall – egal, wie selbstverständlich das Einhalten dieser Regel für die meisten Menschen sein mag – das erwünschte Verhalten verstärkt werden.

Wenn nun ein Kind in der Familie aggressives Verhalten zeigt, ist die Frage nach dem Grund für das aggressive Verhalten von Bedeutung. Der zentrale Punkt ist, daß dieses aggressive Verhalten nicht erfolgreich sein sollte (in psychologischer Terminologie: keine Verstärkung nach sich ziehen sollte). Damit ist nicht gesagt, daß das Ziel, daß das Kind erreichen will, unangemessen ist. Zwar ist es das durchaus manchmal, aber eben nicht immer.

Wenn ein Kind Aufmerksamkeit sucht – vielleicht bekommt es zu wenig Aufmerksamkeit und Zuwendung, wenn es angemessenes Verhalten zeigt? In den Gesprächen mit der alleinerziehenden Mutter des achtjährigen Manuel wird deutlich, daß Manuel tatsächlich um jede Minute Aufmerksamkeit der Mutter kämpfen muß. Sie besucht eine Umschulungsmaßnahme, für die sie auch zu Hause lernen muß und sie muß natürlich auch ihren Haushalt führen. Somit ist ihre Zeit für Manuel knapp bemessen, aber daß Eltern wenig Zeit haben kommt vor und wird von Kindern auch akzeptiert – wenn von der verbleibenden Zeit wenigstens etwas für sie reserviert wird. In diesem Fall wird allerdings deutlich, daß Manuels Mutter auch überhaupt kein Interesse an ihm hat. Seine Schul-Geschichten findet sie langweilig, außer es hat an der Schule Ärger gegeben, dann wird es für sie spannend, denn auf die Auseinandersetzungen mit der Lehrerin hat die Mutter nun wirklich überhaupt keine Lust. Auch seine Freunde oder Hobbies interessieren sie nicht. Manuels Mutter hat einen langjährigen festen Freund, der in seiner eigenen Wohnung wohnt und findet es ganz natürlich, daß dieser an ihrem Kind auch nicht interessiert ist, „es ist ja nicht seins". Die Mutter findet auch Ausflüge mit Manuel eher lästig. Viel lieber unternimmt sie mit ihrem Freund Motorradtouren, bei denen er nicht mitkommen kann.

Wenn die Eltern keine Zeit oder Lust haben, sich mit ihm zu beschäftigen, außer wenn sie es müssen – dann wird das Kind dafür sorgen, daß sie es müssen. Genau das tut auch Manuel, der sowohl in der Schule als auch zu Hause mächtig aufdreht. Das ist seine einzige Chance, von der Mutter beachtet zu werden. Von Seiten der Eltern muß in solchen Fällen überlegt werden, ob sie ihr belohnendes Verhalten für angemessene Lebensäußerungen des Kindes verstärken müssen, d.h., daß sie z.B. mehr auf ihr Kind eingehen sollten, vor allem, wenn es sich angemessen und nichtaggressiv verhält. Es bedeutet auch, daß sie etwas mit ihm unternehmen, daß sie ganz allgemein an seinem Leben teilnehmen und ihn an ihrem Leben teilnehmen lassen. Unter diesen Bedingungen wird es dann möglicherweise nicht mehr zu aggressivem Verhalten greifen müssen, um Aufmerksamkeit und Zuwendung zu erlangen.

Wenn also klar ist – und das ist nicht einfach zu entscheiden – um welche Art von Erfolg es dem Kind geht, dann ist entscheidend, daß dieser Erfolg durch das aggressive Verhalten nicht zu erreichen ist. Wie bei Manuels Geschichte klar wurde, muß allerdings geklärt werden, ob das Kind nicht ein berechtigtes Ziel verfolgt, das für es auf anderem Wege nicht zu erreichen ist. Dann kann eine Änderung nur erfolgen, wenn die Bedingungen geändert werden. Daß ein solcher Mangel vorliegt, muß aber nicht sein. Der Wunsch nach Aufmerksamkeit kann auch dann mit aggressiven Mitteln verfolgt werden, wenn eigentlich kein Mangel an Zuwendung und Aufmerksamkeit zu bemerken ist – noch mehr Aufmerksamkeit würde dem Kind dann einfach noch besser gefallen.

Wenn mit Wutausbrüchen vor dem Hintergrund eigentlich ausreichender Zuwendung trotzem z.B. das Ziel erreicht werden soll, Aufmerksamkeit zu erlangen, dann kann es gut sein, diese Wutausbrüche zu ignorieren. Wenn es allerdings nicht um Aufmerksamkeit geht, sondern um ein anderes Ziel, dann kann das Ignorieren und somit die Duldung des aggressiven Verhaltens wiederum auch nicht der richtige Weg sein. Oft wird das aggressive Verhalten eingesetzt, um bestimmten Anforderungen nicht nachkommen zu müssen. Da Eltern um des lieben Friedens willen in solchen Situationen gerne gelegentlich nachgeben, wird das aggressive Verhalten auch hier durch Erfolg aufrechterhalten – und zwar besonders änderungsresistent, denn: Genau dieses Verhalten der Eltern – gelegentliches Nachgeben auf aggressives Verhalten des Kindes hin – stellt eine intermittierende Verstärkung dar, die allen empirisch belegten Lerngesetzen zu Folge für die Herausbildung von besonders löschungsresistem Verhalten verantwortlich ist. Wenn die Kinder nur – z.B. – jedes fünfte oder zehnte Mal mit ihren Versuchen, durch aggressives Verhalten ihr Ziel zu erreichen, Erfolg haben, dann sind sie durch konsequentes Verhalten nicht so schnell von ihrem Verhalten abzubringen, denn sie sind es gewohnt, nicht ständig Erfolg zu haben und wissen, daß dies nur manchmal gelingt. Mißerfolge schrecken sie deshalb nicht so stark ab.

Es ist also besser, zumindest in einem Bereich damit anzufangen, auf das aggressive Verhalten des Kindes *immer* konsequent zu reagieren, als in vielen Bereichen halbwegs konsequent zu sein. Dies ist allerdings – vor allem in festgefahrenen Situationen – ein schweres Ziel, bei dessen Erreichen Eltern häufig Hilfe (z.B. durch Erziehungsberatung) in Anspruch nehmen. Bei den Gesprächen, die ich in der Beratungsstelle dann mit Eltern führe, wird oft deutlich, daß sie sich regelmäßig zu viel vornehmen, und zwar nach dem Motto „ab morgen wird *alles* anders“ . Dieses Ziel ist aber regelmäßig nicht zu erreichen, weil bei den festgefahrenen Verhaltensgewohnheiten, die sich in der Familie herausgebildet haben, diese Absicht zu unendlichen Kämpfen zwischen Eltern (häufig: Mutter) und dem betreffenden Kind führt, die morgens beim Aufstehen anfangen und abends beim Zu-Bett-gehen erst wieder enden. Dieser Endloskampf ist für die Eltern fast nicht zu gewinnen. Also brechen sie dann häufig nach einem halben Tag deprimiert wieder ab – und verhalten sich so inkonsequent wie vorher.

Nur ein schrittweises Vorgehen kann in solchen Fällen gelingen. Das bedeutet, ein Problem nach dem anderen anzugehen, also z.B.: Als erstes ändere ich die Hausaufgaben-Situation, werde da konsequent auf die Wutausbrüche reagieren. Erst wenn das funktioniert, wende ich mich der nächsten Situation zu, z.B. den morgendlichen heftigen Streitereien und werde dort mein Verhalten ändern, usw. Nach dem Durchlaufen einiger Problembereiche wird es dann auch immer leichter, die nächsten problematischen Situationen anzupacken, denn das Kind glaubt nun den Eltern, daß sie konsequent sind, weil es dies bei den vorherigen Problemen schon feststellen mußte. Während ich aber noch dabei bin, mein Verhalten in einer bestimmten Situation zu verändern, werde ich meine ganze Kraft darin investieren und das durchziehen – auch wenn der Rest des Tages genauso chaotisch abläuft, wie bisher auch.

Besonders erschwert wird die Umstellung des Erziehungsverhaltens in Richtung Konsequenz dadurch, daß die Kinder auf dieses Verhalten zunächst oft mit noch gesteigerter Aggression reagieren. Sie machen das, was mensch in Situationen, die bislang mit einem bestimmten Verhalten zu lösen waren und die nun schwieriger zu werden scheinen, eben so macht: Sie verstärken ihre Anstrengungen, sie schreien noch lauter, toben noch mehr usw. Erst wenn sie merken, daß auch das nichts nutzt, sind sie bereit, ein neues, angemesseneres Verhalten auszuprobieren. Diese Steigerung der Aggression kann die Nerven und die Entschlossenheit der Eltern auf eine harte Probe stellen, letztlich müssen sie diese Probe aber bestehen, denn ein anderer Weg als der der Konsequenz führt nicht zum Ziel. Konsequenz ist übrigens nicht mit besonders harten Strafen oder mit eigenem Herumschreien o.ä. zu verwechseln: Es geht einfach nur darum, ruhig und bestimmt – auch unter Zuhilfenahme angemessener negativer Konsequenzen (Strafen) – für die Einhaltung der Regeln zu sorgen.

Ein überaus häufiges Beispiel für Regelprobleme verbunden mit endlosen Streitereien und aggressivem Verhalten der Kinder (und der Eltern) ist das leidige Aufräumen des Kinderzimmers. Das mag sich nach einer Kleinigkeit anhören, führt aber in vielen Fällen zu ausgeprägten Auseinandersetzungen mit höchst aggressiven Äußerungen und Handlungen von beiden Seiten. Häufig ist der Ablauf folgendermaßen: Die Eltern fordern ihr Kind auf, sein oder ihr Zimmer aufzuräumen und das Kind antwortet „Jaja“ und räumt sein Zimmer nicht auf. In den nächsten Tagen wiederholt sich diese Szene, allerdings mit immer längeren Dialogen in sich steigernder Lautstärke vor dem Hintergrund eines immer unaufgeräumteren Zimmers, in dem irgendwann vor lauter herumfliegendem Zeugs kein freier Platz mehr am Boden ist. Die Auseinandersetzung wird von beiden Seiten mit hoher verbaler Aggression ausgetragen. Nachgiebige Eltern werden spätestens jetzt selber das Zimmer aufräumen, durchsetzungsstärkere Eltern werden ihre Lautstärke noch weiter steigern und eventuell handgreiflich ihrem Wunsch Nachdruck verleihen und so ihr Kind „überzeugen“. In beiden Fällen geht der Streit einige Tage später wieder von vorne los.

Dieses aus Sicht der Eltern mangelnde Regeleinhaltung des Kindes und aus der Sicht des Kindes lästige Einmischerei der Eltern in die eigenen Angelegenheiten kann zu einer wachsenden Krise ausarten, die aggressive Wutausbrüche hervorbringt und völlig entnervte Beteiligte zurückläßt, die kaum noch ruhig miteinander reden können. Wenn mensch eine demokratische Erziehungshaltung für wünschenswert hält, dann ist hier zunächst einmal zu erkennen, daß es sich um eine Regel der Eltern handelt, die erstens unklar ist (wann soll wieviel aufgeräumt werden?) und zweitens nicht vom Kind mitgetragen wird. Wenn das Kind sich nicht besonders für Ordnung interessiert – was häufig der Fall ist – ist es doch seine Sache, wenn es sein Zimmer unordentlich läßt – vorausgesetzt, es stört damit nicht die Rechte anderer Familienmitglieder. Das ist aber häufig der Fall, wenn z.B. ein Elternteil das Zimmer sauber halten muß, aber auch im Hinblick auf Pilze und Schädlinge, für die, wenn zur Unordnung noch Unsauberkeit hinzukommt, das Zimmer zum Ausgangspunkt der Besetzung der Wohnung werden könnte.

Bei einer demokratischen Konfliktlösung sollten nun beide Interessen berücksichtigt werden. Das Interesse des Kindes an wenig Arbeit und einem Zimmer nach seinem Geschmack und das Interesse der Eltern an Sauberkeit und einem Mindestmaß an Ordnung, das nötig ist, um Sauberkeit herzustellen. Genau an diesem Punkt ist dann häufig, wenn die Regeln nun klar und eindeutig aufgestellt werden, eine Einigung möglich, die ungefähr folgenden Inhalt haben könnte: Einmal in der Woche, und zwar an einem festgelegten Tag zu einem genau festgelegten Zeitpunkt hat das Zimmer ordentlich zu sein. Ordentlich heißt z.B.: Keine Sachen liegen auf dem Boden, keine Essens- und Getränkereste im Zimmer, alle Zugänge zu Schränken, Fenstern, Schubladen sind frei, so daß sie prinzipiell benutzt werden könnten. An diesem Tag kann das Zimmer dann gereinigt werden. An allen anderen Tagen aber darf das Zimmer so aussehen, wie es dem Kind beliebt – und die Eltern dürfen nicht darüber motzen usw. Darüberhinaus ist es unbedingt notwendig, die Konsequenz der Nicht-Einhaltung der Regel zu klären. Bewährt hat sich z.B., daß alle Dinge, die das Reinigen des Zimmers behindern, weil sie z.B. zur vereinbarten Zeit vereinbarungswidrig noch auf dem Boden herumliegen, in einen Sack gepackt werden, der etwa für zwei Monate im Keller oder für immer in der Mülltonne verschwindet. Es ist nicht nötig, daß die Eltern ihr Kind vorher an das Datum erinnern oder daß dann noch geschimpft oder geschrieen wird. Wichtig ist nur, daß die Vereinbarung, auf die sich alle Seiten geeinigt haben, eingehalten wird, bzw. daß bei Regelverletzung die ebenfalls vereinbarten Konsequenzen ruhig aber bestimmt durchgehalten werden. Es kommt im Falle des Falles (Sachen in den Sack) mit hoher Wahrscheinlichkeit zu erheblichen Wutausbrüchen des Kindes, wenn es konsequentes Verhalten der Eltern nicht gewohnt ist, aber es könnte den Vorteil haben, daß das Kind den Eltern beim nächsten Mal glaubt, daß sie konsequent sind und die vereinbarten Regeln einhält.

Dieses etwas lang ausgefallene Beispiel soll *eine* Möglichkeit verdeutlichen, wie demokratische und gleichzeitig konsequente Erziehung aussehen kann. Natürlich können auch ganz andere Vereinbarungen und Regeln getroffen werden als in dem Beispiel, und vielen LeserInnen (die diesen klein erscheinenden Streitpunkt nicht als besonders problematisch kennengelernt haben) wird die Lösung kompliziert und überzogen vorkommen. Für viele Familien ist nach meiner Erfahrung aber genau dieser Konflikt bedeutsam und hält sie andauernd in Aufregung. Die kompliziert erscheinende Lösung ist dann eigentlich einfach und klar, wenn sie die Alternative zu jahrelangen (!) intensiven Auseinandersetzungen darstellt. Wichtig ist mir das vorher eingeführte Prinzip, das auch durch dieses Beispiel deutlich wird: Die Regel sollte demokratisch unter Berücksichtigung aller Familienmitglieder einvernehmlich getroffen werden – ihre Einhaltung ist dann allerdings, nachdem sie einmal vereinbart wurde, nicht mehr Verhandlungssache. An dieser Stelle muß Konsequenz erfolgen, auch wenn die Konsequenz zu erheblicher Wut und Aggression führt. Im Gegenteil: Es ist dann wichtig, daß das Kind nicht mit aggressivem Verhalten eine Ausnahme von der Regel erreichen kann.

Eine schwierige Aufgabe für Erziehende besteht auch darin, den richtigen Weg zwischen Gängelei auf der einen Seite und Vernachlässigung auf der anderen Seite zu finden, denn beide Erziehungsverhaltenweisen sind ungünstig und fördern auch aggressives Verhalten. Sich mit dem Kind zu beschäftigen und sich für seine Freizeitaktivitäten und seine Freundinnen und Freunde zu interessieren, hat viele positive Auswirkungen. So fördert es z.B. die Beziehung zwischen Eltern und Kindern, wenn die Eltern ein ehrliches Interesse zeigen. Eine solche gute Beziehung ist – wie den Ergebnissen zur Aggressionsforschung zu entnehmen ist – auch ein wichtiger Schritt auf dem Weg zu weniger aggressivem Verhalten des Kindes.

Eine Form der Vernachlässigung ist es, wenn die Kinder in Ermangelung eines realen, erwachsenen Ansprechpartners stattdessen ständigen Kontakt mit dem Fernseher pflegen: In diesen Fällen ist die aggressionssteigernde Wirkung des Fernsehens nicht von der Hand zu weisen, während allgemein eher nicht davon ausgegangen werden sollte, daß das gelegentliche Sehen von gewalthaltigen Fernsehprogrammen aus einem ausgeglichenen und ruhigen Kind einen aggressiven Raufbold macht. Sinnvoll ist es hingegen, Kinder nicht vor – altersangemessenen – gewalthaltigen Medieninhalten zu „schützen“, sondern mit dem Kind darüber zu reden und ihnen zu ermöglichen, sich angemessen mit diesen Inhalten auseinanderzusetzen.

In bezug auf aggressives Verhalten von Kindern gibt es allerdings eine herausragende Tatsache: Eltern, die selber aggressiv sind, möglicherweise z.B. aggressives Erziehungsverhalten zeigen, brauchen sich nun wirklich nicht zu wundern, wenn die Kinder das von ihnen einfach abgucken. Wenn Pappi Ohrlaschen verteilt, wenn ihm was nicht paßt, und damit auch noch erfolgreich ist, dann ist Pappi halt ein prima Modell. Therapien mit aggressiven Kindern, die von ihren Eltern erheblich geschlagen werden, oder die immer wieder gewaltsame Auseinandersetzungen zwischen ihren Eltern miterleben müssen, sind erfahrungsgemäß erfolglos. Die familiäre Hölle ist nicht durch eine wöchentliche Therapiestunde aus den Köpfen der Kinder zu vertreiben. Aus Gründen der Menschwürde, aber auch, um aggressives Verhalten zu vermindern, ist es erforderlich, daß das elterliche Züchtigungsrecht in Deutschland abgeschafft wird, wie es in vielen anderen zivilisierten Ländern auch geschehen ist. Sicherlich wird dadurch nicht jede Gewalttat von Eltern ihren Kindern gegenüber ausgeschlossen – aber es macht in den Köpfen einen Unterschied, ob das Schlagen von Kindern gesetzlich festgeschrieben eine zugelässene Erziehungsmaßnahme ist, oder ob es eine strafbare Handlung darstellt.

Kritiker wenden manchmal ein, daß es unhaltbare Zustände gäbe, wenn Kinder nun ihre Eltern wegen jeder Ohrfeige anzeigen würden. Diese Gefahr gibt es allerdings nicht. Kein Kind käme auf eine solche Idee, wenn Eltern sich in ihrer menschlichen Wut einmal vergessen und ihr Kind schlagen. Solche Dinge kommen vor und sind zwar beim besten Willen kein Erziehungsmittel, aber auch keine Katastrophen. Bei einer auch nur halbwegs intakten Eltern-Kind-Beziehung – wozu die Eltern natürlich eine Menge beitragen können – wird es solche Anzeigen nicht geben, die Vorstellung ist weltfremd und albern.

Erziehung zur Friedfertigkeit setzt voraus, daß Kinder in den Familien, in denen sie aufwachsen, positive Erfahrungen mit positiven Beziehungen machen können. Solche positiven Erfahrungen setzen auch Regeln voraus, die klar und eindeutig sind, denn Regeln bedeuten auch Verläßlichkeit. Gewalt allerdings kann schon aus psychologischen Gründen nicht zur Friedfertigkeit führen und es ist unverständlich, daß Gewaltausübung (die „gute alte Tracht Prügel“) gegen schwache Kinder gesellschaftlich immer noch mehr oder weniger akzeptiert wird.

Zusammenfassung

Für eine Erziehung zur Friedfertigkeit ist ein liebevoll-konsequentes Erziehungsverhalten kennzeichnend. Die Kinder werden mit ihren persönlichen Eigenarten angenommen und müssen gleichzeitig lernen, auch die Grenzen anderer Menschen, angefangen bei ihrer Familie, zu respektieren.

Das Familienleben sollte möglichst demokratisch organisiert sein. Die Kinder brauchen die Erfahrung, nicht nur als Befehlsempfänger dazustehen, sondern selber Regeln mitgestalten zu können, die sie dann auch engagiert mit vertreten können. Eine Möglichkeit zu demokratischer Konfliktregelung ist der „Familienrat“ , bei dem alle Familienmitglieder gleichberechtigt zusammenkommen können, um einvernehmliche und verbindliche Entscheidungen zu treffen.

Wut und Aggression von Kindern kann natürlich dann nicht reduziert werden, wenn wichtige Grundbedürfnisse der Kinder, z.B. der Wunsch nach angemessener Zuwendung nicht genügend berücksichtigt werden. Kinder, die um die Aufmerksamkeit ihrer Eltern kämpfen müssen, werden dies auch tun – mit allen Mitteln. Wichtig ist also, daß die Eltern ihren Kindern ehrliches Interesse entgegenbringen, an deren Leben teilhaben und die Kinder auch an ihrem Leben teilhaben lassen. Das vielgescholtene Fernsehen spielt nur dann eine wichtige Rolle für die Neigung der Kinder zur Aggressivität, wenn sie zuviel fernsehen, weil sie ansonsten in der Familie keinen Ansprechpartner oder keine Ansprechpartnerin haben.

Wenn aber die Kinder unangemessene Ziele mit ihrem aggressiven Verhalten verfolgen, ist von höchster Wichtigkeit, daß sie damit nicht erfolgreich sind, denn jeder Erfolg verstärkt die aggressive Verhaltensgewohnheit erneut. Eltern von häufig aggressiven Kindern, die ihr Verhalten in allen Konfliktsituationen in Richtung Konsequenz verändern wollen, kämpfen wie Sancho Pansa gegen Windmühlen: Es gibt zu viele Konfliktsituationen, als daß die Eltern jedesmal die Kraft aufbringen könnten, konsequent und ruhig zu reagieren. Stattdessen sollte mit einzelnen problematischen Situationen begonnen werden. In diesen Situationen sollte dann aber immer konsequent gehandelt werden. Wenn es in dieser einen Situation funktioniert, kann die nächste Situation angegangen werden.

Von zentraler Bedeutung bei einer Erziehung zur Friedfertigkeit ist der Verzicht der Eltern auf Gewaltanwendung in der Erziehung. Der Zusammenhang zwischen aggressivem Erziehungsverhalten der Eltern einerseits und aggressivem Verhalten der Kinder und weiteren Problemen andererseits ist so eindeutig, daß aus psychologischen Gründen – ebenso wie aus Gründen der Menschenwürde – diesbezüglich gesetzliche Veränderungen angestrebt werden sollten, die den Eltern die Anwendung physischer Gewalt in der Familie verbietet.

2 Aggressive Kinder in der Therapie

Ergebnisse der Psychotherapieforschung zur Therapie aggressiver Kinder

Es gibt eine Fülle von empirischen Forschungsarbeiten zur Wirkung kognitiv-verhaltenstherapeutischen Therapien bei aggressiven Kindern und Jugendlichen, deren Ergebnisse hier in gebotener Kürze geschildert werde sollen. Zwar gibt es auch Anregungen aus anderen Therapierichtungen, etwa aus der Individualpsychologie (z.B. Lehmkuhl, 1988), der analytischen Kinder- und Jugendpsychotherapie (z.B. Horn, 1988) oder aus der personenzentrierten Psychotherapie (z.B. Kemper, 1988), jedoch werden diese Konzepte häufig nur anhand von Fallbeispielen und theoretischen Überlegungen begründet.

Interessant erscheint in diesem Zusammenhang auch, daß die Psychoanalytiker Redl und Wineman (1976/1952) schon in den fünfziger Jahren aus ihrer Erfahrung mit aggressiven Kindern eine Fülle von „Tricks" entwickelt haben, wie man in konkreten Situationen mit Kindern umgehen soll. Diese „Tricks" erscheinen wie eine Vorwegnahme vieler verhaltenstherapeutischer Methoden, allerdings geben die Autoren zu bedenken, „... daß es uns fernliegt, therapeutische Prozesse durch eine Trickkiste zu ersetzen" (op. cit., S. 124), d.h., die verhaltensorientierten Hinweise sehen die Autoren als Ergänzung zur tiefenpsychologischen Therapie.

Kognitiv-verhaltenstherapeutische Verfahren erwiesen sich in vergleichenden Untersuchungen durchgängig anderen Verfahren gegenüber als deutlich überlegen. Dies belegen die Ergebnisse von Kazdin, Esveldt-Dawson, French und Unis (1987) bei einem Vergleich von kognitiv-behavioraler Therapie mit humanistischer Therapie und einem Aufmerksamkeits-Placebo bei klinisch aggressiven Kindern. Kendall, Reber, McCleer, Epps und Ronan (1990) erzielten bei sechs- bis dreizehnjährigen stationär behandelten aggressiven Kindern mit einer kognitiv-behavioralen Therapie ebenfalls erheblich bessere Erfolge in der Selbst- und in der Lehrereinschätzung als mit einer einsichtsorientierten Therapie. Allerdings waren diese post-treatment-Ergebnisse sechs Monate später nicht mehr stabil. Im Gegensatz dazu waren in einer Untersuchung von Kazdin, Bass, Siegel und Thomas (1989) die Ergebnisse im Eltern- und Lehrerurteil auch langfristig stabil: Eine kognitiv-verhaltenstherapeutische Therapie war bei massiv aggressiven Kindern erheblich erfolgreicher als eine klientenzentrierte Behandlung. B. H. Schneider (1991) verglich ein kognitiv-behaviorales Training mit einer verhaltenstherapeutischen Desensibilisierung bei aggressiven Kindern und fand, daß zwar in beiden Gruppen prosoziales Verhalten aufgebaut wurde, daß aber dennoch in der kognitiv-behavioral behandelten Gruppe das aggressive Verhalten stärker verringert wurde.

Somit dürfte insgesamt kaum infrage zu stellen sein, daß kognitiv-behaviorale Therapien als die Verfahren der Wahl bei der Behandlung aggressiver Kindern gelten können. Dennoch bleiben viele Fragen offen, denn auch kognitiv-verhaltenstherapeutische Therapien sind offensichtlich bei verschiedenen Klienten-, Alters- und Problemgruppen unterschiedlich wirksam. Darüber hinaus sind die jeweils untersuchten kognitiv-behavioralen Therapien zwar bezüglich der theoretischen Grundannahmen ähnlich, unterscheiden sich aber im Detail bezüglich der konkret verwendeten therapeutischen Methoden doch recht deutlich voneinander. Eine detailierte Analyse der Wirkung kognitiv-behavioraler Therpien bei aggressiven Kindern ergibt über die allgemeine Feststellung der Wirksamkeit hinaus ein durchaus komplexes und nicht ganz einheitliches Bild.

Einerseits werden kognitiv-behaviorale Verfahren insgesamt als wirksam beschrieben (z.B. Matthys & van Engeland, 1992; Vitaro & Tremblay, 1994, als Präventivprogramm; Lochman, 1992, bei massiv aggressiven Jungen; Etscheidt, 1991, sowie Guerra & Slaby, 1990 und Goldstein & Glick, 1994 jeweils bei aggressiven Jugendlichen). Andererseits konnten Lochman, Coie, Underwood und Terry (1993) z.B. feststellen, daß ein kognitiv-verhaltenstherapeutisches Training nur bei den Kindern erfolgreich war, die von ihren Altersgenossen wegen ihrer Aggressivität zurückgewiesen wurden – was z.B. darauf schließen lassen könnte, daß nur diese Kinder ausreichende Therapiemotivation besaßen. Es muß also weniger untersucht werden, ob eine Therapie insgesamt im Mittelwert erfolgreich ist. Entscheidender ist die Frage, welche konkreten Therapiemaßnahmen und welche TherapeutInneneigenschaften bei welchen speziellen Problemen und Rahmenbedingungen hilfreich sind (vgl. Kazdin, 1990).

Kendall, Reber, McCleer, Epps und Ronan (1990) konnten etwa herausarbeiten, daß diejenigen Therapeutinnen und Therapeuten, die in der Durchführung dieser Therapie erfahren waren, bessere Therapieerfolge zu verzeichnen hatten, als diesbezüglich unerfahrene Therapeuten und Therapeutinnen.

Durlak, Fuhrman und Lampman (1991) beschäftigten sich in ihrer umfangreichen Meta-Analyse mit der Frage, wie die z.T. unterschiedliche Effektivität kognitiv-verhaltenstherapeutischer Therapien mit aggressiven Kindern zu erklären sein könnte. Die Ergebnisse ihrer Effektstärken-Berechnungen bedeuten insgesamt eine deutliche Bestätigung der Wirksamkeit kognitiv-behavioraler Therapien bei Kindern. Erstaunlicherweise konnten allerdings keine bedeutsamen Zusammenhänge zwischen Veränderungen der Kognitionen der betroffenen Kinder und den erzielten Verhaltensänderungen beobachtet werden (vgl. dazu auch Pepler, King & Byrd, 1991). Es zeigte sich, daß Kinder mit weniger massiven Auffälligkeiten stärker von den untersuchten Therapien profitierten als weniger massiv auffällige (siehe hierzu auch Kazdin, Mazurick & Siegel, 1994).

Die AutorInnen teilten die Kinder nach dem angenommenen kognitiven Entwicklungsstand nach Piaget (z.B. 1969) in verschiedene Altersklassen auf. Dabei gingen sie davon aus, daß Kinder unter sieben Jahren einen präoperationalen Entwicklungsstand aufweisen. In diesem Entwicklungsstadium denken Kinder noch nicht abstrakt, sondern durchgängig anschaulich. Sie können noch keine angemessenen Regeln aus ihren Beobachtungen ableiten und betrachten Dinge eindimensional, d.h. erfassen kognitiv immer nur Teilaspekte einer Situation. Kinder im Alter von sieben bis elf Jahren ordneten die AutorInnen dem konkret-operationalen Entwicklungsstadium zu. In diesem Alter haben die Kinder einen adäquaten Zahlbegriff entwickelt, sie können ihre Beobachtungen in einfache aber angemessene Strukturen einordnen und viele grundlegende Zusammenhänge werden erkannt. Die Kinder ab zwölf Jahren ordneten die AutorInnen dem formal-operatorischen Stadium zu. In diesem Entwicklungsstadium erlangen die Kinder zusätzlich noch die Fähigkeit, zunächst nicht vorhandene Informationen in ihre Problemlösungen einfließen zu lassen, ihre Klassifikationen der Wirklichkeit werden zu komplexen Systemen.

Die Berechnungen der AutorInnen, bei denen sie die Kinder wie eben beschrieben nach dem Lebensalter Kategorien zuordneten, die einem bestimmten kognitiven Entwicklungsstand nach Piaget entsprechen, ergaben, daß besonders diejenigen aggressiven Kinder von kognitiv-behavioralen Therapien profitieren können, bei denen aufgrund ihres Alters zu erwarten ist, daß sie das formal-operationale Stadium kognitiver Entwicklung erreicht haben. Dieses Ergebnis erscheint nicht ohne Weiteres verständlich, da einerseits die Entwicklung der Effektstärken bei den Ergebnissen der Meta-Analyse nicht linear mit dem Alter verläuft (die Effektstärken bei Kindern im präoperationalen Stadium sind höher als bei Kindern im konkret-operationalen Stadium) und da andererseits doch ein anderes Ergebnis der Untersuchung besagt, daß kognitive Veränderungen nicht mit Verhaltensveränderungen korrelieren. Dieses Ergebnis steht darüber hinaus im Widerspruch zu den Ergebnissen von Ronen (1994), der die Wirkung eines Selbstkontrolltrainings bei Zweit- (vermutlich konkret-operationales Stadium) und Sechstklässlern (vermutlich formal-operationales Stadium) untersuchte. Beide Gruppen erzielten gute Ergebnisse, die Zweitklässler allerdings schnitten besser ab als die älteren Kinder. Hier besteht offensichtlich weiterer Forschungsbedarf. Die Anzahl der in die Metaanalyse von Durlak, Fuhrman und Lampman (1991) einbezogenen Studien, die Therapien mit jüngeren und älteren Kindern berücksichtigten, war auch nach Aussage der AutorInnen selbst nicht ausreichend für weitreichende Schlußfolgerungen.

Ein anderer Weg, um aggressives Verhalten von Kindern zu vermindern, ist die Durchführung von Elterntrainings. Auch zu diesen kognitiv-verhaltenstherapeutischen Trainings existieren Effizienzstudien. Dumas (1992) berichtet, daß Elterntrainings gute Erfolge erzielen können. Sutton (1992) schildert einen Vergleich zwischen einem Elterntraining in Gruppen, einem Einzelelterntraining, einem Telefonelterntraining und einer Wartekontrollgruppe. Es stellte sich heraus, daß sowohl Gruppen- als auch Einzelelterntraining dem Telefontraining überlegen war und daß die Ergebnisse auch ein Jahr nach Beendigung des Trainings noch stabil waren.

Prinz und Miller (1988, zit. nach Dumas, Blechman & Prinz, 1992) verglichen ein Standard-Eltern-Training zur Verbesserung der Eltern-Kind-Interaktion mit einem erweiterten Elterntraining, bei dem auch Probleme der Erwachsenen (Arbeitsstress, persönliche Sorgen, emotionale Probleme, u.a.) berücksichtigt wurden. Es war zu beobachten, daß bei dem erweiterten Training eine signifikant geringere drop-out-Quote zu verzeichnen war, und daß die Compliance (Therapie-Mitarbeit) und die Zufriedenheit der Eltern in dieser Trainingsgruppe bedeutend höher war. Lawes (1992) berichtet, daß auch Eltern aus niedrigeren Sozialschichten, die allgemein eher als schwierigere KlientInnen eingeschätzt werden, von Elterntrainings profitieren.

Schließlich sind auch kombinierte Trainings untersucht worden, bei denen die Kinder ein Trainingsprogramm absolvieren und auch mit den Eltern gearbeitet wird. Z. B. führten Pfiffner, Jouriles, Brown, Etscheidt und Kelly (1990) zusätzlich zur Therapie der aggressiven Kinder ein Problemlösetraining für deren alleinerziehenden Mütter durch, in dem allgemein strukturiertes Herangehen an Problemsituationen geübt wurde. Dadurch konnte der positive Effekt der Kindertherapien noch verstärkt werden. Bei Eltern mit Paarproblemen erhöhte eine zusätzliche Paartherapie der Eltern ebenfalls die Effekte der Kindertherapien (Dadds, Schwartz & Sanders, 1987). Auch bei einem Präventionsprogramm mit Kindern aus den ersten Schuljahren ließ sich die Wirksamkeit erhöhen, wenn Elternarbeit miteinbezogen wurde (Tremblay, McCord, Boileau, Charlebois, Cagnon, Le Blanc & Larive, 1991). Die Wirksamkeit solcher Kombinationstherapien wird auch von Pepler, King und Byrd (1991) und von Petermann und Warschburger (1994, in bezug auf Vorschulkinder) bestätigt.

Zwar ist die Befundlage insgesamt positiv, doch es muß trotzdem darauf hingewiesen werden, daß auch kognitiv-verhaltenstherapeutische Interventionen bei aggressiven Kindern nicht immer erfolgreich sind (vgl. Dumas, 1989; Baer & Nietzel, 1991). Die Suche nach weiteren Therapievorschlägen, die bewährte Methoden miteinander kombinieren, ist also mit hohem Interesse zu verfolgen. Beispiele für solche Kombinationen bieten etwa Heekerens (1987; 1988), der die „Funktionelle Familientherapie“ vorstellt, die systemische und kognitiv-verhaltenstherapeutische Sichtweisen kombiniert, oder auch Kossak (1993, S. 699ff.), der bei einem schweren Fall von kindlicher Aggressivität, bei dem die Eltern – wie leider häufig (vgl. Borg-Laufs, 1996) keine Änderungsmotivation zeigen, kognitiv-verhaltenstherapeutische Methoden mit Hypnose kombiniert.

Es stehen insgesamt viele konkrete Therapiemethoden zur Verfügung, mit denen mehr oder weniger starke Effekte erzielt werden können. Eine entscheidende Frage ist, welche Therapiemethoden im konkreten Einzelfall eingesetzt werden sollten. Luiselli (1991) stellt in einer Übersicht dar, welche verhaltenstherapeutischen Methoden kindlichen Verhaltensstörungen in Abhängigkeit von der Art ihrer Verstärkung bzw. Aufrechterhaltung zugeordnet werden können.

Für den deutschsprachigen Raum liegt mit dem „Training mit aggressiven Kindern“ (Petermann & Petermann, 1994a) ein komplexes – d.h., unterschiedliche Verstärkungsmodi berücksichtigendes – Verhaltenstraining für aggressive Kinder vor. Dieses Behandlungsprogramm beinhaltet auch begleitende Elternarbeit.

Petermann und Bochmann (1993) unterzogen diejenigen Studien, die die Effektivität der komplexen Verhaltenstrainings „Training mit aggressiven Kindern“ und „Training mit sozial unsicheren Kindern“ (Petermann & Petermann, 1994b) untersuchten, einer Meta-Analyse (einbezogene Studien zu aggressivem Verhalten: Drescher, 1987; Jungglas, 1987; Lessenich, 1987; Lohan, 1982; Petermann, 1987b; Petermann & Vianden-Gabriel, 1992). Insgesamt gelangen die Autoren zu folgenden Schlußfolgerungen: „Die Ergebnisse der Metaanalyse bestätigen die Effektivität des Trainings mit sozial unsicheren bzw. aggressiven Kindern. Eine Interpretation kann unter verschiedenen Perspektiven vorgenommen werden: Zunächst kann die Wirksamkeit beim Abbau spezifischer Verhaltensauffälligkeiten bestätigt werden, da die Metaanalyse die Wirksamkeit der einzelnen Kategorien isoliert betrachtet. So ist es möglich, spezifische, auf die konkrete Störung zugeschnittene Trainings, zusammenzustellen. Die Wirkung der Trainings wurde durchgängig belegt, d.h., das Training wirkt innerhalb der Diagnoseklasse, unabhängig von Klientenmerkmalen; Teile des Gruppentrainings werden in Alltagssituationen durchgeführt. Hier zeigt die Metaanalyse die Unabhängigkeit von klientenspezifischen Alltagssituationen. In die Analyse gehen die Erhebungen mehrerer Therapeuten ein. Die Ergebnisse von Beelmann (1990), daß Verhaltenstrainings unabhängig von Therapeuten sind, konnte auch hier nachgewiesen werden. Die Daten für diese Analyse wurden in verschiedenen Organisationen erhoben. Hier konnte gezeigt werden, daß das Verhaltenstraining für sozial unsichere bzw. aggressive Kinder weitgehend unabhängig von den institutionellen Rahmenbedingungen ist." (Petermann & Bochmann, 1993, S. 150). Auch in Kinderheimen konnte das Training erfolgreich durchgeführt werden (Steinke 1987; 1990).

Leider muß davon ausgegangen werden, daß solche wirksamen Therapieverfahren in der psychosozialen Versorgung nicht in ausreichendem Maß angeboten werden, da nondirektive Verfahren in der Kinder- und Jugendlichenpsychotherpie immer noch die größte Rolle spielen (vgl. Remschmidt & Walter, 1989).

„Training mit aggressiven Kindern"

Möglicherweise sind Sie durch die zum Abschluß des letzten Kapitels berichteten Ergebnisse der Untersuchungen zum „Training mit aggressiven Kindern" nun neugierig darauf geworden, wie der konkrete Ablauf eines solchen Trainings aussieht. Daher wird das Training nun etwas näher vorgestellt.

Petermann und Petermann (1994a) schlagen zur Diagnostik drei Datenquellen (Befragung des Kindes, Beobachtung des Kindes, Befragung und Beobachtung der Bezugspersonen) vor, mit denen Informationen auf drei Ebenen (Einstellungen, Verhaltensweisen, Umweltbedingungen) erhoben werden können.

Für das Erstgespräch mit den Eltern steht ein standardisierter Explorationsbogen zur Verfügung, mit dessen Hilfe das Gespräch geführt werden kann. Dieser Explorationsbogen berücksichtigt neben den allgemeinen biographischen Daten vor allem Daten zu den sozialen Beziehungen in der Familie und Daten, die differenzierte Verhaltensanalysen in verschiedenen Lebensbereichen (Schule, Geschwister, Gleichaltrige, Eltern-Kind-Kontakt) ermöglichen sollen.

Bei den diagnostischen Kontakten mit dem Kind sehen die AutorInnen ebenfalls verschiedene standardisierte Hilfen vor, die neben der Exploration und Beobachtung des Kindes eingesetzt werden sollen. Neben einer Verstärkerliste (LEV-K, im Trainingsbuch enthalten) kommt vor allem der EAS („Erfassungsbogen für aggressives Verhalten in konkreten Situationen", Petermann & Petermann, 1992) zum Einsatz. Der EAS unterscheidet sich deutlich von anderen Aggressionstests, da er eine differenzierte Einschätzung des Verhaltens in verschiedenen Alltagssituationen ermöglicht. Neben der Bestimmung des allgemeinen Aggressivitätslevels (Prozentrang) können vor allem verschiedene Arten der Aggression (verbal, nonverbal, direkt, hinterhältig, fremdpersonenbezogen, selbstbezogen, gegenstandsbezogen) unterschieden und verschiedenen Kontexten (Schule, Elternhaus, Spiel mit Gleichaltrigen) zugeordnet werden (vgl. zum EAS Petermann, 1987a; Zimmermann, 1989).

Als Beobachtungsverfahren werden von den AutorInnen der TMK (Beobachtungsbogen zur Therapiemitarbeit des Kindes) und der BAV (Beobachtungsbogen für aggressives Verhalten) angeboten. Beide Verfahren müssen von geschulten Beobachtern durchgeführt werden. Der BAV kann in einigen Fällen auch von den Eltern angewendet werden. Er erfaßt zehn Kategorien unangemessenen und vier Kategorien angemessenen sozialen Verhaltens. Die Auftretenshäufigkeit der entsprechenden Verhaltensweisen wird auf einer fünfstufigen Skala von „nie" bis „immer" kodiert. Wegner (1993, S. 196) urteilt über die Diagnostik mittels TMK und BAV: „Die für aggressives Verhalten bei Kindern diagnostisch relevanten Informationen sind mit den angesprochenen und vorgestellten Verfahren hinsichtlich ihrer funktionalen Beziehung untereinander gut zu analysieren. Ein dadurch entwickeltes einzelfallorientiertes hypothetisches Störungsmodell stellt die Grundlage für die Behandlungsplanung dar ... Therapeutisches Handeln wird durch vorgenannte Vorgehensweise, wie sie durch die Entwicklung von therapietheorienahen operationalisierten Erhebungsverfahren überhaupt erst möglich wird, informationsgeleitet planbar und orientiert sich am Ergebnis der diagnostischen Prozedur, so daß hier bei Aggressivität von Kindern eine gute Abstimmung zwischen Diagnostik und kontrollierter Therapie möglich wird ...". Allerdings muß auch bedacht werden, daß der Einsatz dieser an sich außerordentlich sinnvollen Evaluationsmittel in der Praxis oft zu aufwendig erscheint (vgl. Borg-Laufs, 1996).

Im Anschluß an die diagnostischen Termine wird mit dem Kind ein Therapievertrag abgeschlossen. Diese Prozedur ist für die Kinder in der Regel sehr spannend, sie fühlen sich ernstgenommen und entwickeln noch stärkeres Interesse an den Terminen.

Dann beginnt das eigentliche Training. Die nachfolgende Abbildung 9 verdeutlicht den Ablauf des Trainings, das mit einem Einzeltraining von mindestens vier Stunden Dauer beginnt und dann in ein Gruppentraining übergeht, bei dem zunächst – damit die Kinder sich kennenlernen können – ausschließlich gespielt wird. Anschließend folgen noch einmal mindestens sechs strukturierte Gruppentrainingssitzungen. Begleitend finden vier zweistündige Elternsitzungen statt.

Das Einzeltraining besteht aus etwa vier bis acht jeweils gleich strukturierten Stunden, die in wöchentlichen Abständen unterschiedliche, aufeinander aufbauende und auf das jeweilige Kind zugeschnittene Inhalte bieten. Petermann und Petermann unterscheiden zwischen stundenübergreifenden und stundenspezifischen Zielen. Die stundenübergreifenden Ziele, deren Verwirklichung also in jeder Therapiestunde verfolgt werden, sind bessere Selbstbeobachtung, Entspannung und das Erkennen des Zusammenhangs von Verhalten und Konsequenzen. Die Verfolgung dieser übergreifenden Ziele führt zu einer festen Struktur der jeweiligen Trainingsstunden. Zunächst wird ein Selbstbeobachtungsbogen („Detektivbogen") ausgewertet, den das Kind zwischen den Sitzungen täglich ausfüllen soll. In diesen Bogen sind ein oder zwei Regeln am Ende der vorhergehenden Stunde eingetragen worden und das Kind vermerkt darin, ob es sich daran gehalten hat. In der Trainingsstunde gibt es keine Belohnungen für die entsprechende Regeleinhaltung. Vielmehr kann der ausgefüllte Bogen als problem- und ressourcenbezogener Gesprächseinstieg dienen und vor allem die Selbstbeobachtungsfähigkeiten des Kindes trainieren. Einige Kinder bearbeiten den Detektivbogen sehr gewissenhaft und engagiert – und profitieren dann auch stark von dem Training. Andere Kinder zeigen sich eher nachlässig und es ist die Aufgabe des Therapeuten bzw. der Therapeutin, die Motivation der Kinder zur Mitarbeit außerhalb der Trainingsstunden zu wecken.

Daran schließt sich ein Entspannungstraining an („Kapitän-Nemo-Geschichten"), in dem in kindgerechten Geschichten einige Formeln zu Ruhe, Schwere und Wärme aus dem Autogenen Training eingeflochten wurden. Es werden dann spezifische Stundenregeln (z.B. nicht zappeln, Blickkontakt halten, u.a.) vereinbart. Im weiteren Verlauf der Trainingsstunde werden vom Therapeuten (zusammen mit dem Kind) mehrmals Punkte für die Einhaltung der Regeln vergeben.

Der Hauptanteil der Trainingsstunde ist die etwa 20 bis 30 Minuten dauernde Arbeit mit spezifischem Material. Die für das jeweilige Kind relevanten Inhalte werden mit verschiedenen Medien (Video (Petermann & Petermann, 1996), Bildergeschichten, Comics u.a.) bearbeitet und in Gesprächen und Rollenspielen vertieft. Zum Abschluß der „Arbeitsphase" wird eine neue Regel für die Selbstbeobachtung zu Hause ausgesucht und in den „Detektivbogen" eingetragen.

Die Spielphase dauert dann – je nach Erfolg bei der Einhaltung der Stundenregel – fünf bis 20 Minuten: Therapeut und Kind werten aus, wieviel Punkte das Kind durch die Einhaltung der Stundenregel erworben hat. Durch die gemeinsame Auswertung werden die Kinder auch zu realistischen Selbstbewertungen angehalten. Die erworbenen Punkte werden als Belohnung in Spielminuten umgetauscht. Dadurch erfährt das Kind direkt die Konsequenzen des in der Stunde gezeigten Verhaltens. Das Spiel wird dann ganz nach den Wünschen des Kindes gestaltet.

Die spezifischen Ziele des Einzeltrainings sind in vier Blöcke unterteilt, die jeweils in ein bis zwei Trainingsstunden bearbeitet werden. Die Ziele der vier Blöcke lauten:

- Konfrontation mit Konfliktsituaionen (Differenzierte Wahrnehmung, Hineinversetzen können, Diskrimination erwünschter vs. unerwünschter Lösungen);
- Vorhersehen von Konsequenzen (Differenzierte Wahrnehmung, Hineinversetzen können, Diskrimination erwünschter vs. unerwünschter Lösungen, Vorhersehen von Konsequenzen);
- Bildinformation verstehen und verbalisieren (Differenzierte Wahrnehmung, Hineinfühlen können, Konfliktlösungen diskriminieren, angemessene Selbstbehauptung);
- Kritische Selbsteinschätzung (Differenzierte Wahrnehmung und Selbstwahrnehmung, mit Konsequenzen umgehen lernen).

Parallel zum Einzeltraining finden Elternkontakte statt, deren Ziel neben der Motivierung und Entlastung der Eltern das Bewußtmachen von Erziehungshaltungen und die Veränderung konkreten Erziehungsverhaltens ist.

Abbildung 9: Training mit aggressiven Kindern (Petermann & Petermann)

Einzeltraining (4 Sitzungen)

feste Sruktur jeder Sitzung:
Detektivbogen • Entspannung • Arbeit m. spezifischem Material (Video, Bildergeschichten, Rollenspiele, Reflexion, u.a.) • Hausaufgabenfestlegung • freies Spiel

Themen:
1) Konfrontation mit Konfliktsituationen ⇓
2) Vorhersehen von Konsequenzen ⇓
3) angemessene Selbstbehauptung ⇓
4) Selbstwahrnehmung, Umgang mit Konsequenzen ⇓

⇓

Gruppentraining (4 Sitzungen)
freies Spiel

⇓

Gruppentraining (6 Sitzungen)

feste Strukur jeder Sitzung
Detektivbogen • Entspannung • Stundenregelvereinbarung • Rollenspiel und Reflexion • Hausaufgabenfestlegung • freies Spiel

Themen:
1) Rollenspielregeln erarbeiten ⇓
2) Einfühlungsvermögen üben ⇓
3) Umgang mit Wut ⇓
4) Umgang mit Rückmeldung und Selbstkontrolle ⇓
5) Selbstwahrnehmung, Selbstinstruktion ⇓
6) Stabilisierung, Immunisierung ⇓

Elternberatung (4 Sitzungen)

feste Struktur jeder Sitzung:
Bericht des Therapeuten • Bericht der Eltern • spezifische Themen • neue Aufgaben

Themen:

1) Verhaltenszusammenhänge und Lernprinzipien vermitteln und eigens Erziehungsverhalten verdeutlichen

⇓

2) Verstärkungsbedingungen in der Familie und zwischen Familie und Unmwelt sowie Tokenpläne

⇓

3) Familienkonflikte und Konfliktlösungen sowie Umstrukturierungen des Familienlebens

⇓

4) Stabilisierung, Immunisierung

Damit die Erfolge des Einzeltrainings im Alltag stabil sein können, erhalten die Kinder dann im Gruppentraining die Gelegenheit, in strukturierten Situationen die neu gewonnenen Fähigkeiten mit anderen Kindern auszuprobieren. Idealerweise sollten drei bis vier Kinder eine stabile Gruppe bilden. Die Zusammensetzung der Gruppen ist eine schwierige Aufgabe, da der Pool an Klienten, die gleichzeitig die Indikation für ein Training mit aggressiven Kindern erhalten, in einer normalen Beratungsstelle, Praxis oder Klinikstation nicht so groß sein wird, daß eine wirklich differenzierte Auswahl vorgenommen werden kann. Die ideale Gruppe ist heterogen bezüglich Alter und Geschlecht, homogen bezüglich der Lernvoraussetzungen und der Symptomatik, aber wiederum heterogen bezüglich der Aggressionsart zusammengesetzt.

Das Gruppentraining beginnt mit einer freien Spielphase von bis zu vier Treffen. Diese Phase, in der die Kinder nach eigenen Wünschen miteinander spielen können, dient dem gegenseitigen Kennenlernen der Kinder, der Motivierung der Kinder, aber auch der Überprüfung der Gruppenzusammensetzung und dem Erkennen von bereits eingetretenen Verhaltensänderungen.

Die folgenden sechs bis acht Trainingskontakte weisen eine sehr ähnliche Struktur auf wie die Einzeltrainingstunden. Auch geben die stundenübergreifenden Ziele die formale Struktur der einzelnen Kontakte vor. Um das Ziel „Alltagstransfer" anzugehen, wird der Detektivborgen auch zu Beginn der Gruppenstunden ausgewertet. Daran schließt sich – zum Erregungsabbau – das Entspannungstraining an, das im Gruppensetting oft schwieriger durchzuführen ist, da eine solche Ruhesituation leicht zu stören ist und die ohnehin oft leicht ablenkbaren Kinder durch einen Störer bzw. eine Störerin schnell aus der Ruhe zu bringen sind. Anschließend wird eine für alle Kinder der Gruppe geltende Stundenregeln vereinbart. Die Kinder sammeln nun durch die Regeleinhaltung gemeinsam Punkte für eine möglichst lange anschließende Spielphase. Auch bei den Gruppenkontakten steht die Arbeit an stundenspezifischen Zielen mittels spezifischer Materialien, Rollenspielen und Diskussionen im Mittelpunkt. Danach werden neue Regeln für die Detektivbögen der Kinder erstellt und die Stunde wird mit freiem Spiel nach den Wünschen der Kinder abgeschlossen.

Die sechs Themen, die stundenspezifisch im Vordergrund stehen, sind:

- Diskussionsregeln und Rollenspielregeln erarbeiten;
- Einfühlungsvermögen und Geduld mit anderen;
- Wahrnehmung von Wut, Ursachen von Wut, Umgang mit Wut;
- Erkennen der Wirkung von Lob, Nicht-Beachtung und Tadel; Positive Rückmeldung geben; Frustrationstoleranz, Selbstkontrolle durch Selbstinstruktionen;
- Selbstwahrnehmung, Lösungen und passende Selbstinstruktionen für Konflikte;
- Stabilisierung und Immunisierung.

Im zweiten trainingsbegleitenden Elternkontakt werden die Verstärkungsbedingungen für das aggressive Verhalten des Kindes erarbeitet und Tokenpläne zur Verhaltensveränderung entworfen. Die dritte Doppelstunde mit den Eltern dient der Besprechung von Familienkonflikten und der Einleitung von Umstrukturierungen im Familienalltag. Im letzten Elternkontakt sollen die erreichten Veränderungen verstärkt und nochmals stabilisiert werden. In der Praxis einer Beratungsstelle muß allerdings die Anzahl der Elternkontakte häufig erhöht werden, da sich viele zusätzliche Probleme und Konflikte offenbaren, die in nur vier Elternterminen nicht zu bearbeiten sind.

In einer eigenen Untersuchung (Borg-Laufs, 1996; Karpinski, Petermann & Borg-Laufs, i.Dr.; vgl. auch Borg-Laufs, 1997b) wurden PraktikerInnen aus Beratungsstellen, freien Praxen, Kliniken und Ambulanzen befragt, die mit dem Training mit aggressiven Kindern arbeiten oder früher gearbeitet haben. Insgesamt bewerteten die Befragten sowohl das Training als auch die Wirkung verschiedener Einzelmethoden aus dem Training eindeutig positiv. Dennoch lassen sich auch einige Kritikpunkte aus den Angaben der Befragten ableiten, die zur weiteren Optimierung des Trainings führen können, u.a.:

- Das Trainingsmaterial ist z.T. nicht zeitgemäß und sollte überarbeitet werden.
- Die Durchführung von BAV und TMK ist in der Praxis oft zu aufwendig. Insgesamt ist die zeitliche und organisatorische Planung der Trainingsstunden recht schwierig.
- Verstärkte Hinweise zur Durchführung einer Verhaltensanalyse könnten denjenigen helfen, die darin nicht geübt sind.

Aus den Ergebnissen der Grundlagenforschung zum Thema Aggression (vgl. Kap. II) lassen sich noch weitere Verbesserungsvorschläge ableiten (vgl. Borg-Laufs, 1996):

- Es wären ausführlichere differentialdiagnostische Vorgaben nötig, um Komorbiditäten (Hyperaktivität, Depression, Angst) entdecken zu können, die die Therapie entscheidend beeinflussen würden. Zum Beispiel müßte bei einem hyperaktiven Kind zunächst auch stärker an einem Erregungsabbau gearbeitet werden, sonst wird ein solches „aufgedrehtes“ Kind häufig die Gruppenarbeit massiv stören. Die im Trainingsmanual vorgeschlagenen diagnostischen Maßnahmen können die Indikation zum Training mit aggressiven Kindern allein nicht zweifelsfrei klären.
- Auch familiendiagnostische Maßnahmen müßten verstärkt in die diagnostischen Bemühungen aufgenommen werden, um psychische Krankheiten der Eltern, Süchte der Eltern oder Paarkonflikte zu entdecken. Solche Probleme könnten das zur Unterstützung der Kinder notwendige Verhalten der Eltern unmöglich machen. Es zeigt sich dann, daß das Kind zwar die Kompetenz zu sozial angemessenerem Verhalten erwirbt, das aber unter den ungünstigen familiären Bedingungen überhaupt nicht umsetzen kann und die Performanz unverändert bleibt. In solchen Fällen ist die Arbeit mit dem Kind fast sinnlos, wenn es nicht gelingt, auch mit den Eltern über ihre Probleme zu sprechen und bei ihnen Verhaltensänderungen herbeizuführen.
- In der Arbeit mit den Eltern und den Kindern sollte ein stärkerer Focus auf die bevorzugten Freizeitaktivitäten der Kinder gelegt werden, die möglicherweise das aggressive Verhalten begünstigen.

Es gibt verschiedene veröffentlichte interessante Fallbeispiele zum Training mit aggressiven Kindern. Zwei besonders ausführliche Fallbeschreibungen, die den Verlauf jeder einzelnen Sitzung beschreiben und kommentieren, finden sich bei Borg-Laufs

(1996). An dieser Stelle sei lediglich noch einmal an Michael T. erinnert, dessen Fallgeschichte in Kapitel II.7 kurz angerissen wurde.

Auch Michael T. war Teilnehmer eines von mir durchgeführten „Trainings mit aggressiven Kindern". Michael kam gerne zu den Trainingsstunden und genoß die Zuwendung des erwachsenen Trainers, aber auch die Kontakte in der Gleichaltrigengruppe.

In den Einzeltrainingsstunden wurde mit ihm vorrangig an einer Erweiterung seines Handlungsrepertoires, an einer Veränderung seiner moralischen Einstellungen und an einer Stärkung seiner Fähigkeit, dem Bandenchef nicht unbedingt zu gehorchen, gearbeitet. Michael war durchaus motiviert, sich zu ändern, da er weniger Ärger mit seinen Eltern und seiner Lehrerin, die er „eigentlich gern" hatte, haben wollte.

Um die angestrebten Veränderungen bei ihm zu erreichen, wurden verschiedene Materialien eingesetzt. Mit Hilfe von Videogeschichten (Petermann & Petermann, 1996), in denen Konfliktsituationen mit Kindern zu sehen sind, wurde bei anschließenden Gesprächen und Rollenspielen geübt, möglichst viele Handlungsmöglichkeiten für Konfliktsituationen zu finden. Außerdem dienten die Videos dazu, Michaels Einfühlungsvermögen zu erhöhen: Er mußte sich jeweils detailliert über die zu vermutenden Gedanken und Gefühle der dargestellten Kinder äußern. In therapeutischen Gesprächen wurde er immer wieder angeregt, sich in die Rolle seiner hilflosen Opfer einzufühlen, was ihm anfangs schwer möglich war, mit der Zeit aber immer wieder gelang.

Sein Einfühlungsvermögen und ebenfalls seine Durchsetzungskraft gegenüber dem Bandenchef wurde mit Hilfe von Bildgeschichten (aus Petermann & Petermann, 1994b), gestärkt, bei denen die Gefühle und Gedanken eines Kindes in comicähnliche Gedankenblasen einzutragen sind. Die Geschichte läßt sich so konstruieren, daß es darum geht, einem anderen Kind – mit Hilfe geeigneter Selbstinstruktionen – die Gefolgschaft zu versagen.

Auch andere Photo- und Bildergeschichten aus dem Training mit aggressiven Kindern (Petermann & Petermann, 1994a) kamen erfolgreich zum Einsatz. Nach Abschluß des Einzeltrainings hatte Michael durchaus schon sein Handlungsrepertoire erweitert und hatte auch neue moralische Kriterien entwickelt.

Im anschließenden Gruppentraining war Michael zunächst den anderen Kindern gegenüber schüchtern. Die Anwesenheit des Trainers, der auch die Spielstunden durch einige Vorgaben so strukturierte, daß alle Kinder sich einbringen und vorsichtig in Kontakt mit den anderen Kindern treten können, erleichterte dann die Kontaktaufnahme und zum Ende der freien Spielphase benahm Michael sich in der Gruppe selbstsicher und kontaktfreudig.

Leider begann Michael zu diesem Zeitpunkt, unregelmäßig zu kommen. Dies lag daran, daß er von seinen Eltern nicht mehr an die Termine erinnert wurde und stattdessen sogar während der Zeit der Trainingsstunden gelegentlich seine Geschwister hüten mußte, während seine Eltern außer Haus gingen. Was war passiert? Michael kam weiterhin gerne, aber für seine Eltern begann die Wichtigkeit der Termine geringer zu werden. Sie konnten die eingetretenen Fortschritte feststellen und hatten nun den Eindruck, das Problem sei hinreichend gelöst. Auch sie selber kamen nun unregelmäßig, erschienen einige Zeit lang gar nicht mehr in der Beratungsstelle. Dies ist ein häufiges Problem des Trainings (vgl. Borg-Laufs, 1996): Die Eltern geben ihr Kind zur „Reparatur" ab und sind daran interessiert, den unangenehm hohen Aufwand der regelmäßigen Kontakte schnell wieder loszuwerden. Im vorliegenden Fall gelang es leider nicht – im Gegensatz zu manchen anderen Fällen – diese Haltung der Eltern grundlegend zu ändern. Auch in den Beratungsgesprächen mit den Eltern wurde deutlich, daß ihre Bereitschaft zu eigenen Verhaltensänderungen recht gering war. Zwar informierten sie sich interessiert nach Vorschlägen, wie sie bestimmte Verhaltensweisen von Michael „in den Griff" bekommen könnten, aber die eigentlich notwendigen vielfältigen Änderungen ihres Erziehungsverhaltens konnten bei ihnen nicht erreicht werden. Vielmehr mußte sich damit zufriedengegeben werden, daß einige konkrete Verhaltensweisen geändert werden. So erklärten die Eltern sich bereit, gelegentlich mit den Kindern zu spielen oder Ausflüge zu unternehmen und führten dies tatsächlich auch – solange der Kontakt zwischen Familie und Beratungsstelle bestand – durch. Auch der ständige Fernsehkonsum wurde etwas eingeschränkt und punktuell wurde nun auch auf Regeleinhaltung und eindeutige Regelabsprachen geachtet.

Michael erschien also unregelmäßig zum Gruppentraining, in dem er seine im Einzeltraining neu erworbenen Fähigkeiten in Rollenspielen und im Umgang mit den anderen Kindern ausprobieren konnte. Die Rollenspiele thematisierten u.a. die Situation des Widerspruchs gegen den Bandenchef, aber auch Möglichkeiten der nicht-aggressiven Kontaktaufnahme mit anderen Kindern. Michael nahm diese Probemöglichkeiten interessiert wahr und veränderte tatsächlich – wie regelmäßige begleitende Schulhofbeobachtungen durch einen Praktikanten ergaben – sein Verhalten in der Schule. Er konnte nun auch Kontakt zu anderen Kindern aus seiner Klasse aufbauen und entfernte sich etwas – aber nicht vollständig – von seiner „Bande". Zu Prügeleien auf dem Schulhof kam es nun viel seltener. Inwieweit die erreichten Veränderungen unter den ungünstigen familiären Bedingungen stabil geblieben sind, entzieht sich meiner Kenntnis, da ein zwei Monate nach Trainingsende geplanter Katamnesetermin mit den Eltern nicht zustande kam.

Umgang mit hoch erregten Kindern und Jugendlichen

Die im vorigen Abschnitt beschriebene Therapie mit aggressiven Kindern findet in der Regel einmal in der Woche statt und stellt für die Kinder eine Ausnahmesituation dar. Gelegentlich kommt es aber auch in der Trainingsstunde – besonders in der Spielphase – oder bei anderen Gelegenheiten (s.u.) zu aggressiven Ausbrüchen. In viel stärkerem Maße sind davon aber diejenigen betroffen, die mit solchen Kindern oder Jugendlichen ständig zusammen sind und den Alltag mit ihnen teilen, z.B. Erzieherinnen und Erzieher in Heimen. Hier ist es wichtig, nicht nur therapeutische Maßnahmen einzuleiten, sondern auch der alltäglich auftretenden Aggression in einer Art Herr zu werden, daß sich die Auftretenswahrscheinlichkeit aggressiven Verhaltens verringert und Quantität und Qualität von Gewalttätigkeiten nicht steigen.

Dutschmann (1995) hat eine Typologie aggressiver Verhaltensweisen postuliert, die zwischen instrumentell gesteuertem Verhalten (Typ A), eher expressiv verursachtem Verhalten (Typ B) und unkontrolliert expressiv verursachtem Verhalten (Typ C) unterscheidet. Allerdings sind häufig Mischformen zwischen diesen Aggressionstypen zu beobachten:

> „Ein Typ-B-Verhalten kann auch in Typ C umschlagen, wenn die Emotionen außer Kontrolle geraten. Hat ein Kind mit einem gezielten Typ-A-Verhalten keinen Erfolg, kann es sich darüber so in Wut steigern, daß auch hier ein Typ-C-Verhalten ausgelöst wird. Manchmal merken insbesondere kräftigere Jugendliche, daß sie mit ihrem C-Verhalten Angst auslösen und setzen diese gezielt ein bzw. drohen damit, daß sie gleich ausflippen. Das Verhalten bekommt somit instrumentellen Charakter (Typ A)". (op. cit., S. 8).

Die Unterscheidung zwischen eher instrumentell geprägten Verhaltensweisen und eher expressiven Verhaltensweisen ist sinnvoll, denn zu ihrer Verminderung müssen unterschiedliche Strategien eingesetzt werden. Klar ist, daß instrumenll kontrolliertes (also am Erfolg orientiertes) Verhalten dadurch verringert wird, daß Erfolgserlebnisse entzogen werden, Strafreize gesetzt werden und Alternativverhalten gefördert wird. Um Wut-Aggressionen zu verringern, ist es eher wichtig, für Entspannung zu sorgen, problematische Interaktionskreisläufe zu unterbrechen und für Kommunikation zu sorgen. Daß in der Praxis in aller Regel nie rein instrumentelles oder rein expressives aggressives Verhalten auftritt, sondern mehr oder weniger stark zur einen oder anderen Seite neigende Mischformen, macht die Sache nicht einfacher, da die erfolgversprechenden Maßnahmen sich zum Teil widersprechen.

Wichtig ist, in welcher Phase der Erregung eine Intervention stattfindet, denn die Erregung ist nicht von Beginn an hundertprozentig vorhanden. Erregung als physiologischer Vorgang kann nicht bei „Vollgas" anfangen – allerdings kann die Beschleunigung oftmals sehr beeindruckend sein. Einen höchst-erregten Jugendlichen zu stoppen erfordert andere Interventionen als eine Unterbrechung der Eskalationsphase, in der die Erregung sich erst aufbaut, da in der Phase der höchsten Erregung einige gutgemeinte Kommunikationsangebote von HelferInnen, die in Phasen niedrigerer Erregung sinnvoll sein können, schnell zu weiteren Aggressionen führen, etwa Berührungen, Fragen, Beschäftigungsangebote, Vermittlungsversuche, Ratschläge oder witzig gemeinte Reaktionen (op. cit., S. 14).

In Anlehnung an Dutschmann (op. cit., S. 24ff.) können in der Eskalationsphase, also wenn die höchste Erregung noch nicht eingetreten ist, einige Verhaltensweisen zur Deeskalation der Situation empfohlen werden. So ist es sinnvoll, freundlich zu reagieren, einfühlsam auf den Aggressor bzw. die Aggressorin einzugehen, um keine Bedrohung darzustellen. Wenn die Beziehung es zuläßt, sollten dabei allerdings klare und eindeutige Einschränkungen gemacht werden. Während des Gespräches, das – ohne den anderen „totzuquatschen" – nicht abbrechen sollte, empfiehlt es sich, Ich-Botschaften zu verwenden, also von den eigenen Wahrnehmungen zu sprechen, aber Interesse an der Person und seinen Wahrnehmungen und Gefühlen zu zeigen. Dabei können aggressionsmindernde Interpretationen angeboten werden – wiederum, ohne den anderen zu bedrängen, ihm die eigene Interpretation aufzuzwingen zu versuchen. Stattdessen sind Fragen angesagt: „Was ist passiert? Wann? Wo?" Nicht aber: „Warum machst Du das?" Diese Frage bringt nicht weiter, der oder die Betroffene wird seine aggressionsfördernde Interpretation wiederholen, die dann wiederum schwierig zu erschüttern sein dürfte.

Schließlich muß die Situation gelöst und müssen die Kontrahenten rechtzeitig getrennt werden und zwar so, daß alle Beteiligten ihr Gesicht wahren können. Realistische Tips zur Zielerreichung oder auch Ablenkungen, die Betonung anderer wichtiger Dinge, können zur Beruhigung beitragen. Die Wut ausagieren zu lassen ist eher ungünstig, denn es besteht die Gefahr einer Verstärkung der Wut. Bei all dem ist es wichtig, die eigene Erregung nicht zu zeigen, um die Situation zu entemotionalisieren.

Dutschmann (op. cit., S. 20ff.) empfiehlt in der Erregungsphase, also wenn die Erregung ihr höchstes Niveau erreicht hat, folgende Maßnahmen: Präzise beobachten und dabei motorische, verbale und physiologische Zeichen der Erregung beachten; beruhigende Signale bieten, also wenige Reize, keine Frustrationen oder Irritationen, keine Provokationen. „Ein frontales und körperlich dominierendes Verhalten kann Gegenwehr hervorrufen. Am günstigsten ist es, wenn man sich dem erregten Individuum ruhig, aber entschlossen in einem Winkel von etwa 90 Grad (also einerseits nicht frontal, andererseits aber auch nicht außerhalb seines Blickwinkels) nähert." (op. cit., S. 21).

Darüber hinaus muß selbstverständlich für Sicherheit aller Beteiligten gesorgt werden. Es ist sinnvoll, den Aggressor oder die Aggressorin zu isolieren oder auch so festzuhalten, daß wirklich kein Kampf stattfindet, also Ruhe eintreten kann – wenn man dazu körperlich und kognitiv in der Lage ist.

Erst wenn die Erregung zurückgeht, macht es Sinn, ein beruhigendes und entlastendes Gespräch in Gang zu bringen, in der Phase höchster Erregung hingegen ist ohnehin kein Verständnis zu erzielen.

Auch in der Beratungsstelle mußte ich mehr als einmal physischen Einsatz bei aggressiven Kindern zeigen, um ihnen ein Erfolgserlebnis bei aggressiven Wutausbrüchen nicht zu ermöglichen. Bei einem besonders extrem aggressiven Kind, dem achtjährigen Daniel z.B., erschien es mir sinnvoll, ihn daran zu hindern, mit seinem üblichen Verhalten der Mutter gegenüber, diesmal in einer Beratungssituation, erfolgreich zu sein. Daniel hat seine Mutter unter anderem damit im Griff, daß er höchst massive Wutausbrüche inszeniert, wenn seine Mutter irgendetwas tut, was er nicht will. Dabei hat er meistens Erfolg. Gelegentliche Versuche der Mutter oder des Stiefvaters, sich gegen seine Wutanfälle durchzusetzen, quittierte er mit steigenden Bemühungen, bei denen dann auch Dinge zu Bruch gehen konnten. In den therapeutischen Kontakten mit ihm war höchste Konsequenz vonnöten. Dabei machte er es dem Therapeuten schwer: Da er merkte, daß ich auf gewisse Regeleinhaltung nicht zu verzichten bereit war, ließ er sich auf die von mir gestellten Anforderungen zunächst ein, erst ab einem gewissen Punkt – der allerdings nicht den vorherigen Absprachen entsprach – begann er zu rebellieren. Dieses Entgegenkommen von ihm wurde von mir positiv verstärkt (gelobt) und die Stunden liefen somit angenehm ab und es war schwierig, die gute Stimmung durch konsequentes Verhalten meinerseits in Gefahr zu bringen. Wenn Daniel allerdings die vereinbarten Regeln brach, weigerte er sich seinerseits so konsequent, daß er nur durch körperlichen Einsatz zum Einhalten der Regeln gebracht werden konnte, z.B. wenn es darum ging, das Spielzimmer nach der vereinbarten Zeit wieder zu verlassen.

Einmal mußte Daniel bei einem Beratungsgespräch der Mutter mitkommen, da sie zu diesem Zeitpunkt niemanden gefunden hatte, der oder die auf ihn aufpassen wollte oder konnte. Er sollte also im Wartezimmer, das mit Spielzeug und Kinderbüchern ausgestattet ist, warten. Schon nach wenigen Minuten kam er allerdings und forderte uns auf, das Gespräch zu beenden. Die Mutter versuchte nun, ihn mit Versprechungen (es werde nicht mehr lange dauern) und noch mehr Versprechungen (er bekomme auf dem Rückweg Pommes frites) zu beruhigen. Daniel hatte sich aber in den Kopf gesetzt, seine Mutter dazu zu bekommen, daß sie sofort aufsteht und mit ihm geht. Ich nahm das Gespräch mit der Mutter wieder auf und kümmerte mich nicht um ihn und die Mutter ließ sich auf diese Taktik ein. Daraufhin begann Daniel, zu schreien und seine Mutter mit den Fäusten zu traktieren. Das Verhalten Daniels hatte als Typ-A-Verhalten begonnen (instrumentell) und nun geriet er in sich steigernde Wut (Typ-C-Verhalten), da seine Mutter sich nicht so beeinflussen ließ wie üblich. Ich ergriff daraufhin mit einer Hand seine beiden Handgelenke und hielt ihn fest (wozu man bei einem Achtjährigen nicht viel Kraft benötigt) und unterhielt mich weiter mit seiner Mutter, ohne auf ihn einzugehen. Er warf sich auf den Boden und zappelte wild, konnte aber damit das Gespräch nicht beenden, das seine Mutter und ich einfach weiterführten. Er gab schnell sein Schreien auf, versuchte aber immer weiter, sich aus dem Handgelenkgriff zu befreien, wobei er schimpfte und knurrte. Es dauerte fast zwanzig Minuten, bis er sich – von uns unbeachtet – beruhigte. Ich konnte ihn dann – während ich ihn weiter festhielt – in ein beruhigendes Gespräch verwickeln. Dabei konnten wir uns auch darauf einigen, daß er nun ruhig bleiben wollte. Ich machte ihm deutlich, daß ich auch wieder von vorne anfangen würde, wenn er erneut einen Wutanfall bekomme. Er war nun bereit, die restliche (kurze) Zeit des Gesprächs ruhig zu verbringen.

In diesem Fall wurde also nicht vorrangig das Ziel verfolgt, ihn zu beruhigen, dafür hätte nur die Situation beendet werden müssen. Vielmehr ging es darum, daß Daniel sich nicht mit aggressiven Wutausbrüchen durchsetzen sollte.

Zusammenfassung

Die Therapie aggressiver Kinder ist ein schwieriges Unterfangen mit unsicherem Ausgang. Die besten Chancen auf Besserung bieten kognitiv-verhaltenstherapeutische Strategien, und zwar als Therapiemaßnahme nur für die Kinder oder als Elterntraining, wahrscheinlich aber am meisten als Therapie, die sowohl Kinder als auch Eltern einbezieht.

Im deutschen Sprachraum existiert ein gut untersuchtes und sehr wirksames Therapieprogramm, das „Training mit aggressiven Kindern“ (Petermann & Petermann, 1994a). Es kombiniert ein Einzeltraining mit einem Gruppentraining für Kinder und mit begleitender Elternberatung und berücksichtigt – obwohl noch Optimierungen möglich wären – die wesentlichsten Ergebnisse der Grundlagenforschung zu aggressivem Verhalten. Während in den Elternkontakten an einer Veränderung des Erziehungsverhaltens und der familiären Kommunikation gearbeitet wird, werden im Einzeltraining mit den Kindern individuell abgestimmte spezifische Übungen zur Wahrnehmung sozialer Situationen, zur Selbstbeobachtung, zur Steigerung der Frustrationstoleranz und zur

Verhaltensänderung durchgeführt, die im Gruppentraining in weiteren Übungen und Gesprächen verfestigt werden.

Im alltäglichen Umgang mit hochaggressiven Kindern und Jugendlichen ist zu unterscheiden, ob ein Verhalten vorrangig instrumentell (am Erfolg orientiert) auftritt, oder ob es sich eher um unkontrollierte Wut-Aggression handelt. Unterschiedliche Ursachen erfordern ebenso wie unterschiedliche Phasen eines Wutausbruches (Phase der Erregungssteigerung, Phase höchster Erregung, Beruhigungsphase) unterschiedliche Interventionen. Ein Kind oder ein Jugendlicher, die noch nicht im Stadium höchster Erregung sind, können durch beruhigende Gespräche und Berührungen möglicherweise noch beruhigt werden, während in der Phase höchster Erregung vor allem keine weiteren Frustrationen und generell wenige weitere Reize erfolgen sollten. Ist hingegen die aggressive Handlung vor allem instrumentell motiviert, dann muß in erster Linie der Erfolg des Verhaltens verhindert werden.

3 Interventionen in der Schule

Ein Interventionsprogramm zur Verringerung von Gewalt

Olweus (1995) hat ein Interventionsprogramm gegen Gewalt an Schulen vorgestellt und auch bereits durchgeführt, das Maßnahmen auf der Schulebene, auf der Klassenebene und auf der persönlichen Ebene mit betroffenen Eltern und Schülern enthält. Das komplette Interventionsprogramm baut auf dem von Olweus in verschiedenen Untersuchungen gesammelten Wissen um die Bedingungen aggressiven Verhaltens in der Schule auf.

Die Voraussetzung für die Durchführung des Programmes ist Problembewußtsein und Änderungswillen bei den beteiligten Erwachsenen. Beides kann allerdings auch durch die eingeleiteten Maßnahmen, v.a. die Fragebogenerhebung (s.u.) erst hervorgerufen werden. Einige Maßnahmen gelten als unverzichtbare Kernmaßnahmen des Gesamtprogramms. Diese sind bei der folgenden Darstellung fett gedruckt.

Auf der *Schulebene* sieht das Programm einige Maßnahmen vor, die die notwendigen Rahmenbedingungen schaffen sollen. Zunächst einmal wird eine **Fragebogenerhebung** durchgeführt, die den Ist-Zustand der Gewalttätigkeiten an der Schule erfassen soll und damit Problembewußtsein bei allen Beteiligten wecken kann. Es folgt ein **Pädagogischer Tag**, an dem neben LehrerInnen und SchulleiterIn auch Eltern- und Schülervertreter sowie externe Experten (etwa aus Beratungsstellen) teilnehmen sollen. An diesem Tag werden die Ergebnisse des Fragebogens diskutiert und ein Handlungsplan für die Schule entworfen. Unverzichtbar ist eine angemessene **Aufsicht auf dem Schulhof** und gegebenenfalls während des Mittagessens. Die während der Pause anwesenden Erwachsenen müssen übrigens nicht nur anwesend sein, sondern auch bereit sein, bei aggressivem Verhalten entschlossen einzugreifen. Neben diesen Kernbestandteilen des Programms sind noch weitere Programmpunkte vorgesehen. Dabei ist als erstes die Durchführung einer Schulkonferenz zu erwähnen, bei der ein formeller Beschluß zum Start eines Programmes zur „Gewaltprävention" gefaßt wird. Es sollte darüber hinaus ein Kontakttelefon eröffnet werden. Unter einer bestimmten Telefonnummer ist ein Experte oder eine Expertin zu erreichen, der oder die sozial unsicheren Opfern, die sich anonym melden können, dabei helfen kann, ihre Situation durch offenes Ansprechen zu verbessern. Die Zusammenarbeit zwischen interessierten LehrerInnen und Eltern zu institutionalisieren, ist ein weiterer Programmbestandteil. Auch die Arbeit der LehrerInnen kann durch die Gründung einer ständigen Arbeitsgruppe über den Tag hinaus installiert werden. Dabei können sie von Elternbeiräten unterstützt werden.

Auf der *Klassenebene* gibt es spezifischere Interventionsmöglichkeiten: SchülerInnen und KlassenlehrerInnen verhandeln konkrete **Klassenregeln gegen Gewalt**, etwa

„Wir werden andere SchülerInnen nicht mobben“, „Wir helfen denen, die gemobbt werden“ und „Wir bemühen uns, diejenigen einzubeziehen, die leicht ausgegrenzt werden“. Die Einhaltung dieser Klassenregeln sollte per Rollenspiel geübt werden. In **regelmäßigen Klassengesprächen** können die Klassenregeln verändert werden oder allgemeine Fragen zu Gewaltanwendung diskutiert werden. Gerade solche Diskussionen sollen helfen, die allgemeine Einstellung zur Gewalt in der Klasse zu verändern. Darüber hinaus empfiehlt Olweus (op. cit.), SchülerInnen für prosoziales oder auch nicht-aggressives Verhalben zu loben (auch die häufig aggressiven SchülerInnen!). Außerdem ist der Einsatz von negativen Konsequenzen (Strafen, vgl. Borg-Laufs, 1997a) angezeigt, wenn die Klassenregeln verletzt werden. Der Lernstil in der Klasse sollte mehr in Richtung auf kooperatives Lernen (gemeinsames Aufgabenlösen) verändert werden. Zur Schaffung eines positiven Klassenzusammenhaltes sind auch gemeinsame positive Aktivitäten empfehlenswert. Schließlich ist es wichtig, auch die Eltern über die Klassenpflegschaft mit in die Arbeit einzubeziehen und dabei zu überlegen, wie Eltern den Prozeß unterstützen können – allerdings ohne einzelne Eltern aggressiver Kinder zu Sündenböcken zu machen.

Auf der *persönlichen Ebene* sind vor allem gezielte **ernsthafte Gespräche mit aggressiven Kindern, deren Opfern und den Eltern der aggressiven Kinder** wichtig. Die möglicherweise überdauernde Täter-Opfer-Beziehung zwischen einzelnen Kindern müssen in diesen Gesprächen verändert werden, um den Opfern Mut zu geben, ihre Bedürfnisse durchzusetzen. Die Eltern aggressiver Kinder sollten möglichst in eine kooperative Arbeit eingebunden werden, möglicherweise ist es auch sinnvoll, die Täter- und die Opfer-Familien an einen Tisch zu setzen. Diskussionsgruppen betroffener Eltern sind ebenso möglich wie weitere einzelfallspezifische Ideen. Im Einzelfall kann es nötig sein, daß ein besonders aggressives Kind die Klasse oder sogar die Schule verlassen muß.

Der aufmerksamen Leserschaft wird aufgefallen sein, daß Olweus (op. cit.) in seinem Konzept eine Fülle wesentlicher Befunde der sozial- und verhaltenspsychologischen Aggressionsforschung berücksichtig hat (vgl. Kap. II.3 – II.6). Daher ist es nicht verwunderlich, daß die Evaluation dieses Interventionsprogrammes an 42 Schulen durchweg positive Ergebnisse erbrachte (Olweus, 1991; 1992; Olweus & Alsaker, 1991; im Überblick Olweus, 1995). In allen Klassenstufen (vierte bis neunte Klasse) erbrachte das Programm einen Rückgang aggressiven Verhaltens um 50% oder mehr. Die Wirkung war auch nach zwei Jahren noch stabil, die Gewalt verlagerte sich nicht an andere Orte (z.B. den Schulweg) und insgesamt verbesserte sich das Schulklima und die Zufriedenheit der Schülerinnen und Schüler mit dem Schulleben nahm zu.

Umgang mit einzelnen aggressiven Kindern in der Klasse

Einige Maßnahmen aus dem im letzten Abschnitt beschriebenen Interventionsprogramm, die sich auf die Klassenebene oder die persönliche Ebene beziehen, lassen sich sicherlich auch in einer einzelnen Klasse durchführen, wenn dort eine besondere Aggressionsproblematik vorliegt. Wenn einzelne SchülerInnen durch massive Aggressivität auffallen, ist es sicherlich sinnvoll, zusätzliche Hilfe von außen – etwa eine Erziehungsberatungsstelle – einzuschalten ... wenn die Eltern dies mitmachen.

Kinder, die in den Unterrichtsstunden oder auch in den Pausen mit ihrem aggressiven Verhalten für Aufmerksamkeit sorgen und genau diese Aufmerksamkeit auch suchen, sind vom Lehrer oder der Lehrerin oft schwer zu beeinflussen, ohne daß die Klasse miteinbezogen wird, denn die verstärkende Wirkung der bewundernden Aufmerksamkeit für z.B. die gewagten Provokationen der LehrerInnen ist in diesen Fällen enorm hoch. Wichtig wäre es, diese Verstärkungsbedingungen zu ändern. Wenn das auffällige Verhalten provokativ ist, wäre eine einfache Möglichkeit, nicht darauf zu reagieren: Wessen Wunsch die Aufmerksamkeit ist, den wird ein Entzug der Aufmerksamkeit von seinem Verhalten – nachdem er oder sie es mit verstärkten Bemühungen (mehr desselben) versucht hat – abbringen. Allerdings ist dies in der Klassensituation oft nicht durchführbar, da die betreffenden SchülerInnen erstens durch die Reaktion ihrer MitschülerInnen verstärkt werden und zweitens gleichzeitig für ihre MitschülerInnen als Modell wirken, so daß möglicherweise die ganze Klassensituation „umkippen" kann, wenn LehrerInnen versuchen, das provokante Verhalten zu ignorieren.

Da ein Teil des Erfolges aber darin besteht, den Lehrer oder die Lehrerin aus der Ruhe zu bringen, ist es auf jeden Fall sinnvoll, genau diese Verstärkung nicht zu gewähren und nicht die Fassung zu verlieren, sondern die möglicherweise notwendigen Sanktionen besonnen aber bestimmt zu verhängen. Hier besteht für die Lehrperson die schwierige Aufgabe, professionelle Distanz zu wahren, auch wenn sie sich persönlich von den Kindern angegriffen fühlt.

Gerade im Zusammenhang mit massiv provokanten SchülerInnen ist häufig ein Kreisprozeß zu vermuten, der auch die persönlichen Gefühle der LehrerInnen mit einschließt (vgl. Abb. 10).

Abb. 10: Kreislauf von schulischer Angst und Aggression

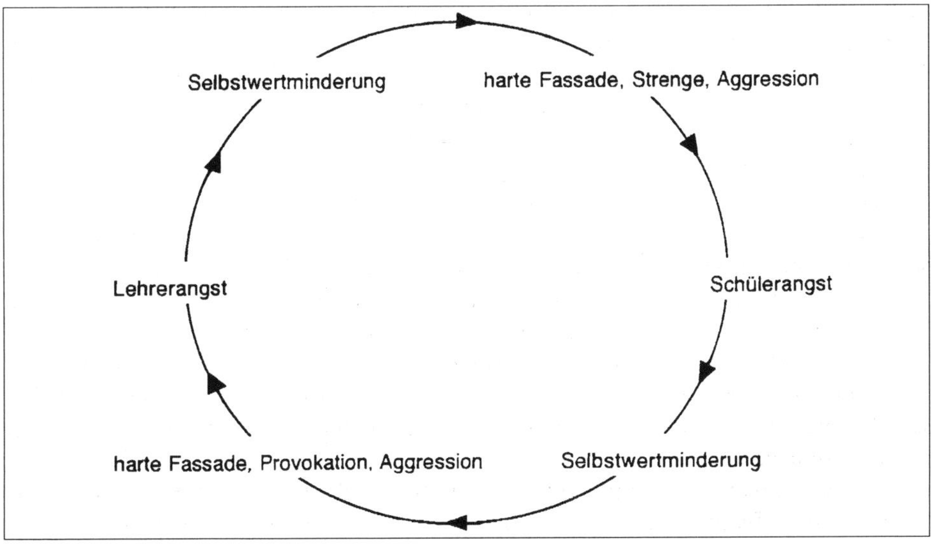

Dieser Kreislauf läßt sich folgendermaßen beschreiben: Der Schüler oder die Schülerin zeigt eine „harte Fassade“ , ist aggressiv und provokativ, macht obszöne Gesten, beleidigt den Lehrer bzw. die Lehrerin usw. Dieses Verhalten trifft die Lehrperson als Person, er oder sie wird persönlich angegriffen durch dieses provokante Verhalten. Daraus resultieren dann Ängste („die ganze Klasse könnte sich so benehmen, ich bekomme das nie in den Griff“, usw.) und eine Selbstwertminderung („ich bin nicht in der Lage, die Klasse in den Griff zu bekommen, so ein kleiner Schuljunge führt mich hier vor“, usw.). Der Lehrer oder die Lehrerin greift nun möglicherweise nicht rein rational zu einer bestimmtem pädagogisch sinnvollen Maßnahme, sondern zeigt nun auch die „harte Fassade“ , reagiert übermäßig streng, kritisiert nun auch nicht nur das gezeigte unangemessene Verhalten der Schülerin oder des Schülers, sondern schlägt mit gleicher Münze zurück, kritisiert massiv die Person des Schülers bzw. der Schülerin, macht ihn oder sie vielleicht vor der Klasse runter. Dieses Verhalten nun hält den Kreislauf weiter in Gang. Auch der oder die SchülerIn fühlt sich in seinem Selbstwert gemindert, was mit Ängsten einhergeht, er oder sie will jetzt erst recht – um das Gesicht vor den MitschülerInnen nicht zu verlieren – beweisen, daß er oder sie stärker ist ... usw. ad infinitum (vgl. zu SchülerInnen- und LehrerInnenängsten auch Winkel, 1979).

Erst wenn die LehrerInnen sich ihrer eigenen Gefühle und Kognitionen im Umgang mit den SchülerInnen bewußt werden, wird es ihnen möglich sein, rationaler und damit angemessener, professioneller mit den SchülerInnen umzugehen. Das ist sicherlich eine einseitige Vorleistung der Lehrerschaft, denn die SchülerInnen gehen ja nicht gerade zimperlich mit ihnen um. Aber hier muß Klarheit herrschen: Die Beziehung zwischen Lehrenden und Lernenden ist eine professionelle Beziehung und die Profis in dieser Beziehung sind die LehrerInnen und nicht die SchülerInnen.

Ebenso wie in der häuslichen Erziehung ist hier für die Erwachsenen langer Atem wichtig. Die ersten Verhaltensänderungen der LehrerInnen werden nicht sofort Erfolg zeigen, vielmehr werden die Missetäter es möglicherweise erst einmal mit „mehr desselben“ (Watzlawick, 1983) versuchen, um ihren gewohnten Erfolg zu erhalten. Zusätzliche Maßnahmen, also Gespräche mit den aggressiven SchülerInnen, aber auch Klassengespräche, Gespräche mit den Eltern und auch spezifische Sanktionen für weiteres Mißverhalten und spezifische Belohnungen für Wohlverhalten werden zusätzlich nötig sein.

Letztlich weiß ich allerdings auch aus vielen Fällen, daß aggressives Verhalten von Schülerinnen und Schülern, insbesondere, wenn sie bereits älter sind, nicht immer durch geeignete schulische Maßnahmen auf ein erträgliches Maß reduziert werden kann. In manchen Fällen können die SchülerInnen, auch wenn sie von den Lehrpersonen „goldene Brücken“ gebaut bekommen und mit Verständnis behandelt werden, ihr Verhalten nicht verändern, weil die verstärkenden Bedingungen, z.B. die Bewunderung von MitschülerInnen für provokantes Verhalten den Lehrern gegenüber, zu stark sind oder aber, weil die Kinder im Laufe ihrer Sozialisation so starke Verhaltensdefizite erworben haben, daß punktuelle Maßnahmen auf Schulebene nicht mehr greifen können.

Die vierzehnjährige Joanne etwa, die zu Hause sehr häufig geschlagen wird und für die in ihrer Familie keine Entfaltungsmöglichkeiten vorgesehen sind, hat sich die

Bewunderung ihrer MitschülerInnen über ihre körperliche Kraft und ihre brutale Vorgehensweise Mädchen und Jungen gegenüber und durch ihre rotzige Art LehrerInnen gegenüber erworben. Sie, der zu Hause die unbefriedigende Rolle der gehorsamen Tochter zugedacht wird, hat durch die Entdeckung ihrer Kraft und deren Einsatzmöglichkeiten bei ihren Schulfreundinnen eine besondere Rolle, die sie sich nicht nehmen lassen wird, nur um z.B. später einmal einen guten Schulabschluß zu erhalten. Die Verstärkung, die sie durch ihre Clique erfährt, tut jetzt so gut, daß die Aussicht auf irgendwann einmal bessere Chancen im Leben dafür keinen Ersatz bieten kann.

Die den LehrerInnen zur Verfügung stehenden Disziplinarmaßnahmen (Klassenkonferenzen, Schulausschluß, etc.) erfüllen auch oft eine Bedingung der Wirkung konsequenten Verhaltens nicht: Sie erfolgen nicht zeitnah zum aggressiven Verhalten, sondern mit einiger Verspätung. Wirksame direkte Konsequenzen sind daher schwierig, wenn sofort einsetzbare Disziplinarmaßnahmen (Einträge, Strafarbeiten) den Schüler oder die Schülerin nicht mehr beeindrucken. Von hoher Bedeutung könnte hier nur noch eine gute Beziehung zwischen LehrerIn und SchülerIn sein, denn soziale Verstärkung über Zuwendung und Abwendung der Lehrperson zum Schüler bzw. zur Schülerin kann ebenfalls sofort eingesetzt werden – wirkt aber nur dann, wenn die Lehrer-Schüler-Beziehung tragfähig ist.

Gerade in der Schule, wo zeitnahe direkte negative Konsequenzen (Strafen) so schwer zu realisieren sind, darf die Bedeutung positiver Verstärkung (Lob und Belohnung) nicht unterschätzt werden. Dabei besteht sowohl die Möglichkeit, die ganze Klasse in Belohnungsprogramme einzubeziehen, als auch die Möglichkeit, ein spezielles Belohnungsprogramm für ein aggressives Kind durchzuführen. Wenn diese spezielle auf ein Kind bezogene Maßnahme auch offen mit der Klasse besprochen wird, zeigen die anderen Kinder oft Verständnis für eine „Sonderbehandlung“ . Solch ein Belohnungsprogramm könnte durch ein „Schülertagebuch“ (Frey, 1994) oder ein „Sozialpunkteheft“ (Kress, 1994) realisiert werden. In diesem Heft werden genau die Regeln in konkreten (überprüfbaren) Formulierungen und auch die konkreten Folgen von Einhaltung bzw. Nicht-Einhaltung der Regeln eingetragen. Am Ende jeder Schulstunde wird dann von LehrerIn und SchülerIn entschieden, ob die Regel erfüllt wurde. In Zusammenarbeit mit den Eltern können Belohnungen für das Überschreiten etwa einer bestimmten Punktzahl innerhalb einer Woche angeboten werden. Wenn so ein Sozialtagebuch (in vereinfachter Form) auch obligatorisch von jedem Schüler bzw. jeder Schülerin geführt wird, können auch Vereinbarungen auf Klassenebene belohnt werden (vgl. Kress, 1994, für die Sonderschule für Erziehungshilfe).

Von LehrerInnen wird oft beklagt, daß sie „EinzelkämpferInnen“ seien und meine Erfahrungen (als Außenstehender) mit Schule bestätigen eine solche Sicht der Dinge. Für die Diskussion pädagogischer Probleme bleibt oft wenig Zeit im Schulalltag und darüber hinaus ist gegenseitige kollegiale Unterstützung, wie sie in anderen Berufsfeldern geläufig ist, an Schulen weniger üblich. Mir ist z.B. kein Fall bekannt, in dem ein Lehrer einmal eine Kollegin gebeten hat, sich doch einmal in die Klasse zu setzen, mit der er Schwierigkeiten hat, um ihm Tips für sein Verhalten vor dieser Klasse zu geben. Solche gegenseitige Offenheit fehlt zwischen LehrerInnen leider häufig. Kollegiale Fallbesprechungen in der Schule in nicht zu großen Gruppen könnten – regelmäßig und in einer bestimmten Form durchgeführt – den Umgang mit problematischen (aggressiven) SchülerInnen verbessern. Diese kollegialen Fallbesprechungen könnten z.B. folgenden Ablauf (nach Fritz & Lachenmaier, 1994) haben:

1. **Rahmenbedingungen** klären (Gesprächsleitung, zeitlicher Rahmen).
2. **Bericht** eines Kollegen/einer Kollegin über ein Problem.
3. **Blitzlicht**, d.h. alle äußern einen Gedanken oder ein Gefühl, ohne Lösungen.
4. **Sammlung weiterer Beispiele** für das Problem, Nachfragen.
5. **In die Rollen hineinversetzen:** Die KollegInnen schildern, wie sie sich in der Rolle des Kollgegen / der Kollegin bzw. des Schülers oder der Schülerin fühlen würden.
6. **Lösungssuche:**

6.1 **Verhaltensweisen** (läuft herum, schreit) **sammeln**, nicht aber Interpretationen (stört, kann sich nicht konzentrieren).
6.2 **Funktionalität** des Schülerverhaltens **erarbeiten** („wozu" dient das Verhalten, nicht: „warum" zeigt er oder sie das Verhalten).
6.3 **Festlegen, welche Verhaltensweisen zuerst geändert werden sollten** (weil sie am einfachsten zu ändern sind oder am wichtigsten sind).
6.4 Mögliche Maßnahmen im **Brainstorming** sammeln.
6.5 Der betroffene Lehrer bzw. die betroffene Lehrerin **wählt geeignete Maßnahmen** aus.
6.6 **Präzisierung** von Dauer und Abfolge der Maßnahmen.

7. **Vereinbarungen.**

Präventivfunktion von Schule

Schule als wichtige Entwicklungsbedingung hat prägenden Einfluß nicht nur auf das Verhalten in der Schule selbst, sondern auch auf das außerschulische Verhalten. Diese Chance könnte Schule auf zweierlei Art nutzen.

Die erste Möglichkeit bestünde darin, schulische Curricula um ein weiteres Fach, etwa Konflikt-Training oder Sozial-Training o.ä., zu erweitern. Diese inhaltliche Möglichkeit macht Sinn. Es ist nicht einzusehen, warum Schule alle möglichen Wissensgebiete lehrt, nicht aber in einem solchen Schulfach auf wichtige Lebensprobleme vorbereitet. Allerdings müßten Lehrer, die ein solches Fach lehren, fachlich dementsprechend ausgebildet sein und sich auch didaktisch auf das ungewöhnliche Fach einstellen. Das Wort „Training" signalisiert bereits, daß in diesem neuen Fach eine Menge an Verhaltensübungen zu erwarten sind. Dazu muß eine entsprechende Stimmung hergestellt werden, in der Schülerinnen und Schüler auch bereit sind, sich auf solche Dinge einzulassen. Außerdem ist diese pädagogische Arbeit auch kaum ohne eine zusätzliche Ausbildung in gruppendynamischen Verhaltenstrainings durchführbar.

Inhalte eines solchen Schulfachs könnten sein (vgl. auch Petermann, 1994a):

- Wie gehe ich mit Kritik um?
- Wie kann ich mich angemessen selbstbehaupten?
- Wie gehe ich mit Provokationen um?

➢ Wie kann ich meine Gefühle zeigen?
➢ Wie gehe ich mit sozialer Hervorhebung um?
➢ Wie können Konflikte zur Zufriedenheit aller Beteiligten gelöst werden?
➢ Wie kann ich mit Frustrationen und Ärger umgehen?

Diese Inhalte werden in Gesprächen, Auseinandersetzung mit geeigneten Materialien und mit Hilfe von Rollenspielen vermittelt.

Als Zweites wäre es wichtig, ein Schulklima zu schaffen, daß auch als entwicklungsfördernde Umgebung angesehen werden kann. Dabei geht es nicht nur um die Gestaltung der Schule und andere äußere Bedingungen wie Klassengröße usw. Wichtig sind vor allem die persönlichen Beziehungen an der Schule, gerade die Beziehungen zwischen den LehrerInnen und den SchülerInnen. Es ist der Zweck der Schule, Wissen zu vermitteln und ein Teil dieser Aufgabe liegt auch in der Überprüfung des Wissens bei jedem einzelnen Schüler bzw. jeder einzelnen Schülerin. Es kommt aber darauf an, zu vermitteln, daß „nur" diese eine Leistung bewertet wird und nicht der „ganze" Schüler. Die Person des Schülers oder der Schülerin hingegen muß geachtet werden und diese Achtung sollte auch durch freundliches, interessiertes und respektvolles Handeln den SchülerInnen gegenüber vermittelt werden. Schule muß mehr sein, als eine reine Anstalt zur Wissensvermittlung, sondern wirkliche lebensweltorientierte Angebote für die Schülerinnen und ihre Familien bieten. Frey (1994) betont, allerdings am Beispiel einer Sonderschule für Erziehungshilfe, die wichtige Rolle von Sicherheit vermittelnden Ritualen, etwa bei der morgendlichen Begrüßung. Eine Schule mit einer solchen entwicklungsförderlichen Atmosphäre kann auch ungünstige familiäre Bedingungen etwas „ausgleichen" und somit auch benachteiligten Kindern und Jugendlichen Wachstumsmöglichkeiten bieten.

Häufig wird angeführt, daß wachsende gesellschaftliche Aggressivität mit dem Verlust von Sicherheit durch eindeutige Eingebundenheit in bestimmte Strukturen zu begründen ist (vgl. Kap. IV.1) Wyrwa (1996) argumentiert hingegen, daß der Grund für kognitive Unsicherheit heranwachsender Menschen in postmodernden Gesellschaften wie der Unsrigen (und somit möglicherweise für Gewaltbereitschaft zur Herstellung von Eindeutigkeit, vgl. Kap. IV.1) nur bedingt in dem Verlust des allgemeinverbindlichen Status monozentrisitischer Weltsichten liegt. Das Problem liegt eher in dem *Wahrheitsanspruch* sich gegenseitig ausschließender konkurrierender monozentristischer Weltbilder und der gesellschaftlich erzeugten Erwartung der damit konfrontierten Individuen, sich für eines dieser Weltbilder entscheiden zu müssen.

Die Lösung läge nach Wyrwa in einer konsequenten Erziehung zum Polyzentrismus, die Individuen dazu befähigt, mit den parallel vorhandenen divergenten Wirklichkeitskonstruktionen umzugehen. Zu diesem Zweck müßte Erziehung in Familie und Schule entwicklungsangemessen die nicht-instruktive Konfrontation mit Diskontinuitäten beinhalten. LehrerInnen sollten sich daher nach Wyrwa (1995) als Wissensanbieter und weniger als Wissensüberträger verstehen. Das bedeutet, daß den SchülerInnen die autonome Entscheidung darüber gelassen wird, welche Sicht von Welt sie für sich annehmen. Die kognitive Unsicherheit, die entsteht, wenn eindeutige Lösungen nicht angeboten werden, ist heilsam, denn sie führt dazu, daß ein wünschenswerter souveräner Umgang mit den vielfältigen sich widersprechenden Angeboten der postmodernen Gesellschaft erlernt wird. Die Anfälligkeit für eindimensionale gefährliche Weltbilder (etwa Faschismus) wird dadurch gemindert, daß die Heranwachsenden gelernt haben, auch mit uneindeutigen Situationen umzugehen.

Darüber hinaus sieht Wyrwa (op. cit., S. 41) eine wesentliche Rolle von Schule in der Unterstützung der Identitätsbildung der Heranwachsenden. Auch dies bedeutet aber, daß LehrerInnen zwar Angebote machen, nicht aber alles besser wissen als ihre SchülerInnen, sondern sie als aktive Personen ernst nehmen. „Dem Schüler wird durch die Rolle des Akteurs – in der Erfahrung, daß sein Denken, sein Fühlen, seine Person von herausragender Bedeutung ist – verstärkt die Möglichkeit gegeben, in dem zu Lernenden mit Hilfe des Lehrpersonals einen Sinn, eine Bedeutung zu finden, die mehr ist als nur die bloße Aneinanderreihung von Wissen.“

Zusammenfassung

Wenn Kollegium und Schulleitung sich vornehmen, grundsätzlich das Ausmaß aggressiven Verhaltens an ihrer Schule zu verringern, dann können sie auf ein Interventionsprogramm von Olweus (1995) zurückgreifen, das die Ergebnisse der Forschung zu aggressivem Verhalten umsetzt und in Skandinavien vielfach überprüft wurde. Dieses Programm beinhaltet Maßnahmen auf der Schulebene (Fragebogenerhebung, „Pädagogischer Tag“ , Verstärkung der Pausenaufsicht, u.a.), der Klassenebene (Klassenregeln, Klassengespräche, u.a.) und der persönlichen Ebene (Gespräche mit Aggressoren, Opfern, Eltern, u.a.).

Beim Umgang mit aggressiven Kindern in der Klasse stehen den LehrerInnen mit den vorgesehenen Disziplinarmaßnahmen nur bedingt psychologisch wirksame Maßnahmen zur Verfügung. Spezifische Verstärkungsprogramme für einzelne SchülerInnen oder ganze Klassen (z.B. Sozialpunkteheft) könnten hilfreich sein. LehrerInnen sollten sich ihrer eigenen Gefühlslage bewußt sein, da sie oft Teil eines Teufelskreises aus Lehrer- und Schülerängsten und -aggressionen sind. Kollegiale Fallbesprechungen nach bestimmten Regeln könnten den Umgang mit schwierigen Situationen professionalisieren. Auch bei maximaler Professionalisierung des Umgangs der LehrerInnen mit schwierigen Situationen wird es allerdings Probleme geben, die Schule nicht lösen kann.

Schule kann aber auch präventiv wirken, und zwar einerseits dadurch, daß über die Vermittlung von Wissen hinaus entwicklungsfördernde, freundliche Rahmenbedingungen geschaffen werden, in denen sich SchülerInnen als Persönlichkeit anerkannt erleben können. In diesem Rahmen sollten Heranwachsende an kognitive Autonomie herangeführt werden, also lernen, mit komplexen Wirklichkeiten umzugehen. Dies kann nur gelingen, wenn sie auch in der Schule erleben können, daß sie als aktive Individuen ihre eigenen Positionen zu den Dingen entwickeln können und nicht einfach die Sichten der LehrerInnen zu übernehmen haben.

Andererseits scheinen auch Ergänzungen des Schulcurriculums um ein Fach namens „Konflikt-Training“ o.ä., in dem mit Hilfe von Rollenspielen und Gesprächen bestimmte soziale Fähigkeiten erarbeitet werden, sinnvoll zu sein.

4 Jugendliche und erwachsene Aggressivität: Gewaltverbrechen

Von der „Gewalttäterkarriere" und den Problemsituationen

Um die Gründe für Gewaltverbrechen zu erforschen, wird häufig versucht, Gewalttäter von Nicht-Gewalttätern anhand ihrer Biographie oder ihrer Persönlichkeit zu unterscheiden.

H.J. Schneider (1994, S. 104) schildert zusammenfassend eine typische „Gewalttäterkarriere", die in ihren wesentlichen Punkten mit den in Teil II des vorliegenden Buches (Ursachen aggressiven Verhaltens) geschilderten Befunden übereinstimmt:

1. Es kommt bereits in der Kindheit zu aggressiv-auffälligem Verhalten. Die Eltern, die selbst überdurchschnittlich häufig mit dem Gesetz in Konflikt geraten sind, kontrollieren ihre Kinder nicht. Die Familie ist von Gewalttätigkeiten, für die Kinder insbesondere von unvorhersebaren Strafen (vgl. Herbertz & Salewski, 1985) geprägt. (vgl. Kap. II.3).
2. Der oder die Jugendliche wendet sich von der Familie ab und sucht sich andere wichtige Bezugspersonen. Die findet er häufig in einer Clique mit anderen delinquenten Jugendlichen. Im Gegensatz zur Schule und zum Familienleben vermittelt die Gruppe Spaß und Erfolg (vgl. Kap. II.4 und II.6). Herbertz und Salewski (op. cit.) weisen darauf hin, daß die Hinwendung zur delinquenten Gleichaltrigengruppe um so intensiver ist, je stärker die Verletzungen in der Familie waren.
3. Die Gesellschaft reagiert nun stigmatisierend auf das abweichende Verhalten der Jugendlichen, die die neue Rolle, die sie von der Gesellschaft zugewiesen bekommen, ausfüllen. Diese Rolle beinhaltet ständige Gesetzeskonflikte, die zur Gewohnheit werden und die neue Rolle festigen. Das abweichende Verhalten und eventuelle Kriminalisierungen gelten in der neuen Subkultur als statushoch (Herbertz & Salewski, op. cit.) und haben insofern eine eher verstärkende Wirkung.
4. Die Rollenerfüllung gerät zur self-fulfilling prophecy: Der oder die Jugendliche sieht sich selbst als Gewalttäter und wird auch von anderen so gesehen. In der kriminellen Subkultur, in der es nicht zimperlich zugeht, ist er oder sie selber zugleich Täter und Opfer von Gewalt. Sieht sich und wird gesehen als Gewalttäter, ist in krimineller Subkultur Opfer und Täter bei Gewalt. Die Isolation von der Gesellschaft verfestigt sich aktiv und passiv.
5. Schließlich entwickelt er oder sie ein komplexes Selbstbild als kriminelle Persönlichkeit. Alle sozialen Kontakte finden endgültig nur noch in der Subkultur statt.

Für die Zeit kurz vor der Tat ergibt sich einer Untersuchung von Göppinger (1985) zufolge, daß für Gewalttaten inhaftierte Jugendliche ein halbes Jahr vor der Tat im Vergleich mit einer Kontrollgruppe häufiger Arbeit, Familie und andere Pflichten vernachlässigten und ihr Leben, sowohl in bezug auf finanzielle Angelegenheiten als auch in bezug auf ihr Freizeitverhalten weniger planten.

Heilemann (1996, S. 244 ff.) unterscheidet aufgrund seiner Erfahrungen mit inhaftierten Gewalttätern verschiedene Motivationstypen gewalttätiger Männer. Dabei sieht er vier Haupttypen von Gewalttätern: Der Rache-Schläger leidet an einem von ihm wahrgenommenen Unrecht, das anderen zugefügt wurde und macht sich selber prophylaktisch unangreifbar und aggressiv. Ein anderer Tätertyp schlägt sich, um in seiner Wahrnehmung für Statusbalance zu sorgen. Dieser Tätertyp hat den Eindruck, nicht den seinen Fähigkeiten angemessenen sozialen Status zu genießen. Er erhöht sein Selbstwertgefühl durch die Demütigung statushöherer Personen, die er verdrischt. Der aggressionsgehemmte Gewalttäter ist eher zurückhaltend und hilflos und läßt seine lange angestaute Wut an einem zufällig provozierenden Opfer stellvertretend für alle anderen aus. Schließlich gibt es noch den gruppenkonformen Schläger, der für die Gruppenführer die „Drecksarbeit" macht, um eine sichere Gruppenposition zu erhalten, die er mangels angemessener sozialer Fähigkeiten sonst nicht erhalten zu können glaubt.

Rode und Scheld (1986) haben sich damit beschäftigt, wovon die Rückfallwahrscheinlichkeit von MörderInnen und TotschlägerInnen abhängen mag. Nach der Auswertung von 870 Akten kamen sie zu dem Schluß, daß die Rückfallwahrscheinlichkeit dann signifikant erhöht ist, wenn die soziale Vorgeschichte insgesamt ungünstiger war, wenn die Anzahl der vorher begangenen Gewalttaten höher war und wenn sie insgesamt stärker psychisch gestört erscheinen. Herbertz und Salewski (1985) fanden bei jugendlichen Gewalttätern einen Zusammenhang zwischen der Stärke der Zugeörigkeit zu einer entsprechenden kriminellen Gruppe und der Rückfallquote.

Wie bereits an anderer Stelle angeführt (Kap. II.4), steht auffällig aggressives Verhalten auch häufig in Zusammenhang mit Schwierigkeiten bei der Lösung sozialer Probleme. Simons (1988) hat daher Verbrechen allgemein und auch „Tötungsdelikte als Folge mißlungener Problemlösungen" (Titel) beschrieben, die wesentlich von der Problemsituation und dem Problemlöseprozeß determiniert sind und nicht vollständig als Folge einer bestimmten Persönlichkeitsstruktur zu verstehen sind.

Am Beispiel der häufig vorkommenden „Trennungstat" , also eines Tötungsdeliktes im Zusammenhang mit den Trennungsabsichten eines Partners einer intimen Beziehung, hat der Autor den Problemlöseprozeß näher beschrieben (op. cit., S. 81ff.).

Wenn ein Partner (häufig die Frau) erstmalig Trennungsabsichten äußert, attribuiert der davon betroffene Partner in der Regel intern, instabil und kontrollierbar. Das heißt, er sieht die Gründe in seinem Fehlverhalten (interne Attribution) und glaubt, sich ändern zu können (instabile Attribution) und somit wieder Kontrolle über die Situation zu gewinnen. Er hat also die Hoffnung: Wenn ich meine Fehler beseitige, werden die (vermeintlichen) Trennungsgründe aufgehoben und wir bleiben zusammen. Bleibt aber die Trennungsabsicht bei der Frau trotz eventueller (selbst wahrgenommener) Änderungen bestehen, verändern sich die Attributionen in Richtung extern-stabil-unkontrollierbar. Das heißt: Die Frau sieht alles falsch, da kann ich nichts dran machen.

Eventuell stabilisiert sich die Beziehung auch kurzfristig, z.B. weil die Frau unsicher ist (etwa aus finanziellen Erwägungen), was vom Mann auf seine Bemühungen attribuiert wird. Faßt die Frau nun doch eine feste Trennungsabsicht, ist der Mann zunächst emotional weniger betroffen und glaubt aufgrund seiner vorherigen Erfahrungen mit den Trennungsabsichten seiner Frau, das Problem durch sein Verhalten lösen zu können. Da die Entscheidung oftmals lange abgewogen wird und somit ein ständiges hin-und-her bezüglich der Trennungsabsichten und der damit verbundenen Attributionen und Gefühle auftritt, wechseln die Attributionen und die Situation wird als stabil-unkontrollierbar eingeschätzt, da das eigene Verhalten offenbar immer nur kurzfristige Wirkung zeigt. Die Folge davon ist Unsicherheit und emotionale Anfälligkeit. Wenn die Trennung dann auf einmal doch vollzogen wird, geschieht dies unerwartet und es kommt zu einer extern-stabil-unkontrollierbaren Attribuierung auf die Frau: Sie ist schuld, hintergeht mich, gibt mir keine Chance. Der zu verlassende Partner sieht keine Handlungsmöglichkeiten (keine Problemlösemöglichkeiten) für sich – was aber nicht als eigenes Defizit, sondern als von der Frau ausgehende Ungerechtigkeit gewertet wird. Wenn auf einmal doch die Trennung vollzogen werden soll, kommt dies einem unerwarteten Kontrollverlust gleich. Die dann folgende ‚Terminierungstat' löst das Problem nicht, sondern beendet es. Das Problem wird nicht mehr akzeptiert, sondern beseitigt" (op. cit., S. 83).

Von Bedeutung für die Therapie von Gewalttätern scheint also weniger deren kaum bestimmbare Charakterstruktur zu sein, sondern ihr konkretes Verhalten in konkreten Situationen, ihre sozialen Problemlösefähigkeiten, ihre kommunikativen Fähigkeiten und ihre Einstellungen. Kognitiv-verhaltenstherapeutische Gewalttätertherapie befaßt sich – wie in der Therapie mit aggressiven Kindern – genau mit diesen Themen.

Behandlung von Gewalttätern

Eine Haftstrafe kann – folgt man den lernpsychologischen Grundlagen – zunächst einmal allein kaum für eine Verhaltensänderung bei Gewalttätern sorgen. Die Haft ist eine negative Konsequenz (Strafe) nach einer Fülle anderer Erfahrungen. Diese Erfahrungen waren z.T. positiv (erfolgreiche Taten mit materiellem und sozialem Gewinn in der eigenen Subkultur) und z.T. negativ, wenn die Tat nicht geklappt hat. Das bedeutet, daß das Verhalten mittels intermittierender Verstärkung gelernt wurde (vgl. Kap. II.3) und somit überaus löschungsresistent ist. Dem gegenüber steht nun eine Haftstrafe, die Monate oder Jahre nach der Tat erfolgt und zudem zum Zeitpunkt der Tatausführung noch unsicher ist bzw. gar nicht erwartet wird. Aus den Lerngesetzen folgt aber, daß diejenigen Konsequenzen am stärksten wirken, die sofort im Anschluß an das Verhalten folgen. Verhaltenspsychologisch wären darum – sofern die Haftstrafe überhaupt abschreckende Wirkung haben soll – schnellere und effektivere Ermittlungen nötig, die zu schnellen Bestrafungen führen (vgl. Möller, 1993). Die Höhe der Strafe hingegen ist für die Abschreckung fast irrelevant.

Die Haftstrafe, die ganz am Ende einer unübersehbaren Abfolge von Lernschritten geraume Zeit nach dem zu verändernden Verhalten erfolgt, kann in der Regel bestenfalls Gelegenheit für Veränderung schaffen – sie selber sorgt nicht für eine Verhaltensänderung. Im Gegenteil kann davon ausgegangen werden, daß in der Haftsituation eine Menge Modelle für aggressives Verhalten zur Verfügung stehen und daß die Eingebundenheit in die soziale Gruppe der Gewalttäter, die sich einem autoritären Gefängnisapparat gegenübersehen, der die Gesellschaft repräsentiert, eher verstärkend für die gesellschaftlich unerwünschten Denk- und Verhaltensgewohnheiten ist.

Häufig wird infrage gestellt, ob unter den Bedingungen des Strafvollzugs überhaupt Therapie möglich ist. Die spezielle Situation in einer totalen Institution (Goffman, 1972) ist einer Therapie sicherlich nicht zuträglich. Ein Experiment von Haney, Banks und Zimbardo (1973) verdeutlicht, welche Eigendynamik sich in einer solchen Situation entfalten kann. 21 Studenten, die unter anderem nach körperlicher und seelischer Stabilität aus 75 Freiwilligen ausgesucht wurden, nahmen am sogenannten „Gefängnisexperiment" teil. Per Zufall wurden 10 der Studenten der Gruppe der Strafgefangenen und 11 der Gruppe der Aufseher zugeordnet. Es wurde eine möglichst realistische Strafanstalt eingerichtet. Die „Aufseher" bekamen die Aufgabe, für Ordnung zu sorgen. Dabei sollten sie angemessen vorgehen und sie durften natürlich keine körperlichen Strafen anwenden. Sie bekamen Uniformen und mußten acht Stunden pro Tag arbeiten. Die „Gefangenen" erhielten dementsprechend Gefangenenkleidung und -kost und blieben 24 Stunden am Tag in ihren Zellen. Sie mußten die Aufseher mit „Herr Aufseher" anreden und wurden von Beginn an in der für Gefangene üblichen Art behandelt, d.h. sie wurden zum Beispiel einer erkennungsdienstlichen Behandlung unterzogen und mußten eine Entlausung über sich entgehen lassen.

Das Experiment mußte nach sechs von geplanten 14 Tagen abgebrochen werden. Schon am zweiten Tag mußten fünf der zehn „Gefangenen" entlassen werden, weil sie die Situation psychisch nicht verkrafteten. Die „Gefangenen" benahmen sich hilflos und verfielen größtenteils in Depressionen. Obwohl keine Form der Interaktion zwischen Aufsehern und Insassen vorgegeben worden war, verliefen die Interaktionen feindlich und unpersönlich. Nach sechs Tagen waren die Quälereien für die Gefangenen nicht mehr zu ertragen, sie wurden von den Aufsehern beschimpft, bedroht und gedemütigt. Den Aufsehern hingegen gefiel das Experiment.

Der überraschend negative Ausgang des Experimentes kann aufgrund der Auswahl der Untersuchungsteilnehmer nicht auf deren Persönlichkeitsmerkmale zurückgeführt werden, da ja eher eine Positiv-Auswahl getroffen wurde und die Rollen anschließend zufällig verteilt wurden. Vielmehr liegt es nahe, das Ergebnis als Folge der konstruierten „Gefängnis"-Situation zu sehen. Die Identifikation mit den ungleichen Rollen, die über die typische Rituale und den äußeren Rahmen der Situation hergestellt wurde, führte bei beiden Gruppen zur Übernahme des dazu gehörenden Verhaltens: Die Mächtigen verhielten sich machtvoll und die Ohnmächtigen verhielten (und fühlten) sich hilflos.

Die Teilnahme von inhaftierten Gewalttätern an Anti-Aggressionstrainings kann als „sekundäre Anpassung" im Sinne Goffmans (1972) interpretiert werden: Das bedeutet, daß die Teilnehmer sich aus einer anderen Motivation heraus am Training teilnehmen, als ihr Verhalten tatsächlich ändern zu wollen. Vielmehr geht es ihnen um Vergünstigungen, möglicherweise um Abwechslung o.ä. Allerdings sind sich die Trainings-Autoren dieses Problems durchaus bewußt und versuchen, diese sekundäre Anpassung durch Konfrontationsübungen (vgl. Heilemann, 1997; Weidner, 1990) in eine primäre Motivation zu transformieren. Dennoch argumentiert Lamott (1984) , daß die Teilnehmer an intramuralen (innerhalb der Gefängnismauern stattfindenden) Therapiemaßnahmen innerhalb der Therapie so tun müssen, als ob die Hierarchie nicht mehr existiere, als ob die Therapie nicht im Gefängnis stattfände, als ob die Situation eindeutig und transparent sei und als ob Aushandlungsprozesse möglich sein. Das alles ist aber in der realen Gefängnissituation eher nicht möglich, daher könnte echte therapeutisch induzierte Veränderung während der Haft nicht erreicht werden. Heilemann (1994), einer der Protagonisten des Anti-Aggressions-Trainings im Gefängnis sieht selbst die Gefahr der „doppelten Alibifunktion“ (op. cit., S. 331) durch therapeutische Maßnahmen im Strafvollzug: Der Strafvollzug kann ebenso wie der Gefangene vorweisen, etwas getan zu haben. Dabei kranken solche Maßnahmen häufig an dem gegenseitigen Feinddenken zwischen Justizangestellten und Inhaftierten. Während die „Schließer“ ihr Selbstwertgefühl als Angehörige eines eher mit niedrigem Status ausgestatteten Berufes auf Kosten der Gefangenen, über die sie eine gewisse Macht haben, verbessern können, verachten die Insassen die „Schließer“ als angepaßte Agenten des bürgerlichen Systems.

Die Institution selber als totale Institution (Goffman) steht einer Veränderung im Wege. Jennings, Kilkenny und Kohlberg (1983) berichten von den Auswirkungen von Versuchen, in ausgewählten amerikanischen Knästen institutionelle Veränderungen durchzuführen, die zu einer „just community“ führen sollen: Es wurden demokratischere Strukturen installiert, die Häftlinge bekamen mehr Verantwortung, moralisches Verhalten wurde gefördert, in Konflikte wurde vermittelnd eingegriffen. Insgesamt änderte sich dadurch die Wahrnehmung der Institution durch die Jugendlichen und es kam zu einem Rückgang von Suizidversuchen, Flucht, aggressivem Verhalten und Vandalismus innerhalb der Gefängnismauern.

Zu berücksichtigen ist hier allerdings auch, daß die Alternative zur intramuralen Therapie normalerweise darin besteht, keine Therapie anzubieten oder eine ambulante Therapiemöglichkeit nach dem Ende der Inhaftierung vorzuhalten. Da die Opfer des Täters und auch die potentiellen zukünftigen Opfer ein Recht darauf haben, daß Maßnahmen eingeleitet werden, die weitere Gewalttaten des Täters unwahrscheinlicher machen, sollte die Möglichkeit ausscheiden, gar keine Behandlung anzubieten. Diese opferzentrierte Sichtweise wird von Heilemann (1997) vertreten, der darauf hinweist, daß die Arbeitsbeziehung der Bediensteten im Strafvollzug zu den Tätern ja erst über die Opfer hergestellt wurde: „Der Täter geht eine aktive Beziehung zum Opfer ein, das Opfer geht eine Beziehung (über die Anzeige) zur Justiz ein, die ihrerseits eine Beziehung zum Täter eingeht. Letztlich handelt der Strafvollzug im Auftrag des Opfers und erhält sein Arbeitsmandat ... indirekt aus der Art des Deliktes und dem Schädigungsumfang, den das Opfer ... ertragen mußte.“ (op. cit., S. 4). Heilemann fordert daher eine „Nachweisbeziehung“ des Strafvollzuges zum Opfer: Der Strafvollzug müßte dem Opfer den Resozialisierungserfolg dokumentieren. „Die begrenzte Verweildauer des Täters im Strafvollzug muß Tag für Tag intensiv genutzt werden, um dem Sicherheitsinteresse der Opfer zu entsprechen. Jeder ungenutzte Tag – jeder Tag, an dem nicht an der Persönlichkeitsveränderung des Täters gearbeitet wird – ist im Prinzip ein Schlag ins Gesicht der Opfer.“ (S. 6f).

Bei ambulanten Maßnahmen hingegen, die erst nach Beendigung der Haft beginnen, besteht das große Problem, daß die Zielgruppe die angebotene Hilfe nicht als solche erkennt und sie somit nicht annimmt (vgl. Stiels, 1993). Ein Beispiel für ein solches Angebot schildert Stiels (op. cit.). Bei diesem Angebot, dessen Evaluation noch aussteht, wird neben der Durchführung von Kosten-Nutzen-Analysen, dem Versuch des Aufbaus von Empathie für die Opfer und der Durchführung von Verhaltensübungen der Schwerpunkt auf einer Verbesserung der Körperwahrnehmung und auf das Erkennen der Diskrepanz von verbalen und nonverbalen Signalen gelegt, die die Täter aussenden.

Das Anti-Gewalt-Training

Seit 1987 wird in der Justizvollzugsanstalt Hameln ein Verhaltenstraining mit massiv gewalttätigen Jugendlichen, die durch wiederholte oder schwere Körperverletzung, Totschlag, Raub, oder Mord aufgefallen sind, durchgeführt (Geretshauser, 1993). Die Teilnahme am Anti-Gewalt-Training (AGT) ist freiwillig, bringt aber für die Gewalttäter einige Vorteile (sprich: Vollzugslockerungen und Freizeitaktivitäten) mit sich.

Das inzwischen mehrfach überarbeitete Curriculum beinhaltet nach Geretshauser (op. cit., S. 208ff.) bzw. Weidner (1990, S. 146f.) folgende zu erreichende Teilziele:

- Die Gewalttäter sollen aggressionsauslösende Reize erkennen und für sich alternative Handlungsmöglichkeiten erarbeiten;
- Das Selbstbild soll sich dahingehend verändern, daß auch „schwache" Persönlichkeitsanteile akzeptiert werden können;
- Die Täter sollen ihre Handlungen nicht mehr länger verniedlichen, sondern ein angemessenes Schuld- und Schamgefühl entwickeln, darüber sollen sie auch mit Verwandten und Freunden reden;
- Die Täter werden mit den Gefühlen der Opfer konfrontiert und müssen damit umgehen;
- Jeder einzelne erstellt eine ehrliche Kosten-Nutzen-Analyse seines aggressiven Verhaltens, die die gesellschaftlichen Sanktionen und deren Auswirkungen auf das Leben beinhaltet;
- In provokativen Rollenspielen werden Verhaltensalternativen eingeübt und im realen Feld (bei Freigängen in Discos o.ä.) weiter stabilisiert. Weidner (1990, S. 34) schildert das Beispiel eines inhaftierten Gewalttäters, der mit der Provokation „Albino", die er sich wegen seiner Hellhäutigkeit oft anhören mußte, nicht umgehen konnte: „Er bekam von den Trainern folgende Aufgabe: ‚Werde bei Beleidigungen zum Psychiater! Betrachte Deinen Provokateur als Patienten, der Hilfe braucht.' Peter war von dieser Idee begeistert und setzte sie wie folgt um: Er schnitt sich aus Karton Visitenkarten zurecht, auf die er den Namen und die Telefonnummer des Anstaltspsychiaters schrieb. Wurde er beleidigt, zog er eine Karte aus der Jacke und überreichte sie dem Provokateur mit den Worten: ‚Ich kann Dir hier leider nicht weiterhelfen.' Dann ging er. Im Training kommentierte er seine neue Praxis mit den Worten: ‚Die sagen Albino zu mir und warten, daß ich darauf anspringe und sauer werde wie sonst. Aber ich zieh die Karte und genieße ihre verdutzten Gesichter.'";

- Es werden Gruppenstrukturen analysiert und Möglichkeiten erarbeitet, wie dem Gruppendruck zu entkommen ist;
- Darüber hinaus beinhaltet das Konzept Hilfsstrategien für die Teilnehmer des Trainings gegen institutionelle Knast-Gewalt.

Abb. 11: Das intramurale Anti-Gewalt-Training

Anti-Gewalt-Training
nach Heilemann (1997)

Phase 1: Deskriptionsphase
Persönliche Vorstellung mit Lebenslauf, Aktenprüfung, testpsychologische Untersuchung.

↓

Phase 2: Konfrontationsphase
Heißer Stuhl, Opferperspektive einnehmen.

↓

Phase 3: Disssonanzphase
Eigene Hilfslosigkeit, Mickrigkeit und Kränkbarkeit erkennen.

↓

Phase 4: Transparenzphase
Funktionalität des agresssiven Verhaltens für den Selbstwert erarbeiten.

↓

Phase 5: Phase des Attraktivitätstrainings
Flirttraining, Bewegungstraining, Rhetoriktraining, Ausdauer- und Muskeltraining, Gehirnjogging, Entspannungstraining.

↓

Phase 6: Phase des Realitätstests
Solidarität mit Schwachen üben durch Besuche in Asylheimen, Altersheimen etc.

↓

Phase 7: Stabilisierungphase
nach der Entlassung während der Bewährungszeit noch Seminare besuchen, um die gelernten Ansätze auch in der Praxis umsetzen zu können.

Die aktuellsten Erweiterungen des AGT nennt Heilemann (1997); v.a. sind Stärkungen des prosozialen Verhaltens (Flirttraining, Muskeltraining, Rhetoriktraining) hinzugekommen (siehe Abb. 11).

Weidner (1990) hat das Anti-Gewalt-Training einer Wirksamkeitsprüfung unterzogen. Dazu verglich er 22 behandelte inhaftierte Gewalttäter (Strafmaß 2–8 Jahre Haft, im Mittel 4,1 Jahre) mit 12 nicht behandelten Gewalttätern (von denen allerdings sechs behandlungswillig gewesen wären) und mit einer weiteren Kontrollgruppe von 22 nicht-behandelten und nicht-inhaftierten Berufsschülern (Zufallsgruppe).

Aggressivität und Erregbarkeit der Untersuchungsteilnehmer wurde mit den Fragebogenverfahren FPI (Fahrenberg, Hampel & Selg, 1984) und FAF (Hampel & Selg, 1982) gemessen. Darüber hinaus wurden die Aktenvermerke in bezug auf Auffälligkeiten im Vollzug ausgewertet und deskriptive Einschätzungen von Mitarbeitern und Teilnehmern nach Abschluß der Kurse erhoben.

Bei den Teilnehmern des Trainings stieg die mit Fragebogen gemessene Aggressionshemmung, während die ebenfalls mit Fragebogen gemessene reaktive Aggressivität und Erregbarkeit sank. Die Zahl der Aktenvermerke bei der Untersuchungsgruppe sank während und nach dem Training deutlich ab, die Mitarbeiter schätzten bei knapp 60% der Teilnehmern, daß sich ihr Sozialverhalten gebessert habe. Im Rahmen der Ausgänge kam es zu keinerlei gewalttätigen Auseinandersetzungen. Diese Ergebnisse scheinen insgesamt die Wirksamkeit des Anti-Gewalt-Trainings deutlich zu bestätigen, allerdings stehen bislang die interessantesten Untersuchungen noch aus: Eindeutige Hinweise zur Wirksamkeit des Anti-Gewalt-Trainings, die die Argumente der Gegener intramuraler Therapie erschüttern könnten, würden Studien zur Legalbewährung bieten, bei denen die Teilnehmer der Trainings nach der Haftzeit in Freiheit weniger gewalttätige Rückfälle aufzuweisen hätten, als solche Gewalttäter, die nicht an solchen Trainings teilnehmen. Die durchaus beeindruckenden Ergebnisse der Untersuchung von Weidner belegen zunächst einmal vor allem die bessere Anpassung der Trainingsteilnehmer in der Strafanstalt.

Zusammenfassung

Erwachsene Gewalttäter haben in ihrer Kindheit und Jugend oft die familiären Bedingungen erfahren (willkürliche Strafen, Gewalttätigkeit der Eltern), die in Kapitel II.3 dieses Buches beschrieben wurden. Sie wenden sich in ihrer Jugend einer Gleichaltrigengruppe zu, die Sicherheit gibt und in der gleichzeitig abweichende, aggressive Verhaltensweisen eher statushoch sind. Im weiteren Verlauf kommt es zu einer sich steigernden Spirale zwischen Stigmatisierung von außen und einem Selbstbild, das gewalttätiges Verhalten beinhaltet.

Gewalttaten können als Ergebnis mißlungener Problemlöseprozesse beschrieben werden. Daher ist es sinnvoll, zur Verhinderung weiterer Gewalttaten die sozialen Problemlösefähigkeiten von Gewalttätern zu erhöhen.

Strittig ist allerdings, ob dies mit Therapiemaßnahmen während der Haft (intramural) überhaupt zu erreichen ist, da die Bedingungen der Haft nach Meinung vieler AutorInnen therapeutische Interventionen unmöglich machen, da unter den Bedingungen der Abhängigkeit in einer totalen Institution der Aufbau einer therapeutischen Beziehung und einer angemessenen Veränderungsmotivation nicht herstellbar sei.

Allerdings gibt es mit dem Anti-Gewalt-Training ein kognitiv-verhaltenstherapeutisches Trainingsprogramm für inhaftierte Gewalttäter, das nach einer Untersuchung von Weidner (1990) durchaus beachtliche Erfolge vorzuweisen hat – allerdings fehlen Untersuchungen zur anschließenden Legalbewährung, die den Wert der Anti-Gewalt-Trainings letztlich erst bestimmen könnten.

Die Durchführung therapeutischer Interventionen in der Haft erscheinen wichtig, wenn die Opferperspektive eingenommen wird: Gerade die Opfer haben ein Recht darauf, daß während der Haft an der Veränderung der Gewalttäter gearbeitet wird, damit die Gefahr für mögliche weitere Opfer minimiert wird. Die Alternative zu therapeutischen Interventionen während der Haft sind freiwillige Therapieangebote nach der Haft. Hier muß allerdings davon ausgegangen werden, daß solche Angebote nicht in Anspruch genommen werden.

Teil IV

Von der Gewalt des Zusammenhangs: Gewaltanwendung in und durch Gesellschaft

1 Gewalt in der Gesellschaft

Individueller oder gesellschaftlicher Ansatzpunkt?

Die in diesem Buch bislang geschilderten Maßnahmen gegen aggressives Verhalten lagen im wesentlichen im individuell-familiären bzw. individuell-therapeutischen Bereich. Um Mißverständnissen über die Intention dieses Buches vorzubeugen, sei an dieser Stelle darauf hingewiesen, daß die Lösung gesellschaftlicher Mißstände nicht allein durch individuell-therapeutische Maßnahmen angegangen werden kann, die bei den Symptomträgern bearbeiten, was durch politische Fehler entstanden ist. Buer (1984) z.B. thematisiert die Rolle der Erziehungsberatung als Stütze der bürgerlichen Gesellschaft und wirft ihr insgesamt vor, „... als Teil staatlicher Sozialpolitik der Kompensation relevanter Probleme der Gesellschaft und der Kontrolle ihrer davon betroffenen Mitglieder" zu dienen (S. 57). Diese Kritik betont zwar einerseits zurecht den Aspekt der Verlagerung gesellschaftlicher Konflikte in Individuen, läßt aber andererseits das Leiden der Betroffenen und der Umwelt an diesen möglicherweise gesellschaftlich entstandenen Problemen zugunsten hehrer politischer Ziele völlig unbeachtet.

Die Lösung kann also nach Meinung des Autors nur darin liegen, das eine zu tun, ohne das andere zu lassen. Im folgenden sollen zur ethisch-moralischen Bewertung individuell-therapeutischer Ansätze zur Aggressionsverhinderung auch diese Aspekte mitberücksichtigt werden. Bevor also hier die gesellschaftlichen Rahmenbedingungen und die Möglichkeit bzw. Notwendigkeit gesellschaftlicher Veränderungen zur Verringerung von Gewalt diskutiert wird, möchte ich noch einen Moment bei der individuellen Ebene verweilen.

Aus Opfersicht dürfte der Wert wirksamer therapeutischer Maßnahmen für aggressive Kinder, Jugendliche und auch Erwachsene auf der Hand liegen und braucht sicherlich nicht weiter diskutiert werden. Es sei nur darauf hingewiesen, daß über die körperlichen Schmerzen und Verletzungen hinaus Gewaltopfer nach Bründel und Hurrelmann (1994, S. 28) „... oft auch an Selbsthaß, Selbstzweifeln, Selbstablehnung und Verlassenheitsgefühlen" leiden. Ich konnte bei meiner Arbeit in der Erziehungsberatungsstelle nicht nur die Täter kennenlernen, sondern auch mehr als einmal die Opfer von aggressiven Kindern. Der elfjährige Sebastian z.B. ging nur mit Angst zur Schule, wo er erwarten konnte, daß er – als Prügelknabe – so wie fast jeden Tag wieder von einer aus drei bis vier Jungs bestehende Clique in seiner Klasse verhauen werden würde. Da er selber auch nicht ganz unauffällig in der Schule war, erhielt er von den LehrerInnen keine besondere Unterstützung und auch keinen Schutz. Allerdings traute er sich auch nicht, die anderen zu „verpetzen", da diese dann mit noch mehr Schlägen drohten. Seine Klassenkameraden unterstützten ihn kaum, da er auch keine richtigen Freunde in der Klasse hatte. Ich lernte ihn nach einem Selbstmordversuch kennen.

Olweus (1995, S. 56) hält es denn auch für eine Frage demokratischer Grundrechte, daß Kinder „das Recht haben, frei von Bedrängnis und wiederholter absichtlicher Erniedrigung sowohl in der Schule als auch in der Gesellschaft überhaupt zu leben".

Bei Vorträgen in Kindergärten oder Schulen erlebe ich oft, daß ich gefragt werde, was denn nun die Kinder gegen ein bestimmtes Kind tun sollen, daß besonders aggressiv gegen alle oder einige der anderen Kinder vorgeht. Auf meine Nachfragen ergibt sich, daß dieses Kind seine Opfer verfolgt, auch wenn diese sich von ihm fernhalten wollen oder daß sie ohne selber zu provozieren von diesem anderen Kind angegriffen werden. In diesen Fällen können die betroffenen Kinder nichts tun – sie müssen geschützt werden. Wie sollen Kinder darin bestärkt werden, sich gegen die brutalsten Schul-Rowdys zur Wehr zu setzen? Im Sinne Olweus ist hier unbedingt nötig, daß die Erwachsenen eingreifen und die Opfer vor dem Gewalttäter schützen, denn die Kinder werden es selbst nicht schaffen.

Wie sieht es aus der Täter-Perspektive aus, aus der Perspekte des aggressiven Kindes, bei dem mittels therapeutischer Interventionen eine Veränderung hervorgerufen werden soll? Bei aggressiven Kindern ist der Leidensdruck sehr hoch, wesentlich höher als z.B. bei Stotterern oder sozial unsicheren Kindern (Mempel, 1989). Die Kinder erleben sich häufig selbst als normabweichend und glauben auch, daß sie selber es sind, die sich ändern müssen. Darüber hinaus gibt es eine wahre Flut von Forschungsarbeiten, die sich mit der sozialen Situation von aggressiven Kindern beschäftigen, die eindrucksvoll zeigen, wie sehr aggressive Kinder sozial ausgeschlossen werden, was sicherlich nicht zu ihrem Wohlbefinden beiträgt (vgl. Kap. II.6). Allerdings machte eine Studie von Weinert (1976) mit Jugendlichen, die ein Tötungsdelikt begangen hatten, deutlich, daß diese jugendlichen Gewalttäter zunächst keine Therapiewünsche zeigen. Wichtig ist daher, den „funktionalen Wert prosozialer Verhaltensalternativen" (Verres & Sobez, 1980, S.144) zu steigern, um den Betroffenen zu helfen, sozial besser integriert zu werden und den „Verlust" an aggressivem Verhalten mit einem „Gewinn" an effektivem prosozialem Verhalten zu verbinden. Somit dürfte eine therapeutische Intervention also auch aus der Sicht der potentiellen KlientInnen zu befürworten sein.

Es muß davon ausgegangen werden, daß die gesellschaftlichen Umstände, von denen die betroffenen aggressiven Kinder, Jugendlichen und Erwachsenen geprägt wurden, im nachhinein nun einmal nicht mehr veränderbar sind. Darüber hinaus zeigt der nachfolgende kurze Anriß der Debatte um die gesellschaftlichen Gründe für Gewalt auch, daß längst keine Einigkeit darüber herrscht, welche gesellschaftlichen Veränderungen wünschenswert wären. Daher wäre ein Rückzug auf gesellschaftliche Veränderungen in der konkreten Auseinandersetzung mit betroffenen Kindern und Jugendlichen eher lähmend (vgl. dazu auch Winkel, 1993). An diesem Punkt ergibt sich sogar die Frage, ob es für TherapeutInnen nicht eher unethisch wäre, keine Therapie durchzuführen, keine selbstverantwortliche Entscheidung zu treffen, sondern statt dessen auf die gesellschaftlichen Verhältnisse zu schimpfen, ohne den Betroffenen auf bestmögliche Weise Hilfe zukommen zu lassen. Diese Entscheidung zur Durchführung einer Therapie müssen TherapeutInnen treffen, auch angesichts der grundsätzlichen Unmöglichkeit, moralisch „richtig" (d.h., an der Realität orientiert) zu entscheiden (vgl. zu Erkenntnistheorie und Ethik im Überblick Hungerige & Sabbouh, 1995).

Aus den bislang angeführten Argumenten geht deutlich hervor, daß eine Verringerung aggressiven Verhaltens für die potentiellen Opfer der Aggressionen, für die Aggressoren selbst und auch für die gesamte Gesellschaft positiv bewertet werden muß. Die Nicht-Durchführung von Maßnahmen zur Verringerung aggressiven Verhaltens würden eine stillschweigende Billigung der Leiden der Opfer bedeuten. Die in diesem Buch beschriebenen größtenteils individuumsbezogenen Herangehensweisen sind in den Fällen wichtig, bei denen sich Verhaltensweisen so verfestigt haben, daß gesellschaftliche Änderungen – selbst wenn Einigkeit darüber herrschen würde, welche Interventionen die richtigen wären – zum jetzigen Zeitpunkt nicht mehr greifen können.

Schließlich soll nicht verschwiegen werden, daß es Situationen geben kann, bei denen Gewaltanwendung – auch gesellschaftlich gesehen – notwendig sein mag. Allerdings dürfte die aggressive Gewalttat gegenüber anderen schuldlosen Menschen, denen von interessierter Seite Schuld untergeschoben wird, nicht dazugehören. Fürntratt (1974, S. 403) nennt als sinnvolle kollektive Gewalthandlung: „Solidarische und wohlvorbereitete Aggression mit dem Ziel der Entmachtung von Herrschern aber erscheint im Sinne der Bewahrung menschlichen Lebens auf diesem Planeten nicht nur gerechtfertigt, sondern schlechthin geboten."

Allerdings ist ja z.B. bei einer Therapie aggressiver Kinder oder Erwachsener auch weder vorgesehen noch erreichbar (vgl. Kap. III.2 und III.4), ihnen aggressives Verhalten (als einfache biologische Grundausstattung) unmöglich zu machen: Die Intention ist hingegen, ihnen auch anderes Verhalten zu ermöglichen, also ihren Handlungsspielraum zu erweitern. Eine solche Erweiterung des Handlungsspielraumes dürfte ethisch-moralisch eindeutig zu begrüßen sein (vgl. z.B. Krippendorff, 1985).

Gleichzeitig ist sicher unbestritten, daß es – falls die gesellschaftlichen Rahmenbedingungen veränderbar sind – weder ökonomisch noch ethisch sinnvoll sein kann, ständig individuenzentriert Symptomarbeit zu leisten, wenn die Ursachen der Aggression letztlich in gesellschaftlichen Rahmenbedingungen zu suchen sind. Da wir in einer Demokratie leben, muß prinzipiell davon ausgegangen werden können, daß notwendige gesellschaftliche Veränderungen auch realisiert werden können. Sieht man einmal von der prinzipiellen Möglichkeit ab, weiß allerdings jede(r), der oder die sich mit politischen Veränderungsprozessen in Demokratien beschäftigt, daß solche Veränderungen nur schwierig und langwierig zu realisieren sind bzw. daß angestrebte gesellschaftliche Veränderungen oft nicht in ihren Hauptzielen realisiert werden, sondern eher in ihren Nebenzielen (vgl. z.B. Moscovici, 1981).

Der Weg in eine gewaltfreie Gesellschaft kann keinesfalls allein aus einer psychologischen Perspektive gefunden werden, denn der psychologische Blick erfaßt nur einen Ausschnitt des Bedingungsgefüges, aber das hindert natürlich nicht daran, einige Hinweisschilder zu plazieren, die von den empirischen Ergebnissen der Psychologie inspiriert sind.

Gesellschaftliche Rahmenbedingungen der Aggression

Verschiedene AutorInnen haben sich programmatisch zum Zusammenhang von Gesellschaft und Gewalt bereits geäußert und das aggressive Verhalten von Individuen (persöliche Gewalt) in die gesellschaftlichen Strukturen (strukturelle und kulturelle Gewalt) eingeordnet.

Möller (1991b, S.32) z.B. erläutert den Zusammenhang von individueller Gewaltanwendung und gesellschaftlichen Verhältnissen so:

> „Nicht die individuelle Gewaltanwendung durch Kinder und Jugendliche ist das pädagogische und politische Kernproblem, sondern der stumme Zwang der sozialen Verhältnisse, der gewalthaltig erlebt wird und gewaltauslösend wirken kann. Die jeweils nachwachsende Generation erfindet ja nicht gleichsam Gewalt neu. Der ‚jugendliche Gewalttäter' fällt ja nicht plötzlich vom Himmel. Er macht vielmehr in seinem Alltag bestimmte Erfahrungen. Und die bringen ihn dazu, die Gewalt-Option zu wählen. Wer ist für diese Welt verantwortlich, in der die junge Generation heute aufwächst? Doch wohl am wenigsten die Kinder und Jugendlichen, sondern wir: die Erwachsenen."
>
> Dementsprechend folgert er (op.cit., S.44):
>
> „Alle pädagogischen Anstrengungen bleiben ‚Ringelpietz mit anfassen' ohne Strategien politischer Einmischung und ohne geeigneten politischen Flankenschutz. Die Politik ist das Feld, das eigentlich primär gefordert ist."

An anderer Stelle (Möller, 1993, S. 325ff.) stellt der Autor folgerichtig eine Reihe von politischen Forderungen zur „gewaltpräventiven Jugendpolitik" auf, die so unterschiedliche Bereiche wie Bildungspolitik, Gesundheitspolitik, Medienpolitik, Drogenpolitik, Strafverfolgungspolitik, Jugendhilfepolitik, Vernetzungspolitik, Verkehrs-, Städtplanungs- und Wohnungspolitik, Familienpolitik (vgl. dazu insbesondere auch Frehsee, 1992), Verteidigungspolitik, Migrations- und Integrationspolitik umfassen.

Fürntratt (1974, S. 32) äußert sich politisch weniger konkret, aber noch radikaler. Er gibt einer dauerhaften Verringerung menschlicher Aggressivität nur bei einer radikalen Gesellschaftsveränderung „in Richtung auf Aufhebung von Diskriminierung, Konkurrenzdenken, Klassengegensätzen, Ungleichverteilung des Eigentums und staatlicher Machtwillkür bzw. in Richtung auf Gleichberechtigung aller, Mitbestimmung aller und Schutz der persönlichen Freiheit" eine Chance.

Das viel beklagte Verschwinden von Normen und Werten in der „catch-as-catch-can-Gesellschaft" (Bründel & Hurrelmann, 1994, S.33; vgl. dazu auch Wyrwa, 1996) wird in diesem Zusammenhang oft als auslösender, mindestens aber begünstigender Faktor für aggressives Verhalten von Kindern, Jugendlichen und Erwachsenen genannt. „Hinzu kommt die Erfahrung der Jugendlichen, daß viele mächtige gesellschaftliche Gruppen eigennützig und zynisch handeln und eine egoistische Auslegung des Rechts nach den eigenen Interessen betreiben." (op.cit.).

Heitmeyer (1994) argumentiert, daß neben der „Enttraditionalisierung" von Wert- und Normbildungsprozessen die Flexibilisierung der Gesellschaft auch zu einer Verringerung gemeinsam geteilter Zeit in den Familien führt, was seiner Meinung nach die ungünstigen Effekte verstärkt: „Vor dem Hintergrund der Enttraditionalisierung steigen die Anforderungen an Wert- und Normbildungsprozesse, die aber aufgrund verringerter Sozialzeit und daraus entstehender Sprachlosigkeit nicht eingelöst werden können. Hier liegen Anschlußstellen für gewaltförmiges Handeln." (op. cit., S. 36; vgl. dazu auch Eisenberg & Gronemeyer, 1994). Neben den Auflösungsprozessen in Beziehungen sieht Heitmeyer weitere Desintegrationserfahrungen durch die Auflösung gemeinsamer Wertvorstellungen und die verringerte Teilnahme an gesellschaftlichen Institutionen. Diese Desintegrationserfahrungen bewirken eine Abnahme sozialer Verankerung und daraus wiederum ergibt sich eine Zunahme sozialer Gleichgültigkeit. Das bedeutet, daß Gewalttäter einen geringeren Rechtfertigungsdruck der unwichtiger gewordenen sozialen Gemeinschaft gegenüber empfinden und potentielle moralischen Hemmungen, die aggressives Verhalten verringern (vgl. Kapitel II.4) könnten, können nicht wirksam werden.

Unabhängig von der Frage, ob sich Heitmeyers Behauptung der „verringerten Sozialzeit" angesichts von z.B. verkürzten Arbeitszeiten in den letzten Jahrzehnten (von 48 Stunden wöchentlicher Arbeitszeit inzwischen z.T. bis auf 35 Stunden, Erhöhung der Anzahl der Urlaubstage) wirklich empirisch erhärten ließe, bleibt fraglich, ob die an Einfluß verlierenden Milieus (Familie, Vereine, etc.) tatsächlich Normen vermitteln, die gewaltverhütend sind. Die an anderer Stelle geschilderten Befunde zur Situation von Familien (Kap. II.3) läßt das eher unwahrscheinlich erscheinen. Dies würde auch die Einschätzung von Eckert (1993, S. 358f.) erklären, daß „gerade traditionelle, hochintegrierte Gesellschaften ... häufig (insbesondere in ökonomischen Krisen) ein hohes Maß an fremdenfeindlicher Gewalt bis hin zu Progromen" aufweisen. Insofern ist schwer einzusehen, wieso es jetzt gerade der Abbau dieser Milieus ... sein soll, der entsprechende Verhaltensweisen nahelegt."

Im Übrigen ist empirisch zu erkennen, daß z.B. rechtsradikale Gewalt im Einzelfall durchaus nicht eine Folge sozialer Desintegration sein muß. Auch integrierte Jugendliche mit Lehrstelle oder Arbeitsplatz aus bürgerlichen Verhältnissen sind bei den Tätern zu finden (Dachs, 1993; Kaase & Neidhardt, 1990). Ostbomk-Fischer (1994) sieht die Folgen von Desintegration eher offen. Desintegration zwingt zwar zu Neuorientierung, aber das Ergebnis dieser Neuorientierung ist nicht vorherbestimmt. Allerdings stellt Gewalt häufig Eindeutigkeit her, die in der uneindeutigen und desintegrierenden Postmoderne möglicherweise schmerzlich vermißt wird (vgl. Wyrwa, 1996). Heitmeyers Desintegrationsthese erscheint allerdings – sofern sie einen Allgemeinheitsanspruch stellt – geschichtslos, da auch zu anderen Zeiten Desintegration zu beobachten war und unplausibel, da sie weder die Gewalttätigkeit von Mittelschichtsangehörigen erklärt, noch die eindeutige Tatsache, daß Gewalt fast immer von Männern und fast nie von Frauen ausgeht (vgl. Kersten, 1993).

In seinem Buch „Risikogesellschaft" erläutert Beck (1986) gesellschaftliche Entwicklungen, die dazu führen, daß gesellschaftliche Problemlagen heute unvermittelt auf die Individuen einwirken, die nur noch in wesentlich geringerem Ausmaß von Familie, Arbeitskollektiv oder Nachbarschaft aufgefangen werden können als früher, weil diese Systeme nicht mehr die gleiche Bedeutung haben wie früher. So führt er aus, daß die gestiegene soziale und geographische Mobilität zu weniger dauerhaften Beziehungen führt, daß die sozialstaatlichen Sicherungssysteme das Klassenbewußtsein erodiert haben, daß die Verrechtlichung unserer Gesellschaft zu Individualisierung führt (Arbeitsprozesse führen statt streiken) und anderes mehr.

Ein noch etwas anderer Schwerpunkt ergibt sich, wenn man nicht vom generellen Fehlen der Werte ausgeht, sondern davon, daß die vorhandenen gesellschaftlich gesetzten Werte möglicherweise gerade die Ursache für das abweichende Verhalten darstellen. So gehen Bründel und Hurrelmann (1994, S. 122) davon aus, daß es u.a. zu aggressivem Verhalten „... nicht durch das Verfolgen abweichender Werte, sondern gerade durch das Anstreben gesellschaftlich zentraler und konformer Werte wie Status und Prestige" kommt. Auch Galtung (1993) sieht neben den reinen Ausbruchsversuchen der „underdogs" (S. 58) den Wunsch der Menschen, ein „topdog" (ebd.) zu werden oder zu bleiben, als mögliches Aggressionsmotiv. Ein „topdog" ist jemand, der oder die die gesellschaftlichen Werte und Strukturen zu seinem eigenen persönlichen Nutzen ausnutzt. Auf die Komplexität der Zusammenhänge zwischen Normen und Regeln einerseits und Aggression und Delinquenz andererseits macht auch Blinkert (1988) aufmerksam.

Auch das Ausmaß und die Art staatlichen gesellschaftlich legitimierten Gewalthandelns ist ein Beispiel für die gesellschaftlich transportierten Werte. Einige Forschungsergebnisse belegen, daß sich ethisch-moralische Prinzipien weniger durch Worte als durch Taten vermitteln lassen (vgl. Kap. II.3) und insofern ist staatliche Gewaltanwendung (z.B. die Todesstrafe) das sichtbarere und wirkungsvollere Zeichen des moralisch-ethischen Zustandes einer Gesellschaft als die allseits salbungsvoll vorgetragenen Sonntagsreden der mit der inhaltlichen Vermittlung von Werten beschäftigten sozialen Agenten. H.J. Schneider (1994, S. 51) drückt dies so aus:

> „Legitime Gewalt neigt dazu, sich fließend in kriminelle Gewalt zu verwandeln. ... Je häufiger eine Gesellschaft Gewalt legal anwendet, um gesellschaftlich erstrebenswerte Ziele zu erreichen, zum Beispiel Aufrechterhaltung der Ordnung in Schulen, Abschreckung kriminell gefährdeter Menschen, Verteidigung gegen Aggressionen vom Ausland, desto größer wird die Neigung potentieller Rechtsbrecher, Gewalt zur Erreichung ihrer illegitimen Ziele zu gebrauchen."

Gesellschaftlich bedeutsame Erkenntnisse der psychologischen Aggressionsforschung

Im folgenden sollen nun einige Anregungen erfolgen, die bei der Diskussion um gewaltpräventive Maßnahmen aus den aktuell gültigen psychologischen Erkenntnissen (vgl. Teil II dieses Buches) ableitbar sind. Sie sollen und können nicht andere, z.B. soziologisch begründete Ansatzpunkte ersetzen. Sie können die dort entwickelten und zu entwickelnden Vorschläge nur um einige Aspekte aus empirisch-psychologischer Sicht ergänzen.

Am besten belegt dürfte die Wirkung erfolgreicher aggressiver Modelle sein, die in Familie, Medien und Gesellschaft zu bestaunen sind.

Von höchster Bedeutung sind unbestritten die familiären Bedingungen, unter denen Kinder heranwachsen, insbesondere das Ausmaß an Gewalt, mit dem sie dort konfrontiert werden. Hier gibt es politisch zwei offensichtiche Einflußmöglichkeiten. Zunächst ist unerläßlich, daß es schlichtweg verboten wird, gewalttätig gegen die eigenen Kinder vorzugehen. Schläge dürfen offiziell nicht weiterhin als mögliche Erziehungsmittel betrachtet werden. Ein Verbot allein wird allerdings das Handeln der Eltern nicht grundlegend ändern, wenn keine Verhaltensalternativen zur Verfügung stehen. Wenn die Eltern ihr Erziehungsverhalten von ihren eigenen (gewalttätigen) Eltern gelernt haben, steht ihnen möglicherweise kein angemessenes Alternativverhalten zur Verfügung. Hier könnte an eine curriculare Ergänzung des Schulstoffes um ein Fach „Erziehung" gedacht werden, in dem heranwachsende Jungen und Mädchen Alternativen zur Erziehung mit Gewalt lernen können, so daß zumindest die Möglichkeit geschaffen wird, daß Kinder gewalttätiger Eltern selber später als Eltern anders handeln – im Gegensatz zur heutigen Datenlage, die deutlich macht, daß Eltern, die in ihrer eigenen Kindheit geschlagen wurden, dieses Verhalten ihren Kindern gegenüber wiederholen.

Bei aggressiven Modellen in den Medien ist zwischen Fiktion und Fakten zu unterscheiden. Gewalttätige Modelle in Filmen und Serien transportieren sicherlich ungünstige gesellschaftliche Rollenbilder, die erfolgreichen und oft eigentlich „guten" Helden sind in der Regel Männer und das dürfte auch ein auslösendes Moment dafür sein, daß aggressives Verhalten so eine männliche Domäne ist: Vor allem Jungen, junge Männer und Erwachsene haben gesellschaftlich akzeptierte aggressive Rollenvorbilder, nicht aber Mädchen und Frauen. Es ist allerdings eine alte Streitfrage, in welchem Ausmaß die Medien gesellschaftliche Wirklichkeit widerspiegeln und in welchem Ausmaß sie sie schaffen. Es ist politisch sicherlich nicht angemessen, mit Zensurmaßnahmen gewalttätige Männer aus Filmen und Fernsehen zu verbannen – und die Wirkung wäre darüber hinaus zweifelhaft, denn das Medium Film verstärkt eher ohnehin vorhandene Tendenzen, als daß es selber Gewalt erzeugt.

Die Darstellung des Erfolges realer Gewalt im richtigen Leben hat offensichtlich große Effekte, wie die Zunahme der Gewalttaten nach den ersten erfolgreichen (!) und in den Medien in aller Breite in ihrem Erfolg dargestellten gewalttätigen Progromen gegenüber Asylsuchenden zeigt (vgl. Kap. II.3). Natürlich kann auch hier die Schuld nicht ohne weiteres den Medien gegeben werden, schließlich hatten die jungen Gewalttäter ja tatsächlich Erfolg, das Volk jubelte ihnen zu, die Polizei zeigte sich machtlos und die Asylsuchenden wurden abtransportiert. Daß dies zu Nachahmungen führt, verwundert nicht. Leider müssen auch Nachrichtensendungen um Marktanteile kämpfen und von besonderer Bedeutung sind aufregende, sensationelle Nachrichten, die die ZuschauerInnen bei der Stange halten können. In diesem Sinne ist „Kriegsberichterstattung" mit „schockierenden" Bildern eher im Interesse der Medien als nüchterne Analyse und daher erhalten vor allem solche Ereignisse Nachrichtenwert und somit Fernsehzeit, die aufregend genug sind, um die ZuschauerInnen nicht wegzappen zu lassen. Insofern können auch die Medien kritisiert werden, die vor allem aus bestimmten Bildern Nachrichten machen und damit Ereignisse aufwerten und somit wiederum weniger Wirklichkeit darstellen als Wirklichkeit schaffen.

Dennoch liegt der Hauptfehler bei den politisch Verantwortlichen. Der Ausgang der Krawalle ist eigentlich unfaßbar und zur Nachahmung hat einfach angeregt, wie erfolgreich diesem Staat widerstanden werden kann. Generell gilt bei dem Umgang mit Gewalttätern, daß nicht die Höhe der Strafe über die Abschreckungswirkung oder die Nachahmungstendenzen entscheidet: Wichtig sind in Anbetracht der Erkenntnisse zum Modellernen schnelle Polizeierfolge mit hohen Verhaftungsraten, die das Risiko, erwischt zu werden, maximieren.

In der gesellschaftlichen Wirklichkeit sind aggressive erfolgreiche Modelle leider auf jeder Ebene anzutreffen, v.a. wenn mensch unter Aggressivität nicht nur physische Gewalt versteht, sondern auch jene Denk- und Handlungsweisen, für die „ein bewußtes Negieren und Ignorieren menschlicher Verantwortung charakteristisch" (vgl. die Definition von Jüttemann in Kap. I.1) ist. Tatsächlich ist unsere Gesellschaft immer noch – wenn auch mit einigen sozialen Abfederungen – eine Gesellschaft der Starken und Erfolgreichen, und es zählt vor allem der Erfolg, weniger der Weg dorthin. Kein mieser Geschäftemacher bzw. keine miese Geschäftemacherin braucht sich zu rechtfertigen – vorausgesetzt, er oder sie hat alle gesetzlichen Klippen umschifft, bzw. ist nicht aufgefallen – solange Erfolg winkt. Je mehr Erfolg er oder sie vorzuweisen hat, desto bewunderter wird er oder sie sein. Wieviele Politiker und Politikerinnen sind weiterhin erfolgreich im Amt, obwohl sie einen Skandal nach dem anderen aufzuweisen haben? Insofern finden Jugendliche sich in einer Gesellschaft wieder, in der nur Erfolg zählt. Sicher, es gibt auch besonders erfolgreiche Moralisten, aber gut, auch das kann ein Weg zum Erfolg sein. Wenn die Jugendlichen nun auf traditionellen Wegen nicht zum Erfolg gelangen, vielleicht wegen ungünstiger Startbedingungen, wegen geringem Leistungsvermögen oder warum auch immer, dann ist es zunächst einmal naheliegend, den Erfolg auf andere Weise zu erreichen. Somit wäre eine Gesellschaft, in der unwichtig gewordene Werte wie „Solidarität", „Menschlichkeit", „Hilfsbereitschaft" nicht nur in Sonntagsreden von Bedeutung sind, sondern auch im praktischen Alltag und in der „großen Politik", sicherlich auch ein Faktor zur Prävention von Gewalt.

Ein anderer Schritt zur gesellschaftlichen Gewaltprävention ist die Minimierung sozialer Ungleichheit. Aggressivität entsteht – folgt mensch epidemiologischen Studien – häufig genau da, wo die Armut am größten ist. Je größer also die Diskrepanz erlebt wird zwischen dem, was als gesellschaftlicher Erfolg gilt und dem, was das Individuum von sich glaubt, erreichen zu können, desto größer ist die Gefahr aggressiver Verhaltensweisen. Je mehr Heranwachsende ohne Unterstützung in desolaten Verhältnissen aufwachsen, in denen sie nur solche erfolgreichen Modelle erleben, die gegen die Regeln verstoßen, während die, die sich an die Regeln halten, offensichtlich nur ihr unattraktives Leben irgendwie über die Runden kriegen, da sie keine gesellschaftlichen Aufstiegschancen haben, desto mehr von ihnen werden den erfolgreichen Modellen folgen. Sicher ist es individuell therapeutisch z.B. möglich, Menschen, die ein Interesse daran haben, eine größere Frustrationstoleranz zu ermöglichen, so daß sie mit Frustrationen konstruktiv umgehen können (vgl. Kap. II.5), aber wäre es nicht ebenfalls vernünftig, nicht einigen Bevölkerungsgruppen viel mehr Frustrationen und Demütigungen zuzumuten, als anderen? Die untersten Plätze in sozialen oder beruflichen Zusammenhängen innezuhaben, bedeutet ständige soziale, persönliche und materielle Frustrationen zu erleben. In dem vorliegenden Rahmen ist nicht der Raum, konkrete politische Leitlinien zu entwerfen, aber die augenblickliche Politik (Kürzung der Lohnfortzahlung im Krankheitsfall, Kürzung des Kranken- und Arbeitslosengeldes bei steigenden Arbeitslosenzahlen, Streichung öffentlicher sozialer und kultureller

Leistungen, usw. usf.) weist offensichtlich nicht in die richtige Richtung. Wer die sozialen Bedingungen so verschärft und die Bedeutung des sozialen Friedens für so gering hält, darf sich nicht gleichzeitig beschweren, wenn der soziale Frieden von denjenigen, die nichts mehr zu verlieren haben, gebrochen wird. Dies ist dann die Auswirkung der strukturellen Gewalt, die den in der Gesellschaft lebenden Menschen keine Entfaltungsmöglichkeiten bietet.

Auch in der Organisation des täglichen Lebens ist Aggressivität oft erfolgreich und es ist somit kein Wunder, wenn sie angewandt wird. Z.B. ist aggressives Auftreten bei Behörden erfolgreich: Die aggressiven Klientinnen, will mensch schnell wieder loswerden, also wird nachgegeben, die „harmlosen" Klientinnen hingegen können das ausbaden. Sie werden z.B. beim Sozialamt häufig nicht angemessen beraten, erfahren nicht, was ihnen zusteht – im Gegensatz zu den aggressiven, den MitarbeiterInnen beim Sozialamt Angst machenden Klienten. Hier bräuchten Mitarbeiterinnen und Mitarbeiter von Behörden zum Beispiel Unterstützung genau in diesem Punkt, es müßte den verantwortlichen Vorgesetzten das größte Bedürfnis sein, den harmlosen und stillen KlientInnen die gleichen Mittel zukommen zu lassen, wie den aggressiven Klientinnen. Es bräuchte einen gesellschaftlichen Konsens, daß Aggressivität nicht zum Erfolg führen darf, von dem wir noch weit entfernt sind, weil zu viele auch weiterhin ihren Erfolg mit Aggressivität sichern wollen. So lange aber aggressives Verhalten in dem Maße wie bisher erfolgreich ist, wird es auch weiter verstärkt werden.

Die Konzeption von Schule als Ort, an dem Entwicklungsförderung stattfindet und persönliches Wachstum durch Bereitstellung von Wissens-, Beziehungs- und Identitätsangeboten angeregt wird, wäre eine weitere wichtige politische Aufgabe. Die moralische Entwicklung von Kindern und Jugendlichen sollte in dieser Art von Schule gleichberechtigt neben der Wissensvermittlung stehen, dafür wären auch Veränderungen der Curricula nötig, die soziales Lernen mit beinhalten sollten. Das Klima an Schulen und anderen öffentlichen Institutionen sollte so sein, daß nicht Autoritätshörigkeit als hohes Prinzip vermittelt wird, denn dann besteht die Gefahr, daß auch solchen „Autoritäten" gefolgt wird, die gewalttätige Ziele verfolgen.

Jugendhilfe müsste veränderte, befürfnisorientierte Angebote in der Jugendarbeit bereithalten (vgl. Möller, 1993), bei denen Jugendliche ebenfalls Gelegenheit zur Entwicklung ihrer persönlichen Identität haben. (Sozial-)pädagogische Arbeit mit Jugendlichen ist heute oftmals problemzentriert konzipiert, indem bestimmte Gewalttäter als Zielgruppe ausgewählt werden, die dann sozialpädagogisch betreut werden sollen. Diese Herangehensweise festigt die Gewalttäter-Rolle und vernachlässigt die anderen Bedürfnisse der Jugendlichen. Legt man darüber hinaus die Annahme zugrunde, daß rechtsradikale Gewalttäter nur die Spitze eines Eisberges von verunsicherten und desorientierten Jugendlichen darstellen, so muß Sozialarbeit allen Jugendlichen ein akzeptables Angebot machen. Bei diesen Angeboten müßte die Vermittlung von Verhaltensweisen im Vordergrund stehen, die die Funktion des Gewaltverhaltens ersetzen kann. Außerdem: Betrachtet mensch rechtsradikale Gewalt nicht mehr als Jugend-, sondern als Jungengewalt, dann scheint es offensichtlich an funktionierender Jungenarbeit zu fehlen. Somit müßte konkret ein Augenmerk darauf gerichtet werden, welche Angebote insbesondere Jungen brauchen, um ein Selbstbild zu entwickeln, daß ohne Gewalttätigkeit auskommt. Daß Jungen viel eher als Mädchen zu aggressivem Verhalten neigen, legt nahe, daß mit dem Geschlechtsrollenbild in unserer Gesellschaft immer noch einiges im argen liegt. Jungen scheinen Aggressivität als gute Möglichkeit wahrzunehmen, an Status zu gewinnen. Wie kommt es, daß es in unserer Gesellschaft immer noch kein Männlichkeitsideal gibt, daß ohne Gewalttätigkeit auskommt?

Darüber hinaus müssen die ambulanten Angebote der erzieherischen Hilfen (Erziehungsberatung, Sozialpädagogische Familienhilfe, usw.) weiter bereitgestellt bzw. ausgebaut werden, um auftretende Probleme schnell aufgreifen zu können. In der Arbeit dieser Einrichtungen müsste mit aggressiven Kindern, Jugendlichen und Eltern mit den Methoden therapeutisch gearbeitet werden, die wissenschaftlichen Untersuchungen zufolge zur Zeit als wirksam angesehen werden können.

Zusammenfassung

Obwohl Gewalttätigkeit auch als Folge gesellschaftlicher Verhältnisse gesehen werden kann, ist es – v.a. zum Opferschutz – dennoch notwendig, innerhalb der bestehenden Verhältnisse auch individuumsbezogen an der Verringerung von Aggressivität z.B. mit therapeutischen Mitteln zu arbeiten. Alles andere wäre ethisch kaum vertretbar und würde handlungsunfähig machen.

In der sozialwissenschaftlichen Diskussion ist die „Desintegrationshypothese" von besonderer Bedeutung, die die Rolle der schwindenden Eingebundenheit der Menschen in gesellschaftliche Bezugsgruppen, die ihnen Werte vermitteln, thematisiert. Allerdings ist unklar, wieso gerade der abnehmende Einfluß gesellschaftlicher Gruppen (Familie z.B.), die Gewalt gar nicht ablehnen, mehr Gewalt auslösen soll. Desintegrationserfahrungen zwingen sicherlich zur Neuorientierung, diese muß allerdings nicht gewalttätig ausfallen. Wichtig wäre es in der Postmoderne möglicherweise, das Nebeneinanderbestehen verschiedener Erklärungsversuche von Wirklichkeit aushalten zu können, ohne unbedingt – z.B. durch Gewaltanwendung – Eindeutigkeit herstellen zu wollen.

Die empirische Psychologie kann zu einer Debatte um gesellschaftliche Präventionsmaßnahmen gegen aggressives Verhalten vor allem ihre Erkenntnisse um das Modellernen und das Lernen am Erfolg beisteuern. Dies bedeutet, daß gesellschaftliche Maßnahmen getroffen werden müssen, die für weniger Erfolg von Aggressivität sorgen (schnelle Ermittlungserfolge bei gewalttätigem Verhalten; weniger Erfolgsmöglichkeiten für aggressives Verhalten im öffentlichen Leben). Gerade in bezug auf familiäre Erziehung wäre es notwendig, daß von der Gesellschaft Alternativverhalten zur Verfügung gestellt wird, etwa durch ein entsprechendes Unterrichtsfach.

Die gesellschaftliche Orientierung, die dafür sorgt, daß Anerkennung und Aufmerksamkeit nur den Erfolgreichen zukommt, führt dazu, daß viele, koste es was es wolle, unbedingt erfolgreich (im Sinne der Gesellschaft) sein wollen. Unter diesen Bedingungen darf es nicht verwundern, wenn vor allen Dingen Angehöriger benachteiligter Bevölkerungsgruppen mit wenig Aussicht auf gesellschaftlichen Aufstieg durch angepaßtes Verhalten gewalttätiges Verhalten zeigen. Eine Möglichkeit, durch politisches Handeln aggressives Verhalten in der Gesellschaft zu verringern liegt allerdings auch in der Minimierung sozialer und materieller Unterschiede, während die politische Erzeugung von Randgruppen, die z.B. mangels materieller Möglichkeiten kaum noch am öffentlichen Leben teilnehmen können, eher das Gegenteil bewirkt.

Spezifische Angebote von Schule (Erfahrungsmöglichkeiten zur Identitätsfindung und zur Wissensaneignung), Jugendarbeit (jungenspezifische Angebote) und erzieherischen Hilfen (Erziehungsberatung, etc.) könnten zu einer Verringerung von aggressivem Verhalten beitragen.

2 Gewalt zwischen Gesellschaften: Krieg

In diesem Abschnitt soll und kann keine umfassende Erklärung kriegerischer Handlungen versucht werden. Historische, sozialwissenschaftliche und politologische Analysen bilden selbstverständlich die Grundlage für die Auseinandersetzung mit zwischenstaatlichen Konflikten, deren Entstehen wohl zu einem großen Teil immer von materiellen Gegebenheiten abhing. Es wäre auch zu billig und liegt nicht im Interesse des Autors, simple Analogieschlüsse zwischen dem Verhalten von Individuen und dem Verhalten von Gesellschaften zu ziehen. Genauso verbietet es sich, das Verhalten politischer Führer auf psychologische Beweggründe zu reduzieren, wo es doch um eine komplexe historisch jeweils unterschiedliche Gemengelage von Motiven geht. Die Intention dieses kurzen Abschnittes liegt lediglich darin, einige aus der empirischen Psychologie ableitbaren Erkenntnisse darzustellen, die von berufenerer Hand der sozialwissenschaftlichen bzw. politologischen Diskussion hinzugefügt werden könnten.

Bei der Würdigung des aktuellen Erkenntnisstandes der psychologischen Aggressionsforschung wurde bereits deutlich, daß die tiefenpsychologischen und ethologischen Erklärungsmuster für Kriege eher eine Bankrotterklärung menschlicher Friedensfähigkeit denn eine Hilfe für das Verstehen der Entstehung kriegerischen Verhaltens und – noch viel wichtiger – für die Verhinderung von Kriegen darstellt. Daß Kriege nicht ein vorhandenes Aggressionspotential abbauen, sondern – wie aus lerntheoretischer Perspektive nicht anders zu erwarten – für einen weiteren Aufbau von Aggressionspotential sorgen, bestätigt diese Einschätzung nocheinmal. „Das Anwachsen der Tötungsdelikte in Nachkriegszeiten ist in der historisch-kriminologischen Forschung anhand der zahlreichen Kriege des 19. und 20. Jahrhunderts nachgewiesen worden.“ (H.J. Schneider, 1994, S. 28).

Eine Psychopathologie von Kriegsherren soll an dieser Stelle gar nicht erst im Einzelfall versucht werden, stünde sie doch aufgrund zu ungenauer Angaben über die jeweiligen Kriegsherren (von denen in der Regel keine psychologischen Explorationsgespräche überliefert sind) ohnehin auf tönernen Füßen. Davon ausgehend, daß in der Tat oft materielle Gründe in den Krieg führen, ist vielmehr der besondere Einfluß der Umgebungsbedingungen zu erwähnen. Den meisten Leserinnen und Lesern dieser Zeilen würde sicherlich kein Grund einfallen, der für sie gewichtig genug wäre, um zehntausend oder mehr (zig Millionen) Menschen zu töten. Wahrscheinlich würden auch die wenigsten Regierungsoberhäupte auf so eine Idee kommen – wenn sie nicht Regierungsoberhäupter wären. Ich halte es für unplausibel, anzunehmen, daß ausgerechnet die charakterlich schlechtesten Menschen (mit extrem psychopathologischen Symptomen) überall dort in der Welt, wo Kriege geführt werden, an der Regierung sind. Vielmehr scheint mir hier die interessante Frage zu sein, welche Bedingungen dafür verantwortlich sind, daß in solchen Positionen solche Entscheidungen gefällt werden können.

In Anlehnung an das kognitionspsychologische Aggressionsmodell von Kaufmann (1965) müssen einige kognitive Stufen durchlaufen werden (vgl. Kap. II.4), bevor eine aggressive Handlung durchgeführt wird:

1. Die *Wahrnehmung* einer Situation muß so ausfallen, daß eine Handlung erforderlich wird. Also z.B.:
a) „Meine Wahlchancen stehen schlecht, aber ich will wiedergewählt werden.“;
b) „Die ökonomische Lage meines Landes ist so schlecht, daß die BürgerInnen bald rebellieren werden.“;
c) „Die Ungläubigen im Nachbarland sind so schamlos, daß Gott uns alle strafen wird.“;
...

2. Dann muß eine *Handlung ausgewählt* werden, im Kriegsfall also eine Kriegshandlung als geeignet angesehen werden:
a) „Durch einen Krieg könnte ich mir ein neues Image verschaffen, das mir gut zu Gesicht steht.“;
b) „Durch einen Krieg würde die Wirtschaft angeregt, Rüstungsgüter zu produzieren, außerdem könnten wir uns bei einem Sieg die gegnerischen Ressourcen einverleiben.“;
c) „Die Ungläubigen müssen sterben, denn sie werden nicht von ihrem Tun ablassen.“;
...

3) Möglicherweise auftretende *moralische Hemmungen* müssen durch Kunstgriffe immunisiert werden:
a) „Wenn ich die Wahlen nicht gewinne, wird mein Gegenkandidat gewinnen und das wäre ein Katastrophe für unser Land“ (oder: „... das wäre eine Katastrophe für mich“). „Es wird wahrscheinlich bei einem geschickt eingefädelten überraschenden Angriff keine großen Verluste geben.“;
b) „Wenn das Volk rebelliert, werden Soldaten und Zivilisten des gleichen Volkes aufeinander schießen, das Volk wird entzweit. Zum Blutvergießen kommt es also so oder so, und dann lieber kein Bruderkrieg.“;
c) „Wer sich so gottlos benimmt, ist Abschaum und hat sein Lebensrecht verloren.“;
...

4. Die entscheidende Frage ist nun die nach der persönlichen *Erfolgseinschätzung*:
a) „Gegen so eine Bananenrepublik wird es keine Schwierigkeiten geben, der Sieg ist reine Formsache und daß dadurch mein Ansehen und meine Wahlchancen steigen, lehrt die Geschichte unseres Landes. Meine politischen Gegner werden mich unterstützen müssen, wenn sie nicht an Popularität verlieren wollen.“
b) „Unser Land ist größer und unsere Armee ist stärker, wir werden den Krieg gewinnen und dann wird trotz der Opfer, die unser Volk bringen mußte, es besser

denn je dastehen. (Und mein persönlicher Schaden sollen die Kriegsschätze auch nicht sein.)"

c) „Gott wird mich belohnen. Außerdem wird mein Name mit der Niederlage der Gottlosen für immer verbunden bleiben.";

...

Auffallend ist, daß bei den fiktiven Beispielen niemand mit einer persönlichen negativen Konsequenz zu rechnen hat. Dies scheint mir auf der Ebene politischer Entscheidungsträger die entscheidende Rolle zu spielen: Es kostet nicht den eigenen Kopf. Und selbst wenn es so wäre, wie ja vor allem in früheren Zeiten geschehen, dann ist die eigene aktive Rolle, das eigene Erleben als historischer Held – als kurzfristige Konsequenz – wirksamer denn die ungewisse Möglichkeit, später als Verlierer aus der Sache hervorzugehen (und in der Verbannung zu landen). Auf der Ebene politischer Entscheidungsträger hat die Entscheidung für einen Krieg in der Regel persönliche Vorteile zur Folge und die moralischen Hemmungen, die möglicherweise existieren, sind aus den unterschiedlichsten Gründen schnell zu immunisieren. Das ist das unspektakuläre Ergebnis der Anwendung verhaltenspsychologischer Erkenntnisse auf das Verhalten von Regierenden.

Interessant wäre hier natürlich die sozialpsychologische Frage, warum ein Regierungschef bzw. eine Regierungschefin in der Tat an Zustimmung im Volk gewinnt, wenn er oder sie einen Krieg anzettelt (wie es in den USA regelmäßig zu beobachten ist). Nun ist im besonderen Fall der USA zu sehen, daß all die geführten Kriege dieses Jahrhunderts nie auf eigenem Territorium stattfanden, so daß keine unmittelbaren negativen Folgen für die Menschen – bis auf die Soldaten – zu befürchten sind. Es mutet aber doch seltsam an, daß moralische Entrüstung in solchen Fällen – bei denen es ja für viele Menschen um Leben und Tod geht – nur eine Minderheitenempfindung ist. Anzunehmen sind hier kulturelle Bedingungen, die zur Billigung der Anwendung von Waffengewalt für beliebig zu definierende „höhere Zwecke" führen. Diesbezüglich kann an dieser Stelle aber nur spekuliert werden. Außerdem ist auf die in Kapitel II.6 referierten Ergebnisse zu verweisen, wonach proaktive Aggression statuserhöhend ist, während reaktive Aggressivität eher zu Statusverminderung führt.

Die kulturell-gesellschaftlichen Rahmenbedingungen sind sicherlich in verschiedenen Ländern unterschiedlich und das bedeutet, daß wohl auch die Menschen aus unterschiedlichen Kulturen unterschiedlich schnell für einen Krieg zu begeistern sind. Allerdings hat das traurige Beispiel Jugoslawien gezeigt, daß ein Rückfall in barbarische Sitten auch bei hochzivilisierten Völkern jederzeit möglich zu sein scheint.

Dennoch: In einer weitgehend gewaltlosen Kultur, in der aggressive Modelle nur selten vorkommen, aggressive Hinweisreize (militärische Symbole, Militärmusik, Militärparaden, etc.) weitgehend keine Rolle spielen und in der es üblich wäre, Konflikte nicht durch Stärke, sondern durch Einigung zu lösen, wäre der Gedanke an Krieg als Mittel politischer Problemlösung für die meisten Menschen zunächst befremdlich. Insofern sind die kulturell-gesellschaftlichen Rahmenbedingungen in der Tat von großer Bedeutung für die Möglichkeit der Regierenden, ihr Volk in einen Krieg zu verwickeln.

Um zu ermöglichen, daß Menschen auf andere Menschen schießen, muß ihnen zunächst einmal der Unterschied zwischen ihnen und den anderen klargemacht werden. In diesem Zusammenhang ist die Stärke und Art des Nationalgefühls von Bedeutung, das sich in einem Volk etabliert hat. Menschen, die glauben, die Menschen ihres eigenen Landes (ihres eigenen Volkes, ihrer eigenen Religionsgemeinschaft, ...) seien gut und edel, während die anderen das eher nicht sind, können natürlich eher zu aggressiven Handlungen gegen dieses Volk bewegt werden (vgl. Kap. II.4). Daher ist in der Regel wichtig für die Regierenden, ein passendes Feindbild zu entwerfen, daß dem Selbstbild kontrastierend gegenüber gestellt werden kann.

Es lassen sich aus der sozialpsychologischen Forschung Ideen ableiten, wie es möglich sein könnte, Feindbilder abzubauen (vgl. Kap. II.5):

Eine Möglichkeit besteht darin, möglichst Kontakt zwischen den Menschen verschiedener Nationalität herzustellen, um den Aufbau wirklichkeitsfremder Feindbilder nicht zu ermöglichen. Die Mischung der Gruppen alleine führt allerdings nicht automatisch zum Erfolg, wie am Vielvölkerstaat Jugoslawien zu sehen war und was sich auch bei der erfolgreichen Dämonisierung der mitten in Deutschland lebenden Juden während der Nazizeit nur allzu deutlich zeigte. Vielmehr muß darüber hinaus dafür gesorgt werden, daß ein kooperativer Austausch stattfindet, daß gemeinsame Aufgaben gemeinsam gelöst werden und das die Menschen auch dazu bereit sind, altbekannte Vorurteile über Bord zu werfen. Dieser Prozeß kann kaum von oben befohlen werden, aber es müßten Wege gesucht werden, die es ermöglichen, daß Identitätsbildung innerhalb eines Volkes nicht nur über die Abgrenzung gegenüber den schlechteren anderen erfolgt. Und dies ist ein Prozeß, an dem Politik sicherlich mitwirken kann, unter anderem, indem sie auch Nicht-Europäern, die z.B. politisches Asyl suchen, menschenwürdige Asylverfahren und generell eine menschenwürdige Behandlung zubilligt – obwohl sie von woanders kommen, anders aussehen und andere Gewohnheiten haben.

Über die Bedingungen in einem einzelnen Staat hinaus muß wohl auch das gesamte Staatensystem der Weltgemeinschaft in die Überlegungen miteinbezogen werden. Da Sicherheitspolitik national organisiert wird und die vermeintliche Sicherheit jedes einzelnen Staates dadurch steigt, daß er militärisch potenter ist als der andere, sind Systemfehler vorprogrammiert (vgl. Knies, 1993). Auf internationaler politischer Ebene scheint es daher eher sinnvoll zu sein, wenn ein Prozeß in Gang kommen würde, innerhalb dessen nationalstaatliche Souveränität z.T. durch supranationale Souveränität ersetzt wird, d.h. nationale durch kollektive Sicherheit ersetzt wird.

Wie ist die Rolle des oder der einzelnen im Krieg, der Soldaten? Daß von vorneherein Menschen, die Soldaten werden, andere Einstellungen, Kognitionen und Verhaltensweisen haben als solche, die es ablehnen, Soldat zu werden, liegt nahe. Mantell (1972) konnte solche Unterschiede zwischen freiwilligen Soldaten und Kriegsdienstverweigerern finden. Die Soldaten erfuhren in ihren Ursprungsfamilien eher soziale Kälte, aggressive Erziehungsmethoden und hierarchischere Familienstrukturen, während die Kriegsdienstverweigerer eher aus liberalen Familien mit demokratischeren Erziehungsmethoden stammten, in denen auch mehr emotionale Wärme vermittelt wurde. Dementsprechend unterschieden sich die Gruppen – was nicht weiter überraschend ist – auch in ihren Einstellungen und Persönlichkeitsmerkmalen.

Dennoch ist dadurch der Unterschied im Verhalten im Ernstfall nicht zu erklären, der Unterschied, daß die einen Menschen zu töten bereit sind und die anderen nicht.

Soldaten sind natürlich von Feindbildern noch stärker betroffen als Zivilisten. Erstens werden sie durch entsprechende (Des-) Informationen stärker beeinflußt als Zivilisten und zweitens macht ihre Rolle (als Soldat) nur dann Sinn, wenn auch ein respektabler Feind existiert. Da Menschen versuchen, sinnhafte Strukturen aufzubauen, liegt der Aufbau eines Feindbildes für das Selbstbild von Soldaten sehr nahe. Schließlich entsteht auch ein Teufelskreis: Der Soldat, der an das Feindbild zu glauben beginnt, muß sich natürlich bedroht fühlen, wenn das Feindbild stimmt. Durch den Eindruck der Bedrohung werden die Wahrnehmungsschemata nun noch stärker dazu führen, daß zukünftige Informationen über den „Feind" sich auch in das Schema einpassen, dadurch wird das Schema wieder verstärkt und dadurch wird die Wahrnehmung wieder noch weiter eingeengt und so weiter ad infinitum.

Der entscheidende Trick besteht aber wohl in einer festen Rollenverteilung in einer stark autoritären Struktur. Die Ausbildung ist darauf angelegt, Gehorsam und Disziplin als allgemeine Tugenden stark in den Vordergrund zu stellen und durch starken Drill und starke Kontrolle, etwa durch schwere Bestrafungen für Befehlsverweigerungen und durch Belohnungen für mutiges und gutes Kämpfen wird dieses Ziel auch erreicht. In den Untersuchungen von Milgram (1974, vgl. Kap. II.5) kann überdeutlich gesehen werden, wie wenig „Autorität" dazu gehört, aus Normalbürgern so etwas wie Folterknechte zu machen. Es darf also nicht verwundern, wenn es Militärs gelungen ist, noch wirksamere verhaltensformende Ausbildungsmaßnahmen zu ersinnen.

Darüber hinaus gibt es schon in Friedenszeiten, erst recht aber im Kriegsfall, um den einzelnen Soldaten herum.unzählige Modellpersonen, die mit ihrem aggressiven Verhalten erfolgreich sind, was sich entweder durch Belobigungen durch die Vorgesetzten oder Anerkennung durch die Kameraden, im Ernstfall aber auch einfach durch die Erhaltung des eigenen Lebens zeigt.

Der Kriegsfall ist dann für Soldaten so existentiell lebensbedrohlich, daß das Verhalten gewählt wird, was in extrem stressreichen Situationen eben gewählt wird: Das ist dasjenige Verhalten, welches sofort, ohne nachzudenken, zur Verfügung steht, das einfachste Verhalten. Und das ist natürlich das in der Ausbildung hundertfach gelernte Verhalten und das Verhalten, zu dem die Vorgesetzten auffordern.

Daß in solchen Extremsituationen, in denen Menschen umgebracht werden und gute Kameraden neben einem sterben, die letzten moralischen Hemmungen fallen können und es zu entsetzlichen Folterungen von gefangenen gegnerischen Soldaten und auch von Zivilisten kommen kann, haben die Beispiele Vietnam und Jugoslawien gezeigt. Auch hier stimmen allerdings in beiden Fällen die verhaltenspsychologischen Rahmenbedingungen: Das grausame Vorgehen wurde von Vorgesetzten (Autoritäten) jeweils angeordnet oder zumindest gebilligt und es waren keine negativen Konsequenzen durch die geschlagenen Gegner zu befürchten. Und da die moralischen Hemmungen aufgrund der gemachten extremen Erfahrungen und der verfestigten Feindbilder verschwunden sind, steht dem grausamen Verhalten nichts entgegen.

Zusammenfassung

Bewaffnete gewalttätige Auseinandersetzungen zwischen Gesellschaften, also Kriege, sind zuallererst Gegenstand der Betrachtung der gesellschaftswissenschaftlichen Disziplinen Soziologie, Politikwissenschaft und Historik. Die eher individuumsorientierte Psychologie kann nur Bruchstücke zum Verständnis des Geschehens beitragen.

Auf der Ebene der Entscheidungsträger läßt sich die Entscheidung für kriegerische Handlungen gegen andere Staaten verhaltenspsychologisch vor allem dadurch erklären, daß mit persönlich positiven Konsequenzen gerechnet wird, wie bei jedem Straßenkriminellen auch. Moralische Hemmungen, die sicherlich auch Regierungsverantwortliche gelegentlich kennen, werden durch kognitive Kunstgriffe immunisiert, genauso wie bei Ihnen und mir, wenn wir etwas tun, von dem wir wissen, daß mensch es eigentlich nicht tun sollte.

Daß allerdings Kriegsherren tatsächlich z.B. innenpolitisch erfolgreich sind, wenn sie außenpolitisch Krieg führen, hängt mit den kulturell-gesellschaftlichen Rahmenbedingungen in den betreffenden Ländern zusammen. Möglicherweise hängt die nationale Identität eher an einem Begriff wie „Stärke", als an einem Begriff wie „Menschlichkeit". Natürlich ist auch der Aufbau von entsprechenden Feindbildern in der Regel nötig, um dem eigenen Volk die moralischen Hemmungen auszutreiben. Um die eigene (nationale) Identität nicht zu sehr in Abgrenzung zu anderen zu konstruieren, wäre es eher sinnvoll, sich mit anderen Kulturen konstruktiv und menschlich auseinanderzusetzen, was zum Beispiel eine Regierung durch Handlungen (etwa in der die AusländerInnen betreffenden Gesetzgebung) modellhaft vorführen kann.

Daß Soldaten die Kriegsgreuel mitmachen, kann nicht weiter verwundern. Sie sind Teil einer streng hierarchischen Ordnung, in der auf Autorität höchsten Wert gelegt wird und in der individuell abweichende Entscheidungen schärfstens sanktioniert werden. Um sich herum wimmelt es von aggressiven Modellen (Kameraden und Vorgesetzten) und eigenes aggressives Verhalten (mit der richtigen Stoßrichtung, die aber schnell herauszufinden ist) wird stets belohnt. In der Kriegssituation, die für die Betroffenen existentiell bedrohlich ist und dementsprechenden Streß verursacht, werden selbstverständlich die Handlungen ausgeführt, die nicht nur Erfolg versprechen, sondern auch einfach und ohne nachzudenken auszuführen sind, und das sind natürlich die überlernten aggressiven Verhaltensweisen, die in der Ausbildung vermittelt wurden.

Schlußbetrachtung

In dem vorliegenden Buch wurde versucht, aggressives Verhalten mit Hilfe der zur Zeit den entsprechenden Forschungsergebnissen zufolge gültigen empirisch-psychologischen Erkenntnisse zu betrachten. Entstehungsbedingungen und einige Ausdrucksformen aggressiven Verhaltens und die Möglichkeiten, aggressives Verhalten in bestimmten Zusammenhängen zu verringern, wurden beleuchtet.

Dabei mag mancher Leserin oder manchem Leser der Gedanke gekommen sein, daß hier kaum spektakuläre Fakten zu erfahren und noch weniger kühne Argumentationsgebäude zu bestaunen waren. Spekuliert wird über die Ursachen aggressiven Verhaltens allerdings schon zur Genüge an anderer Stelle und unterhaltsam ist das nur solange, bis mensch feststellt, daß die aus diesen Spekulationen abgeleiteten Handlungsweisen zur Verringerung von Gewalt nicht fruchten. So ist hier also nichts Aufregendes erläutert worden, kein neuer psychologischer Kick, mit dem Gewalt schnellstens verhindert oder mindestens erklärt werden könnte, sondern nur die allseits bekannte lernpsychologische Sichtweise der Dinge.

Allseits bekannt?

Doch wohl eher nicht. Interessant erscheinende, aber letztlich nicht hilfreiche Mythen über die „wilden Aggressionen“ sind allseits bekannt. Die schon in den siebziger Jahren publizierten Ergebnisse zur sozialen Lerntheorie sind hingegen kaum über interessierte Fachkreise hinaus bekannt geworden und die neuesten empirischen Ergebnisse der Aggressionsforschung werden in Fachzeitschriften beerdigt, in denen sie nur von denen ausgegraben werden, die selber zum gleichen Thema forschen. Daß aber, basierend auf der sozialen Lerntheorie und den weiteren empirischen Forschungen bis in die jüngsten Tage, tatsächlich realistische Handlungsperspektiven eröffnet werden können, das sollte mit diesem Buch gezeigt werden.

Und tatsächlich weisen die Ergebnisse der Grundlagenforschung und der Anwendungsforschung (z.B. Psychotherapieforschung) in die gleiche Richtung: Mit Rückgriff auf lerntheoretische Konzepte lassen sich viele Aspekte aggressiven Verhaltens sehr plausibel erklären und vorhersagen und pädagogische oder therapeutische Maßnahmen, die aus lerntheoretischen Konzepten abgeleitet werden, können zur Zeit als die erfolgreichsten Maßnahmen zur Verminderung aggressiven Verhaltens betrachtet werden.

Die vorliegende Arbeit konnte den Erfolg auf der psychologischen Grundlagenforschung zu aggressivem Verhalten aufbauender lernpsychologisch orientierter Vorgehensweisen in folgenden Bereichen aufzeigen:

- ➢ Bei der Erziehung von Kindern bietet die Lerntheorie Erklärungen für aggressives Verhalten vor allem durch die Lernparadigma des Modellernens und des operanten Lernens, d.h. aggressives Verhalten wird durch das Abgucken v.a. bei den erwachsenen Bezugspersonen und durch die Erfahrung von Erfolg des aggressiven Verhaltens gelernt. Eine Veränderung des Erziehungsverhaltens in die von der Lernpsychologie vorgeschlagene Richtung (nicht-aggressives Modellverhalten und Veränderung des verstärkenden Verhaltens für aggressives und für sozial angemessenes Verhalten) verringert das aggressive Verhalten des Kindes.
- ➢ Bei der Therapie aggressiver Kinder sind multimodale kognitiv-verhaltenstherapeutische Vorgehensweisen, bei denen an Kognitionen, Wahrnehmungen und Ver-

halten von Eltern und Kindern gearbeitet wird, in vielen Fällen recht erfolgversprechend.

- ➢ Zur Verminderung aggressiven Verhaltens an der Schule existiert ein auf psychologischer Grundlagenforschung basierendes Interventionsprogramm, dessen Bausteine lernpsychologischer Natur sind und dessen Erfolg in vielen Untersuchungen belegt wurde. Erfolgversprechende Vorschläge zum Umgang mit einzelnen aggressiven Kindern und zu weiteren Veränderungen des Schulsystems lassen sich ebenfalls erarbeiten.
- ➢ Auch bei der Therapie erwachsener Gewalttäter scheinen kognitiv-verhaltenstherapeutische Trainingsprogramme recht erfolgreich zu sein – wenn auch Studien zur Legalbewährung noch ausstehen.
- ➢ Schließlich lassen sich auch gesellschaftliche Rahmenbedingungen teilweise auf der Grundlage der Betrachtung aus lernpsychologischer Perspektive bewerten und einige Vorschläge zur Veränderung gesellschaftlicher Rahmenbedingungen lassen sich daraus ableiten.

Es bleibt also zu hoffen, daß die in diesem Buch beschriebenen wirksamen Maßnahmen zur Aggressionsverminderung weitere Verbreitung finden.

Literatur

ABIDIN, R.R., JENKINS, C.L. & MCGAUGHEY, M.C. (1992): The relationship of early family variables to children's subsequent behavioral adjustment. *Journal of Clinical Child Psychology, 21,* 60–69.

ACHENBACH, T.M., MCCONAUGHTY, S.H. & TOWELL, C.T. (1987): Child/adolescent behavioral and emotional problems: Implications of cross-informant correlations for situational specificity. *Psychological Bulletin, 101,* 213–232.

AKHTAR, N. & BRADLEY, E.J. (1991): Social information processing deficits of aggressive children: Present findings and implications for social skills training. *Clinical Psychology Review, 11,* 621–644.

Aktion Jugendschutz, Landesarbeitsstelle Bayern (1991) (Hrsg.): *Zunehmende Gewaltbereitschaft bei Jugendlichen?* München: Eigendruck.

ALBERT, D.J., WALSH, M.L. & JONIK, R.H. (1993): Aggression in humans: What is its biological foundation? *Neuroscience & Behavioral Reviews, 17,* 405–425.

American Psychiatric Association (APA) (1994): *Diagnostic and statistical manual of mental disorders DSM-IV.* Washington, D.C.: American Psychiatric Association.

ARCHER, J. & PARKER, S. (1994): Social representations of aggression in children. *Aggressive behavior, 20,* 101–114.

ARENZ-GREIVING, I. (1992): Zur Situation der Kinder von Suchtkranken. *Jugend und Gesellschaft,* 3/1992, 5–8.

AVERILL, J.R. (1982): *Anger and aggression. An essay on emotion.* New York: Springer.

BACH, H., KNÖBEL, R., ARENZ-MORCH, A. & ROSNER, S. (1984): *Verhaltensauffälligkeiten in der Schule.* Berlin: Marhold.

BACH, G.R. & GOLDBERG, H. (1981): *Keine Angst vor Aggression.* Frankfurt a.M.: Fischer.

BAER, R. A. & NIETZEL, M. T. (1991): Cognitive and behavioral treatment of impulsivity in children: A meta-analytic review of the outcome literature. *Journal of Clinical Child Psychology, 20,* 400–412.

BAICKER-MCKEE, C. (1990): *Saints, sinners, and prodigal sons: An investigation of continuities and discontinuities on antisocial development.* Unpublished doctoral dissertation: University of Virginia, Charlottesville.

BANDURA, A. (1965): Influence of models' reinforcement contingencies on the acquisition of imitative responses. *Journal of Personality and Social Psychology, 1,* 589–595.

BANDURA, A. (1971): Vicarious and self-reinforcement processes. In R. Glaser (ed.): *The nature of reinforcement,* 228–278. New York: Academic Press.

BANDURA, A. (1976): *Lernen am Modell.* Stuttgart: Klett-Cotta.

BANDURA, A. (1979): *Aggression. Eine sozial-lerntheoretische Analyse.* Stuttgart: Klett-Cotta.

BANDURA, A., ROSS, D. & ROSS, S.A. (1961): Transmission of aggression through imitation of aggressive models. *Journal of Abnormal and Social Psychology, 63,* 575–582-

BANDURA, A., ROSS, D. & ROSS, S.A. (1963): Imitation of film-mediated aggressive models. *Journal of Abnormal and Social Psychology, 66,* 3–11.

BARON, R.A. (1977): *Human Aggression.* New York: Plenum Press.

BARTH, A. (1996): „Wir sind gewaltbereit“ – Mitglieder einer rechten Jugendclique über ihr provokantes Auftreten. *Spiegel Nr. 44/28,* 149–153.

BEACH, F.A. (1969): It's all in your mind. Psychology Today, 3, 33–35.

BEATTY, J. (1974): Widerspruch gegen Lorenz die Ute betreffend. In A. MONTAGU (Hrsg.): *Mensch und Aggression*. Weinheim: Beltz.

BECK, U. (1986): Risikogesellschaft. Auf dem Weg in eine andere Moderne. Frankfurt a.M.: Fischer.

BECKER, T. (1994): Sie sind weniger rechtsradikal als gewalttätig. *Jugend & Gesellschaft, Nr. 1/94,* 2–4.

BEELMANN, A. (1990): *Effektivität von Interventionen zur Förderung sozialer Kompetenzen bei Kindern. Eine Meta-Analyse.* Bielefeld: Unveröffentlichte Diplomarbeit.

BERGMANN, J. & LEGGEWIE, C. (1993): Die Täter sind unter uns. Beobachtungen aus der Mitte Deutschlands. In M. MICHEL & T. SPENGLER (Hrsg.): *Kursbuch Deutsche Jugend,* 7–37. Berlin: Rowohlt.

BERKOWITZ, L., CORVIN, R. & HIERONIMUS, M. (1963): Film Violence and Subsequent Aggressive Tendencies. *Public Opinion Quarterly, 27,* 217–229.

BERKOWITZ, L. & RAWLINGS, E. (1963): Effects on Film Violence on Inhibition against Sub-sequent Aggression. *Journal of Abnormal and Social Psychology, 66,* 405–412.

BERKOWITZ, M.W., MÜLLER, C.W., SCHNELL, S.V. & PADBERG, M.T. (1986): Moral reasoning and judgments of aggression. *Journal of Personality and Social Psychology, 51,* 885–891.

BIBLOW, E. (1973): Imaginative play and the control of aggressive behavior. In J.L. SINGER (ed.): *The Child's World of Make-Believe,* 104–128. New York Academic Press.

BIERMANN, K.L., SMOOT, D.L. & AUMILLER, K. (1993): Characteristics of Aggressive-Rejected, Aggressive (Nonrejected), and Rejected (Nonaggressive) boys. *Child Development, 64,* 139–151.

BIRBAUMER, N. (Hrsg.) (1977): *Psychophysiologie der Angst.* München: Urban & Schwarzenberg.

BIRNBACHER, D. (1984): Social justice and the legitimation of aggressive behavior. In A. MUMMENDEY (ed.): *Social Psychology of Aggression. From individual behavior to social interaction,* 157–170. Berlin: Springer.

BØJRKQVIST, K. (1994): Sex differences in physical, verbal, and indirect aggression: A review of recent research. Special Issue: On aggression in women and girls: Cross-cultural perspectives. *Sex Roles, 30,* 177–188.

BØJRKQVIST, K., LAGERSPETZ, K.M. & KAUKIANEN, A. (1992): Do girls manipulate and boys fight? Developmental trends in regard to direct and indirect aggression. *Aggressive Behavior, 18,* 117–127.

BLACK, S.L. & BEVAN, S. (1992): At the movies with Buss and Durkee: A natural experiment on film violence. *Aggressive Behavior, 18,* 37–45.

BLINKERT, B. (1988): Kriminalität als Modernisierungsrisiko? *Soziale Welt, 1988,* 397–412.

BOBROW, S. & BOWER, G.H. (1969): Comprehension and Recall of Sentences. *Journal of Experimental Psychology, 80,* 455–461.

Bochumer Arbeitsgruppe für Sozialen Konstruktivismus und Wirklichkeitsprüfung (1990): *Kritik der herkömmlichen Psychologie in 176 Thesen.* Ruhr – Universität Bochum: Unveröffentlichtes Typoskript.

Bochumer Arbeitsgruppe für Sozialen Konstruktivismus und Wirklichkeitsprüfung (1996): *Zur Kulturphysiognomik von Romantik, Moderne und Postmoderne.* Ruhr – Universität Bochum: Unveröffentlichtes Typoskript.

BOHART, A.C. (1980): Toward a Cognitive Theory of Catharsis. *Psychotherapy: Theory, Research and Practice, 17,* 192–201.

BORG-LAUFS, M. (1996): *Das Training mit aggressiven Kindern aus der Perspektive der Selbstmanagementtherapie.* Eine Praxisstudie. Frankfurt: Peter Lang.

BORG-LAUFS, M. (1997a): „Strafe“ oder „Konsequenz“? Überlegungen zu einer Neu-Interpretation. *Thema Jugend, Nr. 2/97,* 2–4.

BORG-LAUFS, M. (1997b): Der Selbstmanagementprozeß in der Kinderpsychotherapie. *Verhaltenstherapie & psychosoziale Praxis, 29,* 199–212.

BORG-LAUFS, M. & DUDA, L. (1991): *Zur sozialen Konstruktion von Geschmackswahrnehmung.* Braunschweig: Vieweg

BOYLE, H.M., OFFORD, R.D., RACINE, Y., FLEMING, J.E., SZATMARI, P., SANFORD, M. (1993). Evaluations of the Revised Ontario Child Health Study Scales. *Journal of Child Psychology and Psychiatry, 34,* 189–213.

BRANDES, H. & BULLINGER, H. (Hrsg.) (1996): *Handbuch Männerarbeit.* Weinheim: Beltz.

BRENNAN, P., MEDNICK, S.A., KANDEL, E. (1991). Congenital Determinants of Violent and Property Offending. In D.J. PEPLER & K.H. RUBIN (eds.): *The Development and Treatment of Childhood Aggression.* (81–92). Hillsdale.

BRÜNDEL, H. & K. HURRELMANN (1994): *Gewalt macht Schule.* München: Droemer Knaur.

BRUSTEN, M. & K. HURRELMANN (1973): *Abweichendes Verhalten in der Schule. Eine Untersuchung zu Prozessen der Stigmatisierung.* München: Juventa.

BUER, F. (1984): Zur Funktion und Organisationsstruktur von Erziehungsberatung. In H. ZYGOWSKI (Hrsg.) : *Erziehungsberatung in der Krise,* 50–73. Tübingen: DGVT.

Bundesamt für Verfassungsschutz (1993) (Hrsg.): Gewalttaten mit erwiesener oder zu vermutender rechtsextremistischer Motivation. Köln.

Bundeskriminalamt (1986) (Hrsg): *Was ist Gewalt?* Wiesbaden.

BULLOCK, D. & MERRILL, L. (1980): The impact of personal preference on consistency through time: The case of childhood aggression. *Child Development, 51,* 808–814.

BUSKOTTE, A. (1992): Schlimmer als Schläge? Formen, Folgen und Ursachen psychischer Gewalt. *Jugend und Gesellschaft, 1992, (4/5),* 19–21.

CAIRNS, R.B., CAIRNS, B.D., NECKERMAN, H.J., FERGUSON, L.L. & GARIEPY, J.L. (1989): Growth and aggression: 1. Childhood to early adolescence. *Developmental Psychology, 25,* 320–330.

CAIRNS, R.B., CAIRNS, B.D., NECKERMAN, H.J., GEST, S.D. & GARIEPY, J.L. (1988): Social net-works and aggressive behavior: Peer support or peer rejection? *Developmental Psychology, 24,* 815–823.

CAMP, B.W. (1977): Verbal mediation in young aggressive boys. *Journal of Abnormal Psychology, 86,* 145–153.

CAMPBELL, S.B. & EWING, L.J. (1990): Follow-up of hard to manage preschoolers: Adjustment at age 9 and predictors of continuing symptoms. *Journal of Child Psychology and Psychiatry, 31,* 871–889.

CAPALDI, D.M. (1991): Co-occurence of conduct problems and depressive symptoms in early adolescent boys: I. Familial factors and general adjustment at grade 6. *Development and Psychopathology, 3,* 277–300.

CAPALDI, D.M. (1992): Co-occurence of conduct problems and depressive symptoms in early adolescent boys.: II. A 2-year follow-up at grade 8. *Development and Psychopathology, 4,* 125–144.

CARLSON, C.L., LAHEY, B.B. & NEEPER, R. (1984): Peer assessment of the social behavior of accepted, rejected, and neglected children. *Journal of Abnormal Child Psychology, 12,* 189–198.

CASPAR, F. (Hrsg.) (1996): *Psychotherapeutische Problemanalyse.* Tübingen: DGVT.

Center for Research on Aggression (1983) (ed.): *Prevention and control aggression. Principles, practices, and research.* New York: Pergamon.

CHESS, S. & HERTZIG, M.E. (eds.) (1991): Annual progress in child psychiatry and child development, 1990. New York: Brunner/Mazel.

CICCHETTI, D. & TOTH, S.L. (eds.) (1991): *Internalizing and externalizing expression of dysfunction.* Hillsdale: Erlbaum.

COIE, J.D, DODGE, K.A., TERRY, R. & WRIGHT, V. (1991): The role of aggression in peer relations: An analysis of aggression episodes in boys' play groups. *Child Development, 62,* 812–826.

COLLINS, W.A., SOBOL, B.L. & WESTBY, S. (1981): Effects of adult commentary on children's comprehension and inferences about a televised aggressive portrayal. *Child Development, 52,* 158–163.

CONRADS, J. & KRAUL, D. (1995): *Verunsicherung und Desintegration. Milieuspezifische Ursachen von Gewalt.* Presse-Informationsdienst des Sonderforschungsbereiches Prävention und Intervention im Kindes- und Jugendalter, Universität Bielefeld, Info Nr. 12, Mai 1995, 8–9.

COWAN, P.A. & WALTERS, R.H. (1963): Studies of reinforcement of aggression: I. Effects of scheduling. *Child Development, 34,* 543–551.

CREMER-SCHÄFER, H. (1992): Skandalisierungsfallen. Einige Anmerkungen dazu, welche Folgen es hat, wenn wir das Vokabular „der Gewalt" benutzen, um auf gesellschaftliche Probleme und Konflikte aufmerksam zu machen. *Kriminologisches Journal, 24,* (1), 23–36.

CUBE, F. von (1993): Gewaltfreie Aggression. In Landeszentrale für politische Bildung Baden-Württemberg (Hrsg.): *Aggression und Gewalt.* (37–51). Stuttgart: Kohlhammer.

CUDDY, M. E. & FRAME, C. (1991): Comparison of aggressive and nonaggressive boys' self-efficacy and outcome expectancy beliefs. *Child Study Journal, 21,* 135–152.

DACHS, G. (1993): „Den Haß krieg ich nicht mehr los". *Die Zeit, 1.1.1993,* S. 2.

DADDS, M.R., SCHWARTZ, S. & SANDERS, M.R. (1987): Marital discord and treatment outcome in behavioral treatment of child conduct disorders. *Journal of Consulting and Clinical Psychology, 55,* 396–403.

DELUTY, R.H. (1981): Alternative-thinking ability of aggressive, assertive and submissive children. *Cognitive Therapy and Research, 5,* 309–312.

DETTENBORN, H. (1993): Gewalt aus Sicht der Schüler. Ergebnisse einer Untersuchung in Berlin. *Pädagogik, 45,* (3), 31–33.

DILLING, H., MOMBOUR, W. & SCHMIDT, M.H. (1991): *Internationale Klassifikation psychischer Störungen; ICD-10 Kapitel V (F); Klinisch-diagnostische Leitlinien.* Bern: Hans Huber

DISHION, T.J. (1990): The family ecology of boys' peer relations in middle childhood. *Child Development, 61,* 874–892.

DODGE, K.A. (1980): Social cognition and children's aggressive behavior. *Child Development, 51,* 162–170.

DODGE, K.A. (1986): A social information processing model of social competence in children. In N. PERMUTTER (ed.): *Minnesota symposium on child psychology,* Vol. 18, 77–125. Hillsdale: Erlbaum.

DODGE, K.A. & FRAME, C.L. (1982): Social cognitive biases and deficits in aggressive boys. *Child development, 51,* 620–635.

DODGE, K.A., PRICE, J.M., BACHOROWSKI, J.A. & NEWMAN, J.P. (1990): Hostile attributional biases in severely aggressive adolescents. *Journal of Abnormal Psychology, 99,* 385–392.

DODGE, K.A. & TOMLIN, A. (1983): The role of cue-utilization in attributional biases among aggressive children. Presented at the Second Invitational Conference on Social Cognition, Nagshead, North Carolina. Zitiert nach: PEPLER, D.J., KING, G. & W. BYRD (1991): Social-cognitively based social skills training program for aggressive children. In D.J. PEPLER & K.H. RUBIN (eds.): *The development and treatment of childhood aggression.* Teasdale, N.J.: Erlbaum, 361–379.

DÖPFNER, M. (1993): Verhaltensstörungen im Vorschulalter. *Kindheit und Entwicklung, 2,* 177–190.

DÖPFNER, M. (1995): Hyperkinetische Störungen. In F. PETERMANN (Hrsg.): *Lehrbuch der Klinischen Kinderpsychologie,* 165–218. Göttingen: Hogrefe.

DÖPFNER, M., BERNER, W., FLEISCHMANN, T. & SCHMIDT, M.H. (1993): *Verhaltensbeurteilungsbögen zur Erfassung von Verhaltensauffälligkeiten bei Vorschulkindern (VBV).* Weinheim: Beltz.

DÖRNER, D. (1985). Verhalten, Denken und Emotion. In L.H. ECKENSBERGER & E.D. LANTERMANN (Hrsg.): *Emotion und Reflexivität.* (157–181). München: Urban & Schwarzenberg.

DOKE, L.A. & FLIPPO, J.R. (1983): Aggressive and Oppositional Behavior. In T.H. OLLENDICK & M. HERSEN (1983) (eds.): *Handbook of Child Psychopathology,* 323–356. New York: Plenum Press.

DOLLARD, J., DOOB, L.W., MILLER, N.E., MOWRER, O.H. & SEARS, R.R. (1971): *Frustration und Aggression.* Weinheim: Beltz.

DRESCHER, J. (1987): Elternberatung bei aggressiven Kindern. In F. PETERMANN (Hrsg.): *Verhaltensgestörtenpädagogik,* 64–83. Berlin: Marhold.

DUMAS, J.E. (1986): Parental perception and treatment outcome in families of aggressive children: A causal model. *Behavior Therapy, 17,* 420–432.

DUMAS, J.E. (1989): Treating antisocial behavior in children: Child and family approaches. *Clinical Psychology Review, 9,* 197–222.

DUMAS, J.E. (1992): Conduct disorder. In S.M. TURNER, K.S. CALHOUN & H.E. ADAMS (eds.): *Handbook of clinical behavior therapy,* 285–316. New York: Wiley.

DUMAS, J.E., BLECHMAN, E.A. & PRINZ, R.J. (1992): Helping families with aggressive children and adolescents change. In R.DeV. PETERS, R.J. MCMAHON & V.L. QUINSEY (eds.): *Aggression and violence thruoghout the life span,* 126–154. New York: Sage.

DURLAK, J.A., FUHRMAN, T. & LAMPMAN, C. (1991): Effectiveness of cognitive-behavior the-rapy for maladapting children: A Meta-Analysis. *Psychological Bulletin, 110,* 204–214.

DUTSCHMANN, A. (1995): *Aggressivität bei Kindern und Jugendlichen. Steuerung hoch erregten Verhaltens.* Tübingen: DGVT.

EBBESEN, E., DUNCAN, B. & KONECNI, V. (1975): Effects of Content of Verbal Aggression on Future Verbal Aggression: A Field Experiment. *Journal of Experimental Social Psychology, 11,* 192–204.

ECKENSBERGER, L.H. (1988): Zur Rolle des moralischen Urteils im Aggressions- und Ag-gressions-hemmungsmotiv: Eine Diskussion der Kornadtschen Zweikomponententheorie der Aggression aus der Sicht der kognitiven Entwicklungspsychologie. *Psychologische Beiträge, 30,* 375–414.

ECKENSBERGER, L.H. & LANTERMANN, E.D. (Hrsg.) (1985): *Emotion und Reflexivität.* München: Urban & Schwarzenberg.

ECKERT, R. (1993): Gesellschaft und Gewalt – ein Aufriß. *Soziale Welt, 44,* 358–374.

EIBL-EIBESFELD, I. (1970): *Liebe und Haß.* München: Piper.

EISEN, G. (Hrsg.) (1974): *Handwörterbuch der Rechtsmedizin.* Stuttgart: Enke.

EISENBERG, G. & GRONEMEYER, R. (1994). *Jugend und Gewalt. Der neue Generationenkonflikt oder: Der Zerfall der zivilen Gesellschaft.* Reinbek: Rowohlt.

EISERT, H.G. (1987): Sozial – kognitive Interventionen bei aggressiven Kindern – eine Übersicht. In F. PETERMANN (Hrsg.): *Verhaltensgestörtenpädagogik,* 7–29. Berlin: Marhold.

EISERT, H.G. (1988): Kognitiv-verhaltenstherapeutische Interventionen bei hyperaktiv-aggressiven Kindern. In U. FRANKE (Hrsg.): *Aggressive und hyperaktive Kinder in der Therapie,* 71–82. Berlin: Springer.

EMMELKAMP, P.M.G. (1988): Mißerfolge in der Verhaltenstherapie. In D. KLEIBER & A. KUHR (Hrsg.): *Handlungsfehler und Mißerfolge in der Psychotherapie,* 34–44. Tübingen: DGVT.

ERON, L. D. (1987): The development of aggressive behavior from a perspective of a developing behaviorism. *American Psychologist, 42,* 435–442.

ERON, L.D., HUESMANN, L.R. & ZELLI, A. (1991): The role of parental variables in the learning of aggression. In D.J. PEPER & K.H. RUBIN (eds.): *The development and treatment of childhood aggression,* 169–187. Teasdale, N.J.: Earlbaum.

ERON, L.D., LEFKOWITZ, M.M. & WALDER, L.O. (1971): *Learning of aggression in children.* Boston.

ESSAU, C.A., PETERMANN, F. & ERNST-GOERGENS, B. (1995): Aggressives Verhalten im Jugendalter. *Verhaltenstherapie, 5,* 226–230.

ESSAU, C.A. & PETERMANN, U. (1995): Depression. In F. PETERMANN: *Lehrbuch der Klinischen Kinderpsychologie,* 241–264.

ESSER, G., SCHMIDT, M.H., BLANZ, B., FÄTKENHEUER, B., FRITZ, A., KOPPE, T., LAUCHT, M., RENSCH, B. & ROTHENBERGER, B. (1992): Prävalenz und Verlauf psychischer Störungen im Kindes- und Jugendalter. *Zeitschrift für Kinder- und Jugendpsychiatrie, 20,* 232–242.

ETSCHEIDT, S. (1991): Reducing aggressive behavior and improving self-control: A cognitive-behavioral training program for behaviorally disordered adolescents. *Behavioral Disorders, 16,* 107–115.

FAAS, P. (1991): Zunehmende Gewaltbereitschaft bei Jugendlichen? Bestandsaufnahme aus der Sicht der Jugendgerichtshilfe. In Aktion Jugendschutz, Landesarbeitsstelle Bayern (1991) (Hrsg.): *Zunehmende Gewaltbereitschaft bei Jugendlichen?,* 21–24. München: Eigendruck.

FAHRENBERG, J., HAMPEL, R. & SELG, H. (1984): *Das Freiburger Persönlichkeitsinventar (FPI).* Göttingen: Beltz.

FARRINGTON, D.P. (1991): Childhood aggression and adult violence: Early precursers and later life outcomes. In D.J. PEPER & K.H. RUBIN (eds.): *The development and treatment of childhood aggression,* 5–30. Teasdale, N.J.: Erlbaum.

FELSON, R.B. (1984): Patterns of Aggressive Social Interaction. In A. MUMMENDEY (ed.): *Social Psychology of Aggression. From individual behavior to social interaction,* 107–126. Berlin: Springer.

FERGUSON, T. & B.G. RULE (1988): Children's evaluation of retaliatory aggression. *Child Development, 59,* 961–968.

FINKELHOR, D., GELLES, R.J., HOTALING, G.T. & STRAUS, M.A. (eds.) (1983): *The Dark Side of Families.* Beverly Hills.

FORD, C.S. & BEACH, F.A. (1951): *Patterns of sexual behavior.* New York: Harper & Row.

FRANCK, D. & WILHELMI, U. (1973): Veränderungen der aggressiven Handlungsbereitschaft männlicher Schwertträger Xiphophorus helleri nach sozialer Isolierung. *Experentia, 29,* 896–897.

FRANKE, U. (Hrsg.) (1988): *Aggressive und hyperaktive Kinder in der Therapie.* Berlin: Springer.

FREEDMAN, J.L. (1984): Effect of Television Violence on Aggressiveness. *Psychological Bulletin, 96,* 227–246.

FREHSEE, D. (1992): Die staatliche Förderung von Gewalt in Familien. *Kriminologisches Journal, 24,* 37–49.

FREHSEE, D., BUSSMANN, K.D. & HORN, W. (1995): *Familiale Sanktionsstile ändern sich und das Recht schweigt.* Presse-Informationsdienst des Sonderforschungsbereiches Prävention und Intervention im Kindes- und Jugendalter, Universität Bielefeld, Info Nr. 12, Mai 1995, 4–6.

FREUD, S. (1905): *Drei Abhandlungen zur Sexualtheorie.* (Hier zitiert nach der Ausgabe von 1972, Frankfurt a.M.: Fischer.)

FREUD, S. (1930): *Das Unbehagen in der Kultur.* (Hier zitiert nach der Ausgabe von 1972, Frankfurt a.M.: Fischer.)

FREUD, S. (1933): Warum Krieg? London, Ges. Werke, Bd. 16. Zit. nach: VERRES, R. & I. SOBEZ (1980): *érger, Aggression und soziale Kompetenz.* Stuttgart: Klett–Cotta.

FREUD, S. (1938): *Abriß der Psychoanalyse.* (Hier zitiert nach der Ausgabe von 1972, Frankfurt a.M.: Fischer.)

FREY, F. (1994): Rituale im Schulalltag zur Orientierung und Sicherheit für Lehrer und Schüler: Beispiel Schultagbeginn und Schülertagebuch. In U. PETERMANN, (Hrsg.): *Verhaltensgestörte Kinder. Didaktische und pädagogische Hilfen,* 130–151. Salzburg: Müller.

FRICK, P.J., LAHEY, B.B., LOEBER, R., STOUTHAMER-LOEBER, M., CHRIST, M.A.G. & HANSON, K. (1992): Familial risk factors to oppositional deviant disorder and conduct disorder: Parental psychopathology and maternal parenting. *Journal of Consulting and Clinical Psychology, 60,* 49–55.

FRITZ, C. & LACHENMAIER, T. (1994): Team-Teaching und Patenlehrer-System. In In U. PETERMANN, (Hrsg.): *Verhaltensgestörte Kinder. Didaktische und pädagogische Hilfen,* 116–129 Salzburg: Müller.

FRODI, A., MACAULAY, J. & THOME, P.R. (1977): Are women always less aggressive than men? A review of the experimental literature. *Psychological Bulletin, 84,* 634–660.

FROMM, E. (1971): Über die Ursprünge der Aggression. Radiovortrag im SDR am 5.9.1971, 12.9.1971 und 19.9.1971. Veröffentlicht in E. FROMM (o.J.): *Über die Liebe zum Leben,* 54–76. Gütersloh: Bertelsmann.

FRY, D.P. & GABRIEL, A.H. (1994): The cultural construction of gender and aggression. Special Issue: On aggression in women and girls: Cross-cultural perspectives. *Sex Roles, 30,* 165–167.

FÜRNTRATT, E. (1974): Angst und instrumentelle Aggression. Weinheim: Beltz.

FUNK, A. & STEHR, J. (1992): Das Reden über Gewalt und sein Beitrag zur Stabilisierung von Herrschaftsverhältnissen. *Kriminologisches Journal, 24,* 3–7.

GABEL, S. & SHINDLEDECKER, R. (1991): Aggressive behavior in youth: Characteristics, outcome, and psychiatric diagnoses. *Journal of the American Academy of Child and Adolescent Psychiatry, 30,* 982–988.

GADOW, K.D. & BIALER, I. (eds.) (1982): *Advances in learning and behavioral disabilities,* Vol. 1. Greenwich, Conn.: JAI Press.

GAGNON, C. (1988): Self-concept of aggressive boys. Paper presented at the University of Waterloo Conference on Child Development, Waterloo. Zitiert nach: PEPLER, D.J., KING, G. & W. BYRD (1991): Social-cognitively based social skills training program for aggressive children. In D.J. PEPLER & K.H. RUBIN (eds.): *The development and treatment of childhood aggression.* Teasdale, N.J.: Erlbaum, 361–379.

GALTUNG, J. (1972): Gewalt, Frieden, Friedensforschung. In D. SENGHAAS (Hrsg.): *Kritische Friedensforschung.* Frankfurt.

GALTUNG, J. (1975): *Strukturelle Gewalt.* Reinbek: Rowohlt.

GALTUNG, J. (1993): Kulturelle Gewalt. In: Landeszentrale für politische Bildung Baden-Württemberg (Hrsg.): *Aggression und Gewalt.* (52–73). Stuttgart: Kohlhammer.

GARBER, J., QUIGGLE, N.L., PANAK, W. & DODGE, K.A. (1991): Aggression and depression in children: Comorbidity, specificity, and social cognitive processes. In D. CICCHETTI & S.L. TOTH (eds.): *Internalizing and externalizing expression of dysfunction,* 225–264. Hillsdale: Erlbaum.

GAY, D. & GOTTFREDSON, D.C. (1985): *Victimazation in Schools.* New York.

GEEN, R.G. (1983): Aggression and television violence. In R.G. GEEN & E.J. DONNERSTEIN (eds.): *Aggression.* Vol. 2. New York: Academic Press.

GEEN, R.G. & BERKOWITZ, L. (1967): Some Conditions Facilitating the Occurence of Aggression after the Observation of Violence. Journal of Personality, 35, 666–676.

GEEN, R.G. & DONNERSTEIN, E..J. (eds.) (1983): *Aggression.* Vol. 2. New York: Academic Press.

GERETSHAUSER, M. (1993): Das Anti-Aggressivitäts-Training. Eine Behandlungsmaßnahme für jugendliche Gewalttäter in der Jugendanstalt Hameln. In G. HEY, S. MÜLLER & H. SÜNKER: *Gewalt – Gesellschaft – Soziale Arbeit.* (205–212). Frankfurt: ISS.

GERGEN, K.J. (1984): Aggression as discourse. In A. MUMMENDEY (ed.): *Social Psychology of Aggression. From individual behavior to social interaction,* 51–68. Berlin: Springer.

GILLIGAN, C. (1984): *Die andere Stimme. Lebenskonflikte und Moral der Frau.* München: Piper.

GLASER, R. (ed.) (1971): *The nature of reinforcement.* New York: Academic Press.

GLASERSFELD, E. von (1984): Einführung in den radikalen Konstruktivismus. In P. WATZLAWICK (Hrsg.): Die erfundene Wirklichkeit, 16–18. München: Piper.

GLOGAUER, W. (1993): *Die neuen Medien verändern die Kindheit.* Weinheim: Deutscher Studienverlag.

GÖPPINGER, H. (1985): *Angewandte Kriminologie.* München.

GOFFMAN, E. (1972): *Asyle.* Frankfurt am Main.

GOLDSTEIN, A.P. & GLICK, B. (1994): Aggression replacement training: Curriculum and evaluation. Special Issue: Counseling and counselor education. *Simulation and Gaming, 25,* 9–26.

GOLDSTEIN, J.H. & ARMS, R.L. (1971): Effects of Obersving Athletic Contests on Hostility. *Sociometry, 34,* 83–90.

GOOLISHIAN, H.A. & ANDERSON, H. (1988): Menschliche Systeme. Vor welche Probleme sie uns stellen und wie wir mit ihnen arbeiten In L. REITER, E.J. BRUNNER & S. REITER-THEIL (Hrsg.): *Von der Familientherapie zur systemischen Perspektive,* 189–215. Berlin: Springer.

GOUZE, K.R. (1987): Attention and social problem-solving as correlates of aggression in preschool males. *Journal of Abnormal Child Psychology, 15,* 181–197.

GREENBERG, M.T., SPELTZ, M.L. & M. DEKLYEN (1993): The role of attachement in the early development of disruptive behavior problems. *Development and Psychopathology, 5,* 191–214.

GRIMM, J. (1994): *Techniken zur Entbrutalisierung von Medien. Verarbeitungsweise und Wirkung von Gewaltdarstellungen im Fernsehen.* Universität Mannheim: Unveröffentlichter Zwischenbericht.

GROEBEL, J. & GLEICH, U. (1993): *Gewaltprofil des deutschen Fernsehprogramms. Eine Analyse des Angebots privater und öffentlich-rechtlicher Sender.* Opladen: Leske und Budrich.

GUERRA, N.G., & SLABY, R.G. (1989): Evaluative factors in social problem solving by aggressive boys. *Journal of Abnormal Child Psychology, 17,* 277–289.

GUERRA, N.G. & SLABY, R.G. (1990): Cognitive mediators of aggression in adolescent offenders. 2. Intervention. Developmental Psychology, 26, 269–277.

GUNNAR, M.R. & THELEN, E. (eds.) (1989): *Systems and development. The Minnesota symposium on child psychology* (vol. 22). Hillsdale: Erlbaum.

HACKER, F. (1971): *Aggression.* Wien: Molden.

HAMPEL, R. & SELG, H. (1982): *FAF (Fragebogen zur Erfassung von Aggressivitätsfaktoren).* Göttingen: Beltz.

HANEY, C., BANKS, C. & ZIMBARDO, P.G. (1973): Interpersonal Dynamics in a Simulated Prison. *International Journal of Criminology and Penology, 1,* 69–97.

HANK, G., HAHLWEG, K. & KLANN, N. (1990): *Diagnostische Verfahren für Berater.* Weinheim: Beltz.

HARNISCHMACHER, R. (1994): *Gewalt an Schulen. Theorie und Praxis des Gewaltphänomens.* Rostock: Hanseatischer Fachverlag für Wirtschaft.

HARRIS, M.B. (1992): Television viewing, aggression, and ethnicity. *Psychological Reports, 70,* 137–138.

HARTMANN, D.P. (1969): Influence of Symbolically Modeled Instrumental Aggression and Pain Cues on Aggressive Behavior. *Journal of Personality and Social Psychology, 11,* 280–288.

HARTUP, W.W. (1989): Social relationships and their developmental significance. *American Psychologist, 44,* 120–126.

HAUCK, P.A. (1979): Irrationale Erziehungsstile. In A. ELLIS & R. GRIEGER (Hrsg.): *Praxis der rational-emotiven Therapie,* 301–311. München: Urban & Schwarzenberg.

HAY, D.F. & ANGOLD, A. (ed.) (1993): *Precursors and causes in development and psychopathology.* Cichester: Wiley.

HEEKERENS, H.-P (1987). Familientherapie mit delinquenten Jugendlichen. In: F. PETERMANN (Hrsg.): *Verhaltensgestörtenpädagogik,* 44–63. Berlin: Marhold.

HEEKERENS, H.-P (1988): Systemische Familientherapie auf dem Prüfstand. *Zeitschrift für Klinische Psychologie, 17,* 93–105.

HEILEMANN, M. (1994): Geschichte des Antagonistentrainings. *Zeitschrift für Strafvollzug und Straffälligenhilfe,* Nr. 6/1994, 331–336.

HEILEMANN, M. (1996): Verhaltenstraining bei gehemmt-aggressiven Männern. In H. BRANDES & H. BULLINGER: *Handbuch Männerarbeit,* 243–258. Weinheim: Beltz.

HEILEMANN, M. (1997, i. Dr.): Opferorientierter Strafvollzug. Wie man Gewaltstraftäter wirklich verändert. In J. WEIDNER, R. KILB & D. KRAFT (Hrsg.): *Konfrontation gegen Gewalt. Oder: Warum es gut sein kann, Männer zu provozieren. Ein Praxishandbuch zum Anti-Aggressivitätstraining.* Weinheim: Beltz.

HEITMEYER, W. (1993): Stellungnahme im Rahmen der 39. (öffentlichen) Sitzung des Ausschusses für Kinder, Jugend und Familie des Landtages Nordrhein-Westfalen in der 11. Wahlperiode: *Erscheinungsformen von Gewalt – Gründe und Ursachen.* Düsseldorf: Ausschußprotokoll 11/825 vom 03.03.1993.

HEITMEYER, W. (1994): Freigesetzte Gewalt. Gewalt als Bearbeitungsform einer neuen Unübersichtlichkeit. *Pädagogik, 46,* (6), 35–40.

HELLERICH, G. (1984): Hyperaktivität: Zur Verkrankung abweichender Verhaltensweisen von Kindern. In H. ZYGOWSKI: *Erziehungsberatung in der Krise,* 176–188. Tübingen: DGVT.

HERBERTZ, C. & SALEWSKI, W. (1985): *Gewalttätige Jugendliche und soziale Kontrolle.* Wiesbaden.

HERZOG, U. (1993): *Quadrataugen. Kinder – Familie – Fernsehen. Anregungen zur Medienpädagogik.* Münster: Eigendruck, Katholische Landesarbeitsgemeinschaft Jugend Schutz NRW e.V. & Aktion Jugendschutz, Landesarbeitsstelle Bayern e.V.

HEY, G., MÜLLER, S. & SÜNKER, H. (Hrsg.) (1993): Gewalt – Gesellschaft – Soziale Arbeit. Frankfurt: ISS.

HEY, G. (1993): Gewalt – Gesellschaft – Soziale Arbeit. Gewalt als anthropologische Konstante. In G. HEY, S. MÜLLER & H. SÜNKER: *Gewalt – Gesellschaft – Soziale Arbeit.* (57–71). Frankfurt: ISS.

HIRSCHBERG, W. (1994): Kognitive Charakteristika von Kindern und Jugendlichen mit Störungen des Sozialverhaltens – eine Übersicht. *Praxis der Kinderpsychologie und Kinderpsychiatrie,* 43, 36–45.

HOBRÜGGER, B. & KÜHL, R. (1987): Zum Persönlichkeits-Selbstbild aggressiver Kinder: Ein typologischer Ansatz. *Zeitschrift für Kinder- und Jugendpsychiatrie, 15,* 29–42.

HÖRMANN, G. & KÖRNER, W. (Hrsg.): *Klinische Psychologie. Ein kritisches Handbuch.* Reinbek: Rowohlt.

HOFMANN, J. (1985): Anmerkungen zur begriffsgeschichtlichen Entwicklung des Gewaltbegriffs. In A. SCHÖPF (Hrsg): *Aggression und Gewalt,* 259–272. Würzburg.

HOKANSON, J.E. & BURGESS, M. (1962): The Effects of Status, Type of Frustration, and Aggression on Vascular Processes. *Journal of Abnormal and Social Psychology, 65,* 232–237.

HOKANSON, J.E. & SHETLER, S. (1961): The Effect of Overt Aggression on Physiological Arousal Level. *Journal of Abnormal and Social Psychology, 63,* 446–448.

HOLTAPPELS, H.G. (1985): Schülerprobleme und abweichendes Schülerverhalten aus der Schülerperspektive. *Zeitschrift für Sozialisationsforschung und Erziehungssoziologie, 5,* 291–323.

HORN, H. (1988): Möglichkeiten des Kinder- und Jugendlichenpsychotherapeuten mit dem hyperkinetischen und aggressiven Kind. In: U. FRANKE (Hrsg.): *Aggressive und hyperaktive Kinder in der Therapie,* 97–108. Berlin: Springer.

HORNBERGER, R.H. (1959): The Differential Reduction of Aggressive Responses as a Function of Interpolated Activities. *American Psychologist, 14,* 354.

HOSEMANN, D. & HOSEMANN, W. (1987): Therapeutische Erziehung oder erzieherische Therapie in der Arbeit mit ‚Verwahrlosten'. In W. ROTTHAUS (Hrsg.): *Erziehung und Therapie in systemischer Sicht,* 147–156. Dortmund: modernes lernen.

HUBER, A. (1995): *Stichwort Aggression und Gewalt.* München: Heyne.

HUESMANN, L.R., ERON, L.D., KLEIN, R., BRICE, P. & FISCHER, P. (1983): Mitigating the Imitation of Aggressive Behaviors by Changing Children's Attitute About Media Violence. *Journal of Personality and Social Psychology, 44,* 899–910.

HUESMANN, L.R., ERON, L.D., LEFKOWITZ, M.M. & WALDER, L.O. (1984): Stability of aggression over time and generations. *Developmental Psychology, 20,* 1120–1134.

HUNGERIGE, H. & SABBOUH, K. (1995): Let's talk about ethics – Ethik und Moral im kon-struktivistischen Diskurs. In S.J. SCHMIDT & G. RUSCH (Hrsg.): *Konstruktivismus und Ethik.* Frankfurt a.M.: Suhrkamp, in Druck.

HURRELMANN, K. (1992): Wie kommt es zu Gewalt in der Schule und was können wir dagegen tun? Kind, Jugend, Gesellschaft, 36. Zitiert nach: Landesinstitut für Schule und Weiterbildung (Hrsg.): *Aktuelle Gewaltentwicklungen in der Gesellschaft – Vorschläge zur Gewaltprävention in der Schule, 41–46.* Soest: Eigendruck.

HURRELMANN, K. & FREITAG, M. (1993): *Gewalt an Schulen: In erster Linie ein Jungen-Problem.* Universität Bielefeld: Forschungsbericht.

HYMEL, S., BOWKER, A. & WOODY, E. (1993): Aggressive versus Withdrawn Unpopular Children: Variations in Peer and Self-Perceptions in Multiple Domains. *Child Development, 64,* 879–896.

INNERHOFER, P. & GOTTWALD, P. (1977): Wissenschaftstheoretische Grundlagen. In: Handbuch der Psychologie, Bd. 8, 1. Halbband. Göttingen: Hogrefe. Zitiert nach G. JÜTTEMANN (1978): Eine Prädikationsanalyse des Aggressionsbegriffs. Die Auflösung einer Definitionsproblematik durch die Untersuchung des Wortgebrauchs. *Zeitschrift für Sozialpsychologie, 9,* 299–312.

JAFFE, P.G., SUDERMANN, M. & REITZEL, D. (1992): Working With Children and Adolescents to End the Cycle of Violence: A Social Learning Approach to Intervention and Prevention Programs. In R.DEV. PETERS, R.J. MCMAHON & V.L. QUINSEY (eds.): *Aggression and violence thruoghout the life span,* 83–99. New York: Sage.

JARCZYK, B. & ROSENTHAL, G. (1994): Gewalt und Erziehungsberatung. *Praxis der Kinderpsychologie und Kinderpsychiatrie,* 43, 163–169.

JENNINGS, W., KILKENNY, R. & KOHLBERG, L. (1983): Moral Development Theory and Practice for Youthful and Adult Offenders. In W. LAUFER & J. DAY (eds.): *Personality Theory, Moral Development and Clinical Behavior,* 281–355. Lexington.

JOHNSTONE, B., FRAME, C. L. & BOUMAN, D. (1992): Physical attractiveness and athletic and academic ability in controversal-aggressive and rejected-aggressive children. *Journal of Social and Clinical Psychology, 11,* 71–79.

JONES, E.E. & NISBETT, R.E. (1971): The Actor and the Observer: Divergent perceptions of the Causes of Behavior. New York.

JÜTTEMANN, G. (1978): Eine Prädikationsanalyse des Aggressionsbegriffs. Die Auflösung einer Definitionsproblematik durch die Untersuchung des Wortgebrauchs. *Zeitschrift für Sozialpsychologie, 9,* 299–312.

JÜTTEMANN, G. (1980): „Aggression" als wissenschaftssprachlicher Begriff: Versuch einer Explikation. Berlin: Unveröffentlichtes Manuskript. Zitiert nach: F. PETERMANN & U. PETERMANN (1980): *Erfassungsbogen für aggressives Verhalten in konkreten Situationen (EAS).* Göttingen: Hogrefe. (In der zweiten Auflage v. 1992 nicht mehr enthalten).

JUNGLAS, J. (1987): Training zum Abbau aggressiven Verhaltens bei Patienten einer Kinder- und Jugendpsychiatrischen Klinik. In F. PETERMANN (Hrsg.): *Verhaltensgestörtenpädagogik,* 97–110. Berlin: Marhold.

KAASE, M. & NEIDHARDT, F. (1990): *Politische Gewalt und Repression.* Berlin.

KAUFMANN, H. (1965): Definitions and methodology in the study of aggression. *Psychological Bulletin, 64,* 351–364.

KAROLY, P. (ed.) (1988): *Behavioral assessment in health psychology.* New York: Wiley.

KARPINSKI, N., PETERMANN, F. & BORG-LAUFS, M. (i.Dr.): Die Effizienz des Trainings mit aggressiven Kindern aus der Sicht der Therapeuten. Zur Veröffentlichung angenommen in *Praxis der Kinderpsychologie und Kinderpsychiatrie.*

KAZDIN, A. E. (1990): Psychotherapy for children and adolescents. *Annual Review for Psychology,* 41, 21–54.

KAZDIN, A.E., BASS, D., SIEGEL, T. & THOMAS, C. (1989): Cognitive-behavioral therapy and relationship therapy in the treatment of children referred for antisocial behavior. *Journal of Consulting and Clinical Psychology, 57,* 522–535.

KAZDIN, A.E., ESVELDT-DAWSON, K., FRENCH, N.H. & UNIS, A.S. (1987): Problem-solving skills training and relationship therapy in the treatment of antisocial child behavior. *Journal of Consulting and Clinical Psychology, 55,* 76–85.

KAZDIN, A.E., MAZURICK, J.L. & SIEGEL, T. C. (1994): Treatment outcome among children with externalizing disorder who terminate prematurely versus those who complete psychotherapy. *Journal of the American Academy of Child and Adolescent Psychiatry, 33,* 549–557.

KEENAN, K. & SHAW, D.S. (1994): The development of aggression in toddlers: A study of low-income families. *Journal of Abnormal Child Psychology, 22,* 53–77.

KELTIKANGAS-JÆRVINEN, L. (1990): Attributional style of the mother as a predictor of aggressive behavior of the child. *Aggressive Behavior, 16,* 1–7.

KEMPER, F. (1988): Personenzentrierte Psychotherapie bei aggressiven Kindern. In U. FRANKE: *Aggressive und hyperaktive Kinder in der Therapie,* 125–150. Berlin: Springer.

KENDALL, P.C. (1985): Toward a cognitive-behavioral model of child psychopathology and a critique of related interventions. *Journal of Abnormal Child Psychology, 13,* 357–372.

KENDALL, P.C., REBER, M., MCCLEER, S., EPPS, J. & RONAN, K.R. (1990): Cognitive-behavioral treatment of conduct disordered children. *Cognitive Therapy and Research, 14.*

KERSTEN, J. (1993): Der Männlichkeits-Kult. Über die Hintergründe der Jugendgewalt. *Psychologie heute, Nr. 9/1993,* 50–57.

KEUPP, H. (1991): Sozialepidemiologie – Zur gesundheitspolitischen Hypothek der Klassengesellschaft. In G. HÖRMANN & W. KÖRNER (Hrsg.): *Klinische Psychologie. Ein kritisches Handbuch,* 62–88. Reinbek: Rowohlt.

KLANN, N. & HAHLWEG, K. (1992): Tätlichkeiten in der Beziehung. Erfahrungen aus der Ehe-, Familien- und Lebensberatung. *Jugend und Gesellschaft, 1992,* (4/5), 22–24.

KLEIBER, D. & KUHR, A. (Hrsg.) (1988): *Handlungsfehler und Mißerfolge in der Psychotherapie.* Tübingen: DGVT.

KLOCKHAUS, R. & HABERMANN-MORBEY, B. (1986): *Psychologie des Schulvandalismus.* Göttingen: Hogrefe.

KLOCKHAUS, R. & TRAPP-MICHEL, A. (1988): *Vandalistisches Verhalten Jugendlicher.* Göttingen: Hogrefe.

KNIES, G. (1993): Souveränität oder zwischenstaatliches Sozialverhalten. Zum menschheitlichen Übergang von naturwüchsiger Expansion zu kontrollierter Balance. In G. HEY, S. MÜLLER & H. SÜNKER: *Gewalt – Gesellschaft – Soziale Arbeit.* (11–43). Frankfurt: ISS.

KNUTSON, J.F. (1973) (ed.): *Control of aggression.* Chicago: Aldine.

KOHLBERG, L. (1971): From Is to Ought: How to commit the naturalistic fallacy and get away with it in the study of moral development. In T. MISCHEL (ed.): *Cognitive Development and Epistemology,* 151–235. New York: Academic Press.

KOSSAK, H.-C. (1993): *Lehrbuch Hypnose.* Weinheim: Psychologie Verlags Union, 2te, überarbeitete und erweiterte Auflage.

KRESS, M. (1994): Soziales Lernen als Unterrichtsprinzip. In U. PETERMANN, (Hrsg.): *Verhaltensgestörte Kinder. Didaktische und pädagogische Hilfen,* 173–180. Salzburg: Müller.

Kriminologisches Forschungsinsitut Niedersachsen (1995): Opfererfahrungen in engen sozialen Beziehungen. (zitiert nach *Die Zeit,* 7.4.1995, 17–21).

KRIPPENDORFF, K. (1985): *On the Ethics of Constructing Communication.* Paper prepared for delivery as Presidential Address at the International Communication Conference on Paradigm Dialogues, Honolulu, Hawaii, May 23-27, 1985.

KÜHNEL, W. (1995): *Aggressive Jugendgruppen.* Presse-Informationsdienst des Sonderforschungsbereiches Prävention und Intervention im Kindes- und Jugendalter, Universität Bielefeld, Info Nr. 12, Mai 1995, 6–7.

KUNSTREICH, T. (1993): „Gewalt“ und die Entwertung jugendlicher Lebenswelten in Ostdeutschland. In OTTO & MERTEN (Hrsg.): *Rechtsradikale Gewalt im vereinten Deutschland,* 285–300. Oppladen: Leske & Buderich.

KUO, Z.Y. (1930): The genesis of the cat's responses to the rat. *Journal of Comparative Psychology, 11,* 1–35.

KUPERSMIDT, J.B. & PATTERSON, C.J. (1991): Childhood peer rejection, aggression, withdra-wal, and perceived competence as predictors of self-reported behavior problems in pre-adolescence. *Journal of Abnormal Child Psychology, 19,* 427–449.

KUSCH, M. (1993): *Entwicklungspsychopathologie und Therapieplanung in der Kinderverhaltenstherapie.* Frankfurt: Peter Lang.

LAMOTT, F. (1984): *Die erzwungene Beichte. Zur Kritik des therapeutischen Strafvollzugs.* München.

Landesinstitut für Schule und Weiterbildung (Hrsg.) (1992): *Aktuelle Gewaltentwicklungen in der Gesellschaft – Vorschläge zur Gewaltprävention in der Schule.* Soest: Eigendruck.

Landesinstitut für Schule und Weiterbildung (1995) (Hrsg.): *Lehren und Lernen als konstruktive Tätigkeit.* (15–45). Soest: Verlag für Schule und Weiterbildung.

Landeszentrale für politische Bildung Baden-Württemberg (1993) (Hrsg.): *Aggression und Gewalt.* Stuttgart: Kohlhammer.

LAUCHT, M., ESSER, G. & SCHMIDT, M.H. (1993): Psychische Auffälligkeiten im Kleinkind- und Vorschulalter. *Kindheit und Entwicklung, 2,* 143–149.

LAUFER, W. & DAY, J. (1983) (eds.): *Personality Theory, Moral Development and Clinical Behavior.* Lexington.

LAWES, G. (1992): Individual parent training implemented by nursery nurses: Evaluation of a programme for mothers of pre-school children. *Behavioural Psychotherapy, 20,* 239–256.

LAZARUS, R.S., AVERILL, J. & OPTON jr., E.M. (1977): Ansatz zu einer kognitiven Gefühlstheorie. In N. BIRBAUMER (Hrsg.): *Psychophysiologie der Angst.* München: Urban & Schwarzenberg.

LEE, M. & PRENTICE, N.M. (1988): Interrelations of empathy, cognition, and moral reaso-ning with dimensions of juvenile delinquency. *Journal of Abnormal Child Psychology,* 16, 127–139.

LEFKOWITZ, M.M., ERON, L.D., WALDER, L.O. & HUESMAN, L.R. (1977): *Growing up to be violent: A longitudinal study of the development of aggression.* New York: Pergamon.

LEHMKUHL, U. (1988): Überlegungen zur Therapie hyperaktiver und aggressiver Kinder. In U. FRANKE (Hrsg.): *Aggressive und hyperaktive Kinder in der Therapie,* 83–96. Berlin: Springer.

LEHMKUHL, U. (1991) (Hrsg.): *Therapeutische Aspekte und Möglichkeiten der Kinder- und Jugendpsychiatrie.* Berlin: Springer.

LEPOWSKI, M. (1994): Women, men, and aggression in an egalitarian society. Special Issue: On aggression in women and girls: Cross-cultural perspectives. *Sex Roles, 30,* 199–211.

LESSENICH, M. (1987): *Durchführung eines Trainings zum Abbau von Verhaltensauffälligkeiten bei aggressiv jugendlichen Heimbewohnern.* Bonn: Unveröffentlichte Diplomarbeit.

LEWIS, C.C. (1981): The effects of parental firm control. *Psychological Bulletin, 90,* 547–563.

LIGHTDALE, J. & PRENTICE, D.A. (1994): Rethinking sex differences in aggression: Aggres-sive behavior in the absence of social roles. *Personality and Social Psychology Bulletin, 20,* 34–44.

LILLI, W. (1988): Entwicklung von Feindbildern aus sozialpsychologischer Sicht. In SOMMER, G., BECKER, J.M., REHBEIN, K. & ZIMMERMANN, R. (Hrsg.): *Feindbilder im Dienste der Aufrüstung,* 16–31. Marburg: Eigenverlag der Interdisziplinären Arbeitsgruppe Friedens- und Abrüstungsforschung an der Universität Marburg.

LOCHMAN, A., NELSON, W. & SIMS, J. (1981): A cognitive behavioral programm for use with aggressive children. *Journal of Clinical Child Psychology, 10,* 146–148.

LOCHMAN, J.E. (1992): Cognitive-behavioral intervention with aggressive boys: Three-year follow-up and preventive effects. *Journal of Consulting and Clinical Psychology, 60,* 426–432.

LOCHMAN, J.E., COIE, J.D., UNDERWOOD, M.K. & TERRY, R. (1993): Effectiveness of a social relations intervention program for aggressive and anonaggressive, rejected children. Journal of Consulting and Clinical Psychology, 61, 1053–1058.

LOCHMAN, J.E. & DODGE, K.A. (1994): Social-cognitive processes of severly violent, moderately aggressive, and nonaggressive boys. *Journal of Consulting and Clinical Psychology, 62,* 366–374.

LOEBER, R. (1982): The stability of antisocial and delinquent child behavior: A review. *Child Development, 53,* 1431–1446.

LOEBER, R. (1990): Development and risk factors of juvenile antisocial behavior and delinquency. *Clinical Psychology Review, 10,* 1–41.

LÖSCHPER, G. (1992): Definitionsschwierigkeiten. Oder: Eine Orientierungshilfe der Psychologie in den (semantischen) Nebelschleiern des Aggressionsbegriffes. *Kriminologisches Journal, 24,* 8–22.

LÖSEL, F., KULIP, P. & BENDER, D. (1992): Streß-Resistenz im Multi-Problem-Milieu: Sind seelisch widerstandsfähige Kinder Superkids? *Zeitschrift für Klinische Psychologie, 21,* 48–63.

LOHAN, J. (1982): *Verhaltenstraining mit aggressiven Kindern.* Bonn: Unveröffentlichte Diplomarbeit.

LORENZ, K. (1963): *Das sogenannte Böse. Zur Naturgeschichte der Aggression.* Wien: Borotha-Schoeler.

LUDEWIG, K. (1991): Unruhige Kinder. Eine Übung in epistemischer Konfusion. *Praxis der Kinderpsychologie und Kinderpsychiatrie,* 40, 158–166.

LUISELLI, J.K. (1991): Assessment-derived treatment of children's disruptive behavior disorders. *Behavior Modification, 15,* 294–309.

LYNN, R., HAMPSON, S. & AGAHI, E. (1989): Television violence and aggression: A geno-type-environment, correlation and interaction theory. *Social Behavior and Personality, 17,* 143–164.

MAGNUSSON, D., BERGMAN, L., RUDINGER, G. & TÖRESTAD, B. (1991) (eds): *Matching problems and methods in longitudinal research.* New York: Cambridge University Press.

MAHONEY, M.J. (1978): Tendenzwende in der Verhaltenstherapie. *Psychologie heute, 5,* (5), 67–74.

MANTELL, D.M. (1971): *Familie und Aggression.* Frankfurt/M.

MANTELL, D.M. (1972): Das Potential zur Gewalt in Deutschland. In A. SCHMIDT-MUMMENDEY & H.D. SCHMIDT (Hrsg.): *Aggressives Verhalten.* München: Juventa.

MARTINUS, J. & FRANK, R. (Hrsg.) (1990): *Vernachlässigung, Mißbrauch und Mißhandlung von Kindern.* Bern: Huber.

MATTHYS, W. & VAN ENGELAND, H. (1992): Social-cognitive research in children with aggressive behaviour: New perspectives. *European Child and Adolescent Psychiatry, 1,* 178–185.

MATURANA, H.R. & VARELA, F.J. (1987): *Der Baum der Erkenntnis. Wie wir die Welt durch unsere Wahrnehmung erschaffen – die biologischen Wurzeln menschlichen Seins.* Bern: Scherz.

MAYR, T. (1992): Hyperaktivität, Aggressivität und Peer-Status bei Vorschulkindern. *Zeitschrift für Klinische Psychologie, 21,* 392–410.

MCCONAUGHTY, S.H., STANGER, C. & ACHENBACH, T.M. (1992): Three-year course of behavioral/emotional problems in a national sample of 4- to 16-year-olds: I. Agreement among infants. *Journal of the American Academy of Child and Adolescent Psychiatry, 31,* 932–940.

MCMAHON, R.J. & FOREHAND, R. (1988): Conduct disorders. In E.J. MESH & L.G. TERDAL (eds.): *Behavioral assessment of childhood disorders* (2nd Ed.), 105–153. New York: Guilford.

MEDNICK, S.A., MOFFIT, T.E. & STACK, S.A. (eds.): *The Causes of Crime.* Cambridge.

MEMPEL, S. (1989): Therapiemotivation bei Kindern: Ergebnisse einer empirischen Untersuchung. *Praxis der Kinderpsychologie und Kinderpsychiatrie, 38,* 146–151.

MESH, E.J. & TERDAL, L.G. (eds.) (1988): *Behavioral assessment of childhood disorders* (2nd Ed.). New York: Guilford.

MICHAELIS, W. (1976): *Verhalten ohne Aggression?* Köln: Kiepenheuer & Witsch.

MICHEL, M. & SPENGLER, T. (Hrsg.): *Kursbuch Deutsche Jugend.* Berlin: Rowohlt.

MILGRAM, S. (1974): *Das Milgram-Experiment.* Reinbek: Rowohlt.

MILLER, N.B., COWAN, P.A., COWAN, C.P., HETHERINGTON, E.M. & CLINGEMPEEL, W.G. (1993): Externalizing in preschoolers and early adolescents: A cross-study replication of a family model. *Developmental Psychology, 29,* 3–18.

MILICH, R. & DODGE, K.A. (1984): Social information processing in child psychiatric populations. *Journal of Abnormal Child Psychology, 12,* 471–490.

MINDE, K. (1992): Aggression in preschoolers: Its relation to socialisation. Journal of the American Academy of Child and Adolescent Psychiatry, 31, 853–862.

MISCHEL, T. (ed.) (1971): *Cognitive Development and Epistemology.* New York: Academic Press.

MITSCHERLICH, A. (1969): *Die Idee des Friedens und die menschliche Aggressivität.* Frankfurt a.M.: Fischer.

MÖLLER, H. (1996): Kriminalität – ein männliches Problemlösemuster? In H. MÖLLER (Hrsg.): *Frauen legen Hand an. Untersuchungen zu Frauen und Kriminalität.* (11–24). Tübingen: DGVT.

MÖLLER, K. (1991a): Gewalt und politischer Extremismus–Herausforderungen für die Jugendarbeit. *neue praxis, 21,* 281–299.

MÖLLER, K. (1991b): Gewaltbereitschaft bei Jugendlichen – Phänomene, Ursachen und Ansatzpunkte für Jugendarbeit. In Aktion Jugendschutz, Landesarbeitsstelle Bayern (1991) (Hrsg.): *Zunehmende Gewaltbereitschaft bei Jugendlichen?,* 32–44. München: Eigendruck.

MÖLLER, K. (1993): Jugend – Gewalt – Rechtsextremismus. Von der Empörung zum Handeln. In R.-E. POSSELT & K. SCHUMACHER (Hrsg.): *Projekthandbuch: Gewalt und Rassismus,* 22–45. Mülheim: Verlag an der Ruhr.

MOFFIT, T.E. (1990): Juvenile delinquency and attention deficit disorder: Boys' developmental trajectories from age 3 to age 15. *Child development, 61,* 893–910.

MONTAGU, A. (Hrsg.) (1974): *Mensch und Aggression.* Weinheim: Beltz.

MOSCOVICI, S. (1981): Bewußte und unbewußte Einflüsse in der Kommunikation. *Zeitschrift für Sozialpsychologie, 12,* 93–103.

MUMMENDEY, A. (1983): Aggressives Verhalten. In H. THOMAE (Hrsg.): *Enzyklopädie der Psychologie. Emotion und Motivation.* Band 2. Göttingen: Hogrefe.

MUMMENDEY, A. (ed.) (1984): *Social Psychology of Aggression. From individual behavior to social interaction.* Berlin: Springer.

MUMMENDEY, A., BORNEWASSER, M., LÖSCHPER, G. & LINNEWEBER, V. (1982): Aggressiv sind immer die anderen. Plädoyer für eine sozialpsychologische Perspektive in der Aggressionsforschung. *Zeitschrift für Sozialpsychologie, 13,* 177–193.

NACHSHON, I. & DENNO, D. (1987): Violent Behavior and Cerebral Hemisphere Function. In S.A. MEDNICK, T.E. MOFFIT & S.A. STACK (eds.): T*he Causes of Crime.* (185–217). Cambridge.

NARDIN, T. (1973): Conflicting Conceptions of Political Violence. In C.P. COTTER (ed.): *Politial Science Annual,* Vol. 4, 75–126. (zit. nach Weidner, J. (1990): Anti-Aggressivitäts-Training für Gewalttäter. Bonn: Forum Verlag.)

NEIDHARDT, F. (1986): Gewalt. Soziale Bedeutung und sozialwissenschaftliche Bestimmung des Begriffs. In Bundeskriminalamt (Hrsg): *Was ist Gewalt?* Wiesbaden.

NELSON, J.R., SMITH, D.J. & DODD, J. (1990): The moral reasoning of juvenile delinquents: A meta-analysis. *Journal of Abnormal Child Psychology, 18,* 231–239.

NISSEN, G. (Hrsg.) (1991): *Psychogene Psychosyndrome und ihre Therapie im Kindes- und Jugendalter.* Bern: Huber.

NOLTING, H.-P. (1987): *Lernfall Aggression.* Reinbek: Rowohlt

NOLTING, H.P. (1988): Kein Feindbild ohne Selbstbild. In SOMMER, G., BECKER, J.M., REHBEIN, K. & ZIMMERMANN, R. (Hrsg.): *Feindbilder im Dienste der Aufrüstung, 71–82.* Marburg: Eigenverlag der Interdisziplinären Arbeitsgruppe Friedens- und Abrüstungsforschung an der Universität Marburg.

OFFORD, D.R., BOYLE, M.H. & RACINE, Y. (1991): Ontario child health study: Correlates of disorder. In: S. CHESS & M.E. HERTZIG (eds.): *Annual progress in child psychiatry and child development,* 1990, 194–204. New York: Brunner/Mazel.

OLIVER, R., OAKS, I.N. & HOOVER, J.H. (1994): Family issues and interventions in bully and victim relationships. *School Counselor, 41,* 199–202.

OLLENDICK, T. & CERNY, J. A. (1981): *Clinical Behavior Therapy with children.* New York: Plenum Press.

OLLENDICK, T.H. & HERSEN, M. (1983) (eds.): *Handbook of Child Psychopathology.* New York: Plenum Press.

OLSON, S. L. & BRODFIELD, P. L. (1991): Assessment of peer rejection and externalizing behavior problems in preschool boys: A short-term longitudinal study. *Journal of Abnormal Child Psychology, 19,* 493–503.

OLWEUS, D. (1978): *Aggression in the schools. Bullies and whipping boys.* Washington, DC: Hemisphere Press (Wiley).

OLWEUS, D. (1979): Stability of Aggressive Reaction Patterns in Males: A Review. *Psychological Bulletin*, 86, 852–875.

OLWEUS, D. (1981): Bullying among school-boys. In N. CANTWELL (ed.): *Children and violence.* Stockholm: Akademilitteratur.

OLWEUS, D. (1987): Testosterone and Adrenalin: Aggressive Antisocial Behavior in Normal Adolescent Males. In S.A. MEDNICK, T.E. MOFFIT & S.A. STRACK (eds.): *The Causes of Crime.* (263–282). Cambridge.

OLWEUS, D. (1991): Bully/victim problems among schoolchildren: Basic facts and effects of a school based intervention program. In D. PEPLER & K. RUBIN (eds.): *The development and treatment of childhood aggression.* Hillsdale, New Jersey: Erlbaum.

OLWEUS, D. (1992): Bullying among schoolchildren: Intervention and prevention. In R.D. PETERS, R.J. MCMAHON & V.L. QUINCY (eds.): *Aggression and violence throughout the life span.*

OLWEUS, D. (1995): *Gewalt in der Schule.* Bern: Huber.

OLWEUS, D. & ALSAKER, F.D. (1991): Assessing change in a cohort longitudinal study with hierarchical data. In D. MAGNUSSON, L. BERGMAN, G. RUDINGER & B. TÖRESTAD (eds): *Matching problems and methods in longitudinal research.* New York: Cambridge University Press.

OSTBOMK-FISCHER, E. (1994): Gewalt ist kein Naturereignis. *Jugend & Gesellschaft, Nr. 1/1994,* 5–10.

OTTO & MERTEN (Hrsg.) (1993): *Rechtsradikale Gewalt im vereinten Deutschland.* Oppladen: Leske & Buderich.

PARKER, J. & ASHER, S.R. (1989): *Peer relations and social adjustment: Are friendships and group acceptance distinct domains?* Paper presented at the biennial meeting of the Society for Research in Child Development, Kansas City.

PASS, H. (1983): Nachahmung von verbal übermittelten Modellen aggressiver und prosozialer Interaktionen. *Psychologie in Erziehung und Unterricht, 30,* 40–46.

PATTERSON, G.R. (1982): *Coercive family process.* Eugene, Oregon: Castalia.

PATTERSON, G.R. (1992): Developmental Changes in Antisocial Behavior. In R.DeV. PETERS, R.J. MCMAHON & V.L. QUINSEY (eds.): *Aggression and violence thruoghout the life span,* 52–82. New York: Sage.

PATTERSON, G.R. & BANK, L. (1989): Some amplifying mechanisms for pathologic processes in families. In M.R. GUNNAR & E. THELEN (eds.): *Systems and development. The Minnesota symposium on child psychology* (vol. 22), 167–209. Hillsdale: Erlbaum.

PATTERSON, G.R., CAPALDI, D. & BANK, L. (1991): An early starter model for predicting de-linquency. In D.J. PEPLER & K. H. RUBIN (eds.): *The development and treatment of childhood aggression.* Teasdale, N.J.: Earlbaum, 139–168.

PATTERSON, G.R., LITTMAN, R.A. & BRICKER, W. (1967): Assertive behavior in children: A step toward a theory of aggression. *Monographs of the Society for Research in Child Development, 32,* No. 5.

PEARSON, J.L., IALONGO, N.S., HUNTER, A.G. & KELLAM, S.G. (1994): Family structure and aggressive behavior in a population of urban elementary school children. *Journal of the American Academy of Child and Adolescent Psychiatry, 33,* 540–548.

PELHAM, W.E. & BENDER, M.E. (1982): Peer relationships in hyperactive children. In K.D. GADOW & I. BIALER (eds.): *Advances in learning and behavioral disabilities,* Vol. 1, 365–436. Greenwich, Conn.: JAI Press.

PELHAM, W.E., MILICH, R., CUMMINGS, E.M. & MURPHY, D.A. (1991): Effects of background anger, provocation, and methylphenidate on emotional arousal and aggressive responding in attention-deficit hyper-activity disordered boys with and without concurrent aggressiveness. *Journal of Abnormal Child Psychology, 19,* 407–426.

PEPER, D. (1981): *Aggressive Motivation im Sport.* Ahrensburg.

PEPLER, D.J., KING, G. & BYRD, W. (1991): S social-cognitively based social skills training program for aggressive children. In D.J. PEPLER & K.H. RUBIN (eds.): *The development and treatment of childhood aggression,* 367–379. Teasdale, N.J.: Erlbaum.

PEPLER, D.J. & RUBIN, K.H. (eds.) (1991): *The development and treatment of childhood aggression.* Teasdale, N.J.: Erlbaum.

PERMUTTER, N. (ed.) (1986): *Minnesota symposium on child psychology,* Vol. 18. Hillsdale: Erlbaum.

PERRY, D.G. & BUSSEY, K. (1977): Self-reinforcement in high- and low-aggressive boys following acts of aggression. *Child Development, 48,* 653–658.

PERRY, D.G., PERRY, L.C. & RASMUSSEN, P. (1986): Cognitive social learning mediators of aggression. *Child Development, 57,* 700–711.

PERRY, D., Perry, L. & Weiss, R.J. (1989): Sex differences in the consequences that children anticipate for aggression. *Developmental Psychology, 25,* 312–319.

PETERMANN, F. (1987a): Diagnostik in Familien mit verhaltensgestörten Kindern: Handeln nach dem Konzept der Kontrollierten Praxis. In G. SCHIEPEK (Hrsg.): *Systeme erkennen Systeme,* 194–209. Weinheim: Psychologie Verlags Union.

PETERMANN, F. (1987b): Behavior assessment and reduction of children's aggression. *Journal of Human Behavior and Learning, 4,* 48–54.

PETERMANN, F. (Hrsg.) (1987c): *Verhaltensgestörtenpädagogik. Neue Ansätze und ihre Erfolge.* Berlin: Marhold.

PETERMANN, F. (1994a): Verhaltensstörungen in der Schule. In U. PETERMANN, (Hrsg.): *Verhaltensgestörte Kinder. Didaktische und pädagogische Hilfen*, 17–37. Salzburg: Müller.

PETERMANN, F. (Hrsg.) (1994b): *Verhaltenstherapie mit Kindern.* Baltmannsweiler: Röttger.

PETERMANN, F. (Hrsg.) (1995): *Lehrbuch der Klinischen Kinderpsychologie.* Göttingen: Hogrefe.

PETERMANN, F. & BOCHMANN, F. (1993): Metaanalyse von Kinderverhaltenstrainings: Eine erste Bilanz. *Zeitschrift für Klinische Psychologie, 22,* 137–152.

PETERMANN, F. & KUSCH, M. (1993): Entwicklungspsychopathologie von Verhaltensstörungen im Kindes- und Jugendalter. In F. PETERMANN & U. PETERMANN (Hrsg.): *Angst und Aggression bei Kindern und Jugendlichen,* 31–54. München: Quintessenz.

PETERMANN, F., LEHMKUHL, G., PETERMANN, U. & DÖPFNER, M. (1995): Klassifikation psychischer Störungen im Kindes- und Jugendalter nach DSM-IV – Ein Vergleich mit DSM-III-R und ICD-10. *Kindheit und Entwicklung, 4,* 171–182.

PETERMANN, F. & PETERMANN, U. (1992): *Erfassungsbogen für aggressives Verhalten in konkreten Situationen (EAS).* Göttingen: Hogrefe, 2., veränderte Auflage.

PETERMANN, F. & PETERMANN, U. (1994a): *Training mit aggressiven Kindern.* Weinheim: Psychologie Verlags Union, 7., überarbeitete Auflage.

PETERMANN, F. & PETERMANN, U. (1996): *Verhaltensgestörte Kinder. Videogeschichten zum Training mit aggressiven und sozial unsicheren Kindern.* Essen: Elvikom.

PETERMANN, F. & VIANDEN-GABRIEL, I. (1992): Training mit aggressiven Heimkindern im Alter von fünf bis sieben Jahren. *Zeitschrift für Klinische Psychologie, Psychopathologie und Psychotherapie, 40,* 79–91.

PETERMANN, F. & WARSCHBURGER, P. (1994): Verhaltenstherapie mit aggressiven Kindern und Jugendlichen. In F. PETERMANN (Hrsg.): *Verhaltenstherapie mit Kindern,* 64–93. Baltmannsweiler: Röttger.

PETERMANN, F. & WARSCHBURGER, P. (1995): Aggression. In F. PETERMANN (Hrsg.): *Lehrbuch der Klinischen Kinderpsychologie.* Göttingen: Hogrefe, 127–163.

PETERMANN, U. (Hrsg.) (1994): *Verhaltensgestörte Kinder. Didaktische und pädagogische Hilfen.* Salzburg: Müller.

PETERMANN, U. &. PETERMANN, F (1994b): *Training mit sozial unsicheren Kindern.* Weinheim: Psychologie Verlags Union, 5., veränd. Auflage.

PETERS, R.DeV., MCMAHON, R.J. & QUINSEY, V.L. (eds.) (1992): *Aggression and violence thruoghout the life span.* New York: Sage.

PETTIT, G.S. & BATES, J.E. (1989): Family interaction patterns and children's behavior problems from infancy to 4 years. *Developmental psychology, 25,* 413–420.

PFIFFNER, L.J., JOURILES, E.N., BROWN, M.M., ETSCHEIDT, M.A. & KELLY, J.A. (1990): Effects of problem-solving therapy on outcomes of parent training for single-parent families. *Child and Family Behavior Therapy, 12,* 1–11.

PIAGET, J. (1969): *Das Erwachen der Intelligenz beim Kinde.* Stuttgart: Klett.

POLK, K. (1969): Class, Strain and Rebelliion among Adolescents. Social Problems, 17, 214–224.

POPE, A.W., BIERMAN, K.L. & MUMMA, G.H. (1989): Relations between hyperactive and aggressive behavior and peer relations at three elementary grade levels. *Journal of Abnormal Child Psychology,* 17, 253–267.

POUSTKA, F. (1991): Die Behandlung von schwer deprivierten Kindern – Richtlinien zur Einschätzung und Therapie ausgeprägter Vernachlässigung im Kindesalter. In U. LEHMKUHL (Hrsg.): *Therapeutische Aspekte und Möglichkeiten in der Kinder- und Jugendpsychiatrie,* 65–84. Berlin: Springer.

PRICE, J.M. & DODGE, K.A. (1989): Reactive and proactive aggression in childhood: Relations to peer status and social context dimensions. *Journal of Abnormal Child Psychology,* 17, 455–471.

PRINZ, R.J. (ed.) (1988): *Advances in behavioral family therapy. Symposium conducted at the meeting of the Association for Advancement of Behavior Therapy,* New York.

PRINZ, R.J. & MILLER, G.E. (1988): Behavioral family treatment of conduct disorder: Learning from the dropouts. In R.J. PRINZ (ed.): *Advances in behavioral family therapy. Symposium conducted at the meeting of the Association for Advancement of Behavior Therapy,* New York.

PRIOR, M., SMART, D., SANSON, A., PEDLOW, R. & OBERKLAID, F. (1992): Transient versus stable behavior problems in a normative sample: Infancy to school age. *Journal of Pediatric Psychology,* 17, 423–443.

QUAST, T. (1993): Rambo's in the Charts again! Gewalt in den Medien in der Darstellung der Medien. *Symptome, Winter* 1993/94, (12), 19–26.

QUAY, H.C. (1987a): Patterns of delinquent behavior. In H.C. QUAY (ed.): *Handbook of juvenile delinquency,* 118–138. New York: Wiley.

QUAY (ed.) (1987b): *Handbook of juvenile delinquency.* New York: Wiley.

QUAY, H.C. (1993): The psychobiology of undersocialized aggressive conduct disorder: A theoretical perspective. *Development and Psychopathology,* 5, 165–180.

QUIGGLE, N.L., GARBER, J., PARKER, W.F. & DODGE, K.A. (1993): Social information processing in aggressive and depressed children. *Annual Progress in Child Psychiatry and Child Development,* 1993, 217–241.

RAMSTHALER, H., SIGGELKOW, P. & PLEWIG, H.-J. (1993): Legitimationskrise des staatlichen Gewaltmonopols – als Ursache für das Entstehen des Gutachtens der sogenannten „Unabhängigen Regierungskommission zur Verhinderung und Bekümpfung von Gewalt (Gewaltkommission)“. In G. HEY, S. MÜLLER & H. SÜNKER: *Gewalt – Gesellschaft – Soziale Arbeit.* (45–56). Frankfurt: ISS.

RADONOVIC, H. (1993): Parental conflict and children's coping styles in litigating separated families: Relationships with children's adjustment. *Journal of Abnormal Child Psychology*, 21, 697–713.

RASA, O.A.E. (1969): The effect of pair isolation on reproductive success in Etroplus maculatus (Cichlidae). *Zeitschrift für Tierpsychologie,* 26, 846–852.

RASA, O.A.E. (1971): *Appetence for aggression in juvenile Damsel Fish.* Berlin: Parey.

REDL, F. & WINEMAN, D. (1976): *Steuerung des aggressiven Verhaltens beim Kind.* München: Piper. Originalausgabe: REDL, F. & D. WINEMAN (1952): Controls from within. New York: Macmillan.

REINHARD, H. G. & BRINKMANN-GÖBEL, R. (1988): Moralisches Urteil und aggressives Handeln bei psychisch gestörten Jugendlichen. *Acta Paedopsychiatrica, 51,* 110–118.

REMSCHMIDT, H. & WALTER, R. (1989): *Evaluation kinder- und jugendpsychiatrischer Versorgung. Analysen und Erhebungen in drei hessischen Landkreisen.* Stuttgart: Enke.

RESSLER, R.K., BURGESS, A.W. & DOUGLAS, J.E. (1988). *Sexual Homicide.* New York.

RICHARD, B.A. & DODGE, K.A. (1982): Social maladjustment and problem solving in schoolaged children. *Journal of Consulting and Clinical Psychology, 50,* 226–233.

ROBINS, L. N. (1991): Conduct disorder. Journal of Child Psychology and Psychiatry, 32, 193–212.

RODE, I. & SCHELD, S. (1986): *Sozialprognose bei Tötungsdelikten.* Berlin: Springer.

ROFF, J.D. & WIRT, R.D. (1984): Childhood aggression and social adjustment as antecedents of delinquency. *Journal of Abnormal Child Psychology, 12,* 111–126.

RONEN, T. (1994): Imparting self-control skills in the school setting. *Child and Family Behavior Therapy, 16,* 1–20.

ROSE, S.A., FELDMAN, J.F., ROSE, S.L., WALLACE, I.F. & MCCARTON, C. (1992): Behavior problems at 3 and 6 years: Prevalence and continuity in full-terms and preterms. *Development and Psychopathology, 4,* 361–374.

ROSS, A.O. (1982): *Psychische Störungen bei Kindern.* Stuttgart: Hippokrates.

ROSS, A.O. & PETERMANN, F. (1987): *Verhaltenstherapie mit Kindern und Jugendlichen.* Stuttgart: Hippokrates.

ROTH, G. (1985): Die Selbstreferentialität des Gehirns und die Prinzipien der Gestaltwahrnehmung. *Gestalt Theory, 7,* 228–244.

ROTH, G. (1987): Erkenntnis und Realität: Das reale Gehirn und seine Wirklichkeit. In S.J. SCHMIDT (Hrsg.): *Der Diskurs des Radikalen Konstruktivismus,* 229–255. Frankfurt a.M.: Suhrkamp.

ROTHENBERGER, A. (1988): Klassifikation und neurobiologischer Hintergrund des hyperkinetischen Syndroms (HKS). In U. FRANKE (Hrsg.): *Aggressive und hyperaktive Kinder in der Therapie.* Berlin: Springer

ROTTHAUS, W. (Hrsg.) (1987): *Erziehung und Therapie in systemischer Sicht.* Dortmund: modernes lernen.

RUTSCHKY, K. (1993): „Denn sie wissen, was sie tun.“ Jugend, Gewalt und die Phantasie der Gesellschaft. Ein Gespräch mit Katharina Rutschky. *Symptome, Winter 1993/94,* (12), 47–51.

RUTTER, M. & MADGE, N. (1976): *Cycles of Disadvantage.* London: Heinemann.

SANTOSTEFANO, S. & RIEDER, C. (1984): Cognitive controls and aggression in children: The concept of cognitive-affective balance. *Journal of Consulting and Clinical Psychology, 52,* 46–56.

SCHENKEL, R. (1967): Submission: Its features and functions in the wolf and dog. *American Zoologist, 7,* 319–329.

SCHERR, A. (1994): Gewalt als Problem–Pädagogik als Lösung. *Pädagogik, 46,* (3), 25–28.

SCHIEPEK, G. (Hrsg.) (1987): *Systeme erkennen Systeme,* 174–193. München: Psychologie Verlags Union.

SCHMIDT, M.H. (1990): Die Untersuchung abgelehnter und/oder vernachlässigter Säuglinge aus der Kohorte von 362 Kindern der Mannheim-Studie. In J. MARTINUS & R. FRANK (Hrsg.): *Vernachlässigung, Mißbrauch und Mißhandlung von Kindern.* Bern: Huber.

SCHMIDT, S.J. (Hrsg.) (1987): *Der Diskurs des Radikalen Konstruktivismus.* Frankfurt a.M.: Suhrkamp.

SCHMIDT, S.J. & RUSCH, G. (Hrsg.) (1995): *Konstruktivismus und Ethik.* Frankfurt a.M.: Suhrkamp.

SCHMIDT-MUMMENDEY, A. (1972): Bedingungen aggressiven Verhaltens. Bern. Zitiert nach R. VERRES & I. SOBEZ (1980): *Ärger, Aggression und soziale Kompetenz.* Stuttgart: Klett-Cotta.

SCHMIDT-MUMMENDEY, A. & SCHMIDT, H.D. (Hrsg.) (1972): *Aggressives Verhalten.* München: Juventa.

SCHMIDTCHEN, S. (1989): *Kinderpsychotherapie.* Stuttgart: Kohlhammer.

SCHNEIDER, B.H. (1991): A comparison of skill-building and desensitization strategies for intervention with aggressive children. *Aggressive behavior, 17,* 301–311.

SCHNEIDER, H.J. (1991): *Gewalt in der Schule.* Kriminalistik, 1991 (1), 15–24.

SCHNEIDER, H.J. (1993): *Gewalt in deutscher und in internationaler kriminologischer und kriminalpolitischer Sicht.* Stellungnahme zur Vorbereitung der öffentlichen Anhörung zum Thema „Gewalt“ vor dem Auschuß für Kinder, Jugend und Familie des Landtages Nordrhein-Westfalen am 3. und 4. März 1993. Münster.

SCHNEIDER, H.J. (1994): *Kriminologie der Gewalt.* Stuttgart: Hirzel.

SCHNEIDER, P. (1993): Erziehung nach Mölln. In M. MICHEL & T. SPENGLER (Hrsg.): *Kursbuch Deutsche Jugend,* 131–141. Berlin: Rowohlt.

SCHNEIDER, U. (1993): Gewalt in der Familie. In: Landeszentrale für politische Bildung Baden-Württemberg (Hrsg.): *Aggression und Gewalt.* (85–100). Stuttgart: Kohlhammer.

SCHÖLER, H. & SCHÖLER, L. (1988): Sprache als Waffe. In SOMMER, G., BECKER, J.M., REHBEIN, K. & ZIMMERMANN, R. (Hrsg.): *Feindbilder im Dienste der Aufrüstung,* 163–177. Marburg: Eigenverlag der Interdisziplinären Arbeitsgruppe Friedens- und Abrüstungsforschung an der Universität Marburg.

SCHÖPF, A. (1985) (Hrsg): *Aggression und Gewalt.* Würzburg.

SCHULTE, D. (1996): Lohnt sich eine Verhaltensanalyse? In F. CASPAR (Hrsg.): *Psychotherapeutische Problemanalyse.* Tübingen: DGVT.

SCHURZ, G. (1985): Experimentelle öberprüfung des Zusammenhangs zwischen Persön-lichkeitsmerkmalen und der Bereitschaft zum destruktiven Gehorsam gegenüber Autoritäten. *Zeitschrift für experimentelle und angewandte Psychologie, 32,* 160–177.

SCHWIND, H.D., BAUMANN, J. u.a. (Hrsg.) (1990): *Ursachen, Prävention und Kontrolle von Gewalt.* Berlin: Sondergutachten der Unabhängigen Regierungskommission zur Verhinderung und Bekämpfung von Gewalt.

SELG, H. (1974): *Menschliche Aggressivität.* Göttingen: Verlag für Psychologie.

SELG, H. (1993a): Fördern Medien die Gewaltbereitschaft? In: Landeszentrale für politische Bildung Baden-Württemberg (Hrsg.): *Aggression und Gewalt.* (74–84). Stuttgart: Kohlhammer.

SELG, H. (1993b): Stellungnahme im Rahmen der 40. (öffentlichen) Sitzung des Ausschusses für Kinder, Jugend und Familie des Landtages Nordrhein-Westfalen in der 11. Wahlperiode: *Gewalt in den Medien.* Düsseldorf: Ausschußprotokoll 11/826 vom 03.03.1993.

SERBIN, L.A., PETERS, P.L., MCAFFER, V.J. & SCHWARTZMANN, A.E. (1991): Childhood aggression and withdrawal as predictors of adolescent pregnancy, early parenthood, and environmental risk for the next generation. *Canadian Journal of Behavioral Science, 23,* 318–331.

SHERIF, M. & SHERIF, C.W. (1969): *Social Psychology.* New York.

SILVER, L.B., ABOTT, M.S. & COUPER, B.P. (1969: Does violence breed violence? *American Journal of Psychiatry, 126,* 404–407.

SINGER, J.L. (ed.) (1973): *The Child's World of Make-Believe.* New York Academic Press.

SIMONS, D. (1988). *Tötungsdelikte als Folge mißlungener Problemlösungen.* Stuttgart: Verlag für angewandte Psychologie.

SLABY, R.G. & GUERRA, N.G. (1988): Cognitive mediators of aggression in adolescent offenders: 1. Assessment. Developmental Psychology, 24, 580–588.

SLAMECKA, N.J. & GRAF, P. (1978): The Generation Effect: Delineation of a Phenomenon. *Journal of Experimental Psychology: Human Learning and Memory, 4,* 592–604.

SNYDER, J., RAINS, I. & POPEJOY, I. (1988): Assessment aggressive and violent parent-child interaction. In P. KAROLY (ed.): *Behavioral assessment in health psychology.* New York: Wiley.

SOMMER, A. & GROBE, H. (1974): *Aggressiv durch Fernsehen?* Neuwied.

STATTIN, H. & MAGNUSSON, D. (1989): The role of early aggressive behavior in the frequency, seriousness, and types of later crime. *Journal of Consulting and Clinical Psychology, 57,* 710–718.

STEIGLEDER, E. (1974). Affekthandlung. In G. EISEN (Hrsg.): *Handwörterbuch der Rechtsmedizin,* Bd. II, S. 59–71. Stuttgart: Enke.

STEIN, B.S. & BRANSFORD, J.D. (1979): Constraints on Effective Elaboration: Effects of Precision and Subject Generation. *Journal of Verbal Learning and Verbal Behavior, 18,* 769–777.

STEINKE, T. (1987): Die Einführung verhaltenstheoretisch orientierter Behandlungsmaßnahmen in die Heimerziehung – am Beispiel des Aggressionstrainings. In F. PETERMANN (Hrsg.): *Verhaltensgestörtenpädagogik,* 111–139. Berlin: Marhold.

STEINKE, T. (1990): *Stationäres Training mit aggressiven Kindern – Die Implementation eines verhaltenstheoretisch orientierten Behandlungsprogramms in stationäre psychosoziale Organisationen.* Frankfurt a.M.: Peter Lang.

STEWART, O.C. (1974): Was LORENZ und MARGULIN über die Ute-Indianer zu sagen haben. In A. MONTAGU (Hrsg.): *Mensch und Aggression.* Weinheim: Beltz.

STIELS, M. (1993): Das Anti-Gewalt-Training. *Bewährungshilfe Nr. 3/93,* 297–307.

SUSMAN, E.J. (1993): Psychological, contextual, and psychobiological interactions: A developmental perspective on conduct disorder. *Development and Psychopathology, 5,* 181–190.

SUTTON, C. (1992): Training parents to manage difficult children: A comparison of methods. *Behavioural Psychotherapy, 20,* 115–139.

TEDESCHI, J., SMITH, R.B. & BROWN, R.C. (1974): A reinterpretation of research on aggression. *Psychological Bulletin, 81*, 540–562.

TIEGER, T. (1980): On the biological basis of sex differences in aggression. *Child Development, 51,* 943–963.

THOMAE, H. (Hrsg.) (1983): *Enzyklopädie der Psychologie. Emotion und Motivation.* Band 2. Göttingen: Hogrefe.

TOBY, J. (1983): Violence in school. In M. TONRY & N. MORRIS (eds.): *Crime and Justice,* 1–47. Chicago.

TONRY, M. & MORRIS, N. (eds.) (1983): *Crime and Justice.* Chicago.

TRACHTENBERG, S. & VIKEN, R.J. (1994): Aggressive boys in the classroom: Biased attributions or shared perceptions? *Child development, 65,* 829–835.

TRAPMANN, H. (1987): Erziehung in und Therapie mit Stieffamilien. In W. ROTTHAUS (Hrsg.): *Erziehung und Therapie in systemischer Sicht,* 120–138. Dortmund: modernes lernen.

TREMBLAY, R.E., MCCORD, J., BOILEAU, H. CHARLEBOIS, P., CAGNON, C., Le BLANC, M. & LARIVÉE, S. (1991): Can disruptive boys be helped to become competent? *Psychiatry, 54,* 148–161.

TRUSCOTT, D. (1992): Intergenerational transmission of violent behavior in adolescent males. *Aggressive Behavior, 18,* 327–335.

TURNER, S.M., CALHOUN, K.S. & ADAMS, H.E. (eds.): *Handbook of clinical behavior therapy.* New York: Wiley.

TUSCHEN, B. (1996): Störungsorientierte Diagnostik: Neue Akzente bei der Problem- und Verhaltensanalyse. In: F. CASPAR (Hrsg.): *Psychotherapeutische Problemanalyse.* Tübingen: DGVT.

TYRON, A.S. & KEANE, S.P. (1991): Popular and aggressive boys' initial social interaction patterns in cooperative and competitive settings. *Journal of Abnormal Child Psychology, 19,* 395–406.

VERRES, R. & I. SOBEZ (1980): *Ärger, Aggression und soziale Kompetenz.* Stuttgart: Klett–Cotta.

VIELUF, U. (1993): Gewalt an Schulen? Ergebnisse einer Schulbefragung in Hamburg. *Pädagogik, 45,* (3), 28–30.

VIEMERØ, V. & PAAJANEN, S. (1992): The role of fantasies and dreams in the TV viewing-aggression relationship. *Aggressive Behavior, 18,* 109–116.

VITARO, F. & TREMBLAY, R.E. (1994): Impact of a prevention program on aggressive children's friendships and social adustment. *Journal of Abnormal Child Psychology, 22,* 457–475.

VUCHINICH, S., BANK, L. & PATTERSON, G.R. (1992): Parenting, peers, and the stability of antisocial behavior in preadolescent boys. *Developmental Psychology, 28,* 510–521.

WAAS, G.A. (1988): Social attributional biases of peer-rejected and aggressive children. *Child Development, 59,* 969–975.

WALKER, L.E. (1979): *The Battered Woman.* New York.

WALKER, L.E. (1983): The Battered Woman Syndrome Study. In: FINKELHOR, D., GELLES, R.J., HOTALING, G.T. & STRAUS, M.A. (eds.): *The Dark Side of Families.* (31–48). Beverly Hills.

WALKER, L.J & TAYLOR, J.H. (1981): Family interactions and the development of moral reasoning. *Child Development, 62,* 264–283.

WALSH, A. (1992): Genetic and environmental explanations of juvenile violence in advantaged and disadvantaged environments. *Aggressive Behavior, 18,* 187–199.

WALTER, R. & REMSCHMIDT, H. (1994): Zum Bedarf an Psychotherapie im Schulalter. *Praxis der Kinderpsychologie und Kinderpsychiatrie, 43,* 223–229.

WALTERS, R.H. & BROWN, M. (1963): Studies of reinforcement of aggression: III. Transfer of responses to an interpersonal situation. *Child Development, 34,* 563–571.

WARREN, R. & MCLELLARN, M. (1982): Systematic desensitization as a treatment for maladaprive anger and aggression: a review. *Psychological Reports, 50,* 1095–1102.

WARSCHBURGER, P. & PETERMANN, F. (1994): Neue Trends am Beispiel der aggressiven Störungen. In F. PETERMANN (Hrsg.): *Verhaltenstherapie mit Kindern,* 18–63. Baltmannsweiler: Röttger, 2., übererarbeitete und erweiterte Auflage.

WATZLAWICK, P. (1983): *Anleitung zum Unglücklichsein.* München: Piper.

WATZLAWICK, P. (1990): Einleitung. In P. WATZLAWICK & J. H. WEAKLAND (Hrsg.): *Interaktion,* 11–16. München: Piper.

WATZLAWICK, P., BEAVIN, J.H. & JACKSON, D.D. (1969): *Menschliche Kommunikation. Formen, Störungen, Paradoxien.* Bern: Huber.

WATZLAWICK, P. & WEAKLAND, J. H. (Hrsg.) (1990): *Interaktion.* München: Piper.

WEIDNER, J. (1990): *Anti-Aggressivitäts-Training für Gewalttäter.* Bonn: Forum Verlag.

WEIDNER, J. KILB, R. & KRAFT, D. (Hrsg.) (1997, i.Dr.): *Konfrontation gegen Gewalt. Oder: Warum es gut sein kann, Männer zu provozieren. Ein Praxishandbuch zum Anti-Aggressivitätstraining.* Weinheim: Beltz.

WEINER, T. (1976): *Aggression und Depression. Eine mehrdimensionale Untersuchung an kindlichen und jugendlichen Tötungsdelinquenten.* Göttingen.

WEGNER, H. (1993): Behandlungsorientierte Diagnostik aggressiven Verhaltens von Kindern. *Kindheit und Entwicklung, 2,* 191–198.

WEISS, B. & CATRON, T. (1994): Specificity of the comorbidity of aggression and depression in children. *Journal of Abnormal Child Psychology, 22,* 389–401.

WEISZ, J.R., SIGMAN, M., WEISS, B. & MOSK, J. (1993): Parent reports of behavioral and emotional problems among children in Kenya, Tahiland, and the United States. *Child Development, 64,* 98–109.

WENGER, W. (1991): Zunehmende Gewaltbereitschaft bei Jugendlichen aus der Sicht der Polizei in München. In Aktion Jugendschutz, Landesarbeitsstelle Bayern (1991) (Hrsg.): *Zunehmende Gewaltbereitschaft bei Jugendlichen?*, 30–31. München: Eigendruck.

WIDOM, C.S. (1989): Does violence beget violence? A critical examination of the literature. *Psychological Bulletin, 106,* 3–28.

WILHELMI, U. (1975): Über den Einfluß sozialer Isolation auf die Rangordnungskämpfe männlicher Schwertträger (Xiphophorus helleri). *Zeitschrift für Tierpsychologie, 38,* 482–504.

WILLEMS, H. (1993): Gewalt gegen Fremde. In: Landeszentrale für politische Bildung Baden-Württemberg (Hrsg.): *Aggression und Gewalt.* (161–179). Stuttgart: Kohlhammer.

WILLIS, L.M. & FOSTER, S.L. (1990): Differences in children's peer sociometric and attribu-tion ratings due to context and type of aggressive behavior. *Journal of Abnormal Child Psychology, 18,* 135–154.

WILLNER, A.H. (1991): Behavioral deficiencies of aggressive 8-9 year old boys: An observational study. *Aggressive Behavior, 17,* 135–154.

WINKEL, R. (1979): *Angst in der Schule.* Essen: Neue Deutsche Schule Verlagsgesellschaft.

WINKEL, R. (1993): „Ey, ich aids Dich an!" Die fünf Sinnperspektiven aggressiven Verhaltens in der Schule. *Pädagogik, 45,* (3), 6–9.

WITTCHEN, H.-U., SASS, H., ZAUDIG, M. & KOEHLER, K. (Hrsg.) (1991): *DSM–III – R. Diagnostisches und statistisches Manual für psychische Störungen.* Weinheim: Beltz, 3., korrigierte Auflage.

WYRWA, H. (1995): Konstruktivismus und Schulpädagogik – Eine Allianz für die Zukunft? In: Landesinstitut für Schule und Weiterbildung (Hrsg.): *Lehren und Lernen als konstruktive Tätigkeit.* (15–45). Soest: Verlag für Schule und Weiterbildung.

WYRWA, H. (1996): *Pädagogik, Konstruktivismus und kognitive Sicherheit. Zur kognitiven Autonomie in pluralistischen Gesellschaftssystemen. Entwurf einer konstruktivistischen Denkerziehung.* Aachen: Verlag Mainz.

ZILLMANN, D. (1971): Excitation transfer in communication-mediated aggressive behavior. *Journal of Experimental Social Psychology, 7,* 419–434.

ZIMBARDO, P.G. (1973): A Field Experiment in Auto Shaping. In C. WARD (ed.): *Vandalism.* (85–90). London.

ZIMMERMANN, W. (1989): Interventionsorientierte Diagnostik der Aggressivität im Kindesalter. *Praxis der Kinderpsychologie und Kinderpsychiatrie, 38,* 335–342.

ZIPPELIUS, H.-M. (1992): *Die vermessene Theorie.* Braunschweig: Vieweg.

ZUMKLEY, H. (1983): Aggressionskontrolle – Implikationen lerntheoretischer Konzepte aggressiven Verhaltens. *Zeitschrift für personenzentrierte Psychologie und Psychotherapie, 2,* 153–169.

ZYGOWSKI, H. (Hrsg.) (1984): *Erziehungsberatung in der Krise.* Tübingen: DGVT.